广西乡村振兴

战略与实践·教育卷

贺祖斌　林春逸

汤志华　肖富群

张海丰

马姜明

著

广西师范大学出版社

GUANGXI NORMAL UNIVERSITY PRESS

·桂林·

图书在版编目（CIP）数据

广西乡村振兴战略与实践. 教育卷 / 贺祖斌等著. —
桂林：广西师范大学出版社，2019.12
ISBN 978-7-5598-2488-2

Ⅰ. ①广… Ⅱ. ①贺… Ⅲ. ①农村－社会主义建设－
研究－广西②乡村教育－发展－研究－广西 Ⅳ. ①F327.67
②G725

中国版本图书馆 CIP 数据核字（2019）第 295891 号

广西师范大学出版社出版发行

（广西桂林市五里店路 9 号　邮政编码：541004）
（网址：http://www.bbtpress.com）
出版人：黄轩庄
全国新华书店经销
广西广大印务有限责任公司印刷
（桂林市临桂区秧塘工业园西城大道北侧广西师范大学出版社
集团有限公司创意产业园内　邮政编码：541199）
开本：787 mm × 1 092 mm　1/16
印张：16.5　　　字数：280 千
2019 年 12 月第 1 版　　2019 年 12 月第 1 次印刷
定价：50.00 元

作者简介

贺祖斌，男，教育学博士，二级教授，博士研究生导师，现任广西师范大学校长，享受国务院政府特殊津贴专家，全国文化名家暨"四个一批"人才（理论）。主要从事高等教育评价、高等教育生态、教师教育发展、乡村教育等研究。出版论著 16 部，发表论文 150 余篇，获高等教育教学成果奖国家级二等奖 2 项、省级一等奖 5 项，第四届全国教育科学研究优秀成果奖三等奖 1 项，广西社会科学优秀成果奖一等奖 2 项、二等奖 4 项，广西教育科学优秀成果奖一等奖 4 项。主持完成国家社会科学基金项目、全国教育科学规划课题等 20 多项。

林春逸，男，广西师范大学马克思主义学院教授，博士研究生导师，主要研究方向为思想政治教育发展研究、发展伦理研究、当代中国文化发展研究等。主持完成国家社科基金项目 1 项、教育部课题 2 项、广西重大课题 3 项、其他省部级课题多项，出版著作 3 部，发表论文 50 余篇；获得广西社会科学优秀成果奖二等奖 1 项、三等奖 2 项，广西优秀教学成果奖一等奖 1 项。先后被评为全国优秀教师、全国高校优秀思想政治理论课教师、全国高校思想政治理论课教学能手、广西高校教学名师、广西高校人才小高地创新团队带头人、广西文化名家暨"四个一批"人才等。

肖富群，男，南京大学社会学博士，马克思主义理论博士后，美国犹他大学社会学系访问学者，广西师范大学政治与公共管理学院、马克思主义学院教授、博士研究生导师。兼任中国社会学会理事、中国社会保障学会理事、中国社会工作学会理事、中国社会工作教育协会反贫困社会工作专业委员会副主任。主要从事社会研究方法、流动人口就业与发展、青少年发展与福利、马克思主义中国化等方面的教学与研究。主持国家社会科学基金项目等各类科研项目 19 项，出版学术专著、译著 4 部，发表学术论文 53 篇，独立的科研成果获省部级科研成果奖二等奖 1 项、三等奖 3 项。

汤志华，男，现任广西师范大学马克思主义学院院长，校党委宣传部常务副部长，博士、教授，博士研究生导师，八桂学者，广西高校思想政治教育领军人物，广西教学名师，主要研究领域为马克思主义中国化研究。主持国家社科基金重大项目子课题 1 项、国家社科基金项目 1 项、省部级课题 6 项；获得广西优秀社科成果奖二等奖 1 项、三等奖 3 项，广西高等学校优秀教材一等奖 1 项。

张海丰，男，经济学博士，广西师范大学经济管理学院副教授，硕士研究生导师，主要从事演化与创新经济学和制度经济学领域的研究。担任中国演化经济学会理事、广西壮族自治区旅游发展改革委员会专家库成员等社会职务。在《新华文摘》《社会科学》《当代经济研究》等核心期刊发表论文 20 多篇。主持国家社科基金项目 1 项，省部级项目 2 项，厅级项目 3 项。研究成果获广西社会科学优秀研究成果奖三等奖 2 项，广西教育科学研究优秀成果奖三等奖 1 项，广西自治区级教学改革成果奖二等奖 1 项。

马姜明，男，生态学博士，教授，硕士研究生导师，现任广西师范大学生命科学学院副院长，兼任广西师范大学可持续发展创新研究院常务副院长。广西师范大学第九批拔尖人才。中国林学会森林生态分会理事、广西生态学学会副秘书长、广西植物学会副秘书长、广西贫困村科技特派员。主要从事退化生态系统的恢复与重建、可持续生态学研究。主持和完成国家自然科学基金项目 2 项，广西创新驱动发展专项课题等各类项目 20 余项，发表论文 80 余篇，获专利 14 项、计算机软件著作权 3 套，参与制定林业行业标准 1 项，参编专著 4 部、教材 1 部。获梁希林业科学技术奖一等奖 1 项和自治区级教学成果奖三等奖 1 项。

读懂实践乡村振兴战略的广西视角

何毅亭

中央党校(国家行政学院)分管日常工作的副校(院)长

农业、农村、农民问题是关系党和国家事业全局的重大问题。早在 2013 年中央农村工作会议上,习近平总书记就指出:"中国要强,农业必须强;中国要美,农村必须美;中国要富,农民必须富。农业基础稳固,农村和谐稳定,农民安居乐业,整个大局就有保障,各项工作都会比较主动。"我们党历来把解决好"三农"问题作为全党工作的重中之重,坚持工业反哺农业、城市支持农村和多予少取放活的方针。特别是党的十八大以来,不断加大强农惠农富农政策力度,始终把"三农"工作放在重要位置来抓并取得历史性成就。党的十九大进一步提出实施乡村振兴战略这一新时代农村发展的重大决策部署,使我国农村迎来前所未有的发展契机。

党的十九大报告中提出的"产业兴旺、生态宜居、乡风文明、治理有效、生活富裕"20 字乡村振兴总体要求中,"产业兴旺"排在首位,是实施乡村振兴战略的重点与基础。而在发展乡村产业过程中,如何处理好资本和农民的利益协调问题?如何统筹经济发展与环境保护?在乡村振兴过程中如何留住乡愁、保留淳朴的民风和提升乡村文化?实施乡村振兴战略对乡村基层党组织的治理能力提出了更高要求,如何创新制度、创新治理体系应对这一挑战?知识经济时代人力资本的积累是经济发展的基础动力,而发展教育事业则是人力资本积累的重要手段,后发地区如何通过创新教育体制机制实现跨越式发展?如此一系列问题,都是摆在理论工作者和实践工作者面前的重大课题。

广西壮族自治区作为欠发达地区,只有实现跨越式发展才能迎头赶上,而乡村振兴战略的实施为广西发挥后发优势、实现赶超式发展提供了难得的机遇。牢牢抓住这个历史机遇,充分发挥高校和智库的创造力,以理论研究指导政策实践,以政策实践促进理论创新,在理论与实践相结合、相统一的过程中将广西的后发优势转变为现实竞争优势,就能够促进广西乡村全面振兴。

广西师范大学作为教育部和广西壮族自治区共建的省属重点大学,教学和科研在全区具有引领示范作用。在广西大力实施乡村振兴战略的大背景下,广西师范大学充分发挥高校服务社会的功能,积极整合跨学科研究力量,成立"新农村发展研究院",致力于乡村振兴战略的理论与实践研究。由广西师范大学校长贺祖斌教授领衔撰写的《广西乡村振兴战略与实践》(六卷本),正是该研究院推出的重要智库成果。各卷的作者都是各自领域具有相当影响力的中青年学者,具备多年的研究积累和扎实的理论功底,他们紧紧围绕"乡村产业振兴、乡村人才振兴、乡村文化振兴、乡村生态振兴、乡村组织振兴",分别从经济、教育、文化、生态、政治、社会六个方面对广西乡村振兴战略进行前瞻性研究,取得了可喜的成果。

《广西乡村振兴战略与实践》紧扣中央提出的乡村振兴战略总体要求和部署,每卷聚焦一个领域的重要问题,六卷互为印证,成为一个完整的体系。《广西乡村振兴战略与实践》对实施乡村振兴战略和制定相关政策具有较高的实践指导价值,既可以作为各级党政干部研究制定乡村振兴相关政策的理论借鉴,也可作为高校和研究机构研究人员研究乡村振兴的必备参考书目,还可以作为当代大学生了解乡村振兴、参与乡村振兴的参考书目。

总　序

实施乡村振兴战略是党的十九大做出的重大决策部署。我国作为世界上最大的发展中国家,自新中国成立以来,发展成就令世界瞩目,但农村发展相对落后,城乡二元经济结构仍然比较突出,发展不平衡、不充分问题仍然存在。这些问题必须得到解决,这也是实现中华民族伟大复兴的必然要求。习近平总书记反复强调:"中国要强,农业必须强;中国要美,农村必须美;中国要富,农民必须富。"农业基础稳固,农村和谐稳定,农民安居乐业,整个大局就有保障,各项工作都会比较主动。乡村振兴战略正是在这一大背景下提出来的。

广西壮族自治区作为欠发达地区,只有实现跨越式发展才能迎头赶上。乡村振兴战略的实施为广西发挥后发优势、实现赶超式发展提供了机遇,但后发优势是潜在的,只有在一定条件下才能实现。根据著名经济史学家亚历山大·格申克龙的观点,落后地区要赶上发达地区,一定要采取一些发达地区未曾实施过的新制度。也即,只有通过制度创新才能激活后发优势。广西应该牢牢抓住我国大力实施乡村振兴战略的历史机遇,发挥广西高校和智库理论工作者的创造力,以理论创新促进制度创新,引领广西乡村振兴研究。以理论研究指导政策实践,以政策实践促进理论创新,通过理论与实践相结合的方式将广西的后发优势转变为现实的竞争优势,从而促进广西乡村全面振兴。广西师范大学研究团队撰写的《广西乡村振兴战略与实践》共六卷,包括教育卷、文化卷、政治卷、经济卷、社会卷、生态卷,紧扣中央提出的乡村振兴战略总体要求和战略部署,每卷聚焦一个问题,六卷互为印证、密切相关,成为一个完整的体系。《广西乡村振兴战略与实践》的价值主要体现在以下三方面。

一、充分发挥高校服务社会功能，积极回应时代发展重大问题

习近平总书记在党的十九大报告中指出："中国特色社会主义进入新时代，意味着近代以来久经磨难的中华民族迎来了从站起来、富起来到强起来的伟大飞跃，迎来了实现中华民族伟大复兴的光明前景；意味着科学社会主义在21世纪的中国焕发出强大生机活力，在世界上高高举起了中国特色社会主义伟大旗帜；意味着中国特色社会主义道路、理论、制度、文化不断发展，拓展了发展中国家走向现代化的途径，给世界上那些既希望加快发展又希望保持自身独立性的国家和民族提供了全新选择，为解决人类问题贡献了中国智慧和中国方案。"新时代呼唤新理论，习近平新时代中国特色社会主义思想就是我们改革的指导思想。随着中国特色社会主义事业不断向前发展，在解决了旧矛盾的同时，也产生了新矛盾，而改革是化解各类矛盾的根本途径。改革的本质是一个持续推进制度创新的动态过程，我们只有不断进行制度创新，才能将中国特色社会主义事业不断推向新的高度。

乡村振兴战略是补齐我国经济发展短板的关键一环，更是我国经济转向高质量发展和实现中华民族伟大复兴的重要战略支撑。我国作为一个发展中国家，在经历改革开放40余年的快速工业化和城市化之后，城乡二元经济结构仍然比较突出。国家统计局发布的《2018年居民收入和消费支出情况》显示，从2016年到2018年，全国居民的人均可支配收入稳步增长，农村居民人均收支增速快于城镇，但城乡之间的绝对收入差距仍在扩大。2016年城镇居民人均可支配收入比农村居民多21 252.8元，2017年多22 963.8元，到2018年则增至24 634元。因此，切实增加农民收入仍然是当前农村工作的重要指向，乡村振兴战略正是我国在这一大背景下做出的重大战略部署。在党的十九大报告提出的"产业兴旺、生态宜居、乡风文明、治理有效、生活富裕"二十字总体要求中，"产业兴旺"排在首位，它是实施乡村振兴战略的重点与基础。而在发展乡村产业过程中如何处理好资本和农民的利益协调问题？如何统筹经济发展与环境保护的关系？在市场经济的春风吹遍乡村的过程中如何记住乡愁、保留淳朴的民风和提升乡村文化？随着乡村振兴战略的推进，对乡村基层党组织的治理能力提出了

更高的要求,如何通过制度创新应对这一挑战?随着乡村经济的发展,利益主体更加多元,如何创新治理体系应对这一变化?知识经济时代经济发展的基础动力是人力资本的积累,教育是人力资本积累的重要手段,后发地区如何通过创新教育体制机制实现跨越式发展?这一系列问题是摆在理论工作者和实践工作者面前的重大课题。

广西师范大学作为教育部和广西壮族自治区共建的省属重点大学,教学和科研方面在全区具有引领示范作用。在自治区积极贯彻中央部署,大力实施乡村振兴战略的大背景下,广西师范大学充分发挥高校服务社会的功能,积极整合跨学科的研究力量,成立了"广西乡村振兴战略研究院",致力于乡村振兴战略的理论与实践研究。呈现在我们面前的《广西乡村振兴战略与实践》,分别从教育、文化、政治、经济、社会、生态六方面,紧紧围绕"乡村产业振兴、乡村人才振兴、乡村文化振兴、乡村生态振兴、乡村组织振兴"五个振兴对广西乡村振兴战略进行了前瞻性的研究,极具理论创新的特征,书中提出的政策建议对广西实施乡村振兴战略具有理论指导和政策实践价值。

二、以理论创新促进制度创新,引领广西乡村振兴研究

(一)完善乡村教育体制机制是乡村人才振兴的制度基础

人才振兴是乡村振兴的重要支撑。《广西乡村振兴战略与实践·教育卷》聚焦广西乡村教育,从不同层面提出了广西乡村教育存在的问题及解决的办法,对乡村教育的基本价值取向进行了深入探讨,形成了"乡村教育为乡村""城乡教育一体化发展""乡村教育的根本任务是培养人"等立场鲜明的观点。在清晰阐述乡村教育与乡村社会关系的基础上,肯定了乡村教育之于乡村建设的基础性作用,承认了乡村社会发展之于乡村教育的基本要求,最后强调了乡村教师之于乡村教育的关键意义、乡村课程与教学之于乡村教育变革的基本功用、教育经费投入之于乡村教育的生命线保障作用。

本卷从五个方面提出广西振兴乡村教育的举措:

第一,加强师德师风建设。师德师风建设是乡村教育的重中之重,必须将全

面从严治党要求落实到每个乡村教师党支部和教师党员,把党的政治建设摆在首位,用习近平新时代中国特色社会主义思想武装头脑,充分发挥教师党支部教育、管理、监督党员和宣传引导、凝聚师生的战斗堡垒作用,充分发挥教师党员的先锋模范作用。

第二,利用互联网、大数据、人工智能技术推进教育精准脱贫。教育精准扶贫是最具有根本性、可持续性的扶贫举措之一,实现均衡分配教育资源,有助于贫困家庭子女都能接受公平、有质量的教育,掌握脱贫致富技能,全面提升劳动者的综合素质。

第三,科学合理规划乡村学校布局。乡村学校布局既要有利于为学生提供公平、有质量的教育,又要尊重未成年人身心发展规律,方便学生就近入学。防止过急过快撤并学校导致学生过于集中,极力避免出现新的"空心校"。

第四,推动乡村学校标准化建设。按照"实用、够用、安全、节俭"的原则,加快推进乡村学校达标建设,全面达到国家规定的基本办学条件"20条底线"要求。升级教学设施设备,配齐相关体育设施,完善两类学校(乡村小规模学校和乡镇寄宿制学校)安全防范设施。

第五,加强乡村师资队伍建设。完善编制岗位核定和教师补充机制。切实提高乡村教师待遇。进一步落实和完善乡村教师工资待遇政策,核定绩效工资总量时向两类学校(乡村小规模学校和乡镇寄宿制学校)适当倾斜。完善教师住房保障,切实落实将符合条件的乡村教师纳入当地政府住房保障体系的政策。加强教师培养培训。深入推进县域内义务教育教师、校长交流轮岗制度,每学年遴选一批两类学校教师到城镇学校交流培训、跟岗锻炼。

笔者提出的这一系列广西振兴乡村教育的举措,都是从广西乡村教育的实际情况出发,具有较强的可操作性。"五位一体"的战略举措系统而全面,既有理论创新,又有实践价值,为广西创新乡村教育体制机制提供了有益借鉴。

(二)"五位一体"是乡村文化振兴的必由之路

乡村文化振兴是乡村振兴的灵魂,文化兴则人心稳,人心稳则事业兴,只有文化振兴了,人们才能记得住乡愁,美丽乡村才有灵魂。《广西乡村振兴战略与实践·文化卷》聚焦乡村文化振兴,从五个方面具体阐述了广西乡村文化的振兴路径。

第一,以产业兴旺为基础推进乡村文化振兴。笔者认为,可以通过建设广西农耕文化产业展示区,打造广西特色文化产业乡镇、广西文化产业特色乡村、广西农村特色文化产业群,实施广西乡村传统工艺振兴计划,开发广西传统节日文化用品和项目,推动广西乡村文化、旅游与其他产业深度融合等。

第二,以生态宜居促进乡村文化振兴。通过改善农村基础设施,全面改变农村居住条件,调动农民建设美丽家乡的积极性,并注重个人品德和职业道德建设,以职业能力提升工程促进农民参与生态宜居建设能力的提升。同时,注重生态道德和公共道德建设,培养农民在生态宜居建设中的团结协作精神和生态管理能力。通过实施"生态厕所革命"、"生态+文化"工程和"生态+产业"工程等,全面提升乡村文化的内涵。

第三,以治理有效助力乡村文化振兴。大力推进农村自治、法治、德治协同共治体系建设。只有政府、市场、乡村共同发力,自治、法治、德治协同推进,才能更好地推动农村生态道德建设、农村家庭美德建设、农民个人品德建设、农村社会公德建设、农民网络道德建设。

第四,以科技发展助推乡村文化建设。充分利用和发挥"互联网+"在农村道德建设和乡风文明建设中的宣传、引导和推动作用。实施"互联网+N"工程,依托政府部门、互联网公司和高校研究机构等力量,实施"互联网+'五风'"工程、"互联网+'六德'"工程、"互联网+'三治'"工程,对传统和现代的优良"五风""六德"及"三治"经验进行宣传和推广,实现农村服务范围和对象全覆盖,营造一种积极向上和社会和谐的发展氛围。

第五,强化农村基层党组织领导核心地位。健全新型农村基层党组织体系,持续整顿软弱涣散的村党支部,提升"星级化"管理水平。实施农村带头人队伍整体优化提升行动,选优配强村党支部书记,全面向贫困村、软弱涣散村和集体经济薄弱村党支部派出第一书记,加大在优秀青年农民中发展党员力度。落实农村党员定期培训制度,稳妥有序开展不合格党员处置工作。全面落实村级组织运转经费保障政策。健全从优秀村党支部书记中选拔乡镇领导干部、考录乡镇机关公务员、招聘乡镇事业编制人员制度。推行村级小微权力清单制度,严厉整治侵害农民利益的不正之风和腐败问题。

乡村文化是乡村社会和谐稳定发展之"锚",也是实施乡村振兴战略的重要支撑和最终归宿。笔者提出的"广西只有紧紧围绕'产业兴旺、生态宜居、乡风文明、治理有效、生活富裕'的乡村振兴战略总要求,在'五位一体'中才能实现广西乡村文化振兴",是对乡村振兴战略的深刻解读,从五个方面入手,提出乡村文化振兴的具体路径,具有较强的理论创新价值和政策参考价值。

(三)基层党建是乡村组织振兴的重要法宝

乡村组织振兴是乡村振兴的组织保障,乡村基层党组织是乡村有效治理的基石。《广西乡村振兴战略与实践·政治卷》聚焦乡村治理,乡村治理现代化是实现国家治理现代化的必然要求,治国安邦重在基层。笔者认为,乡村是国家政权的"神经末梢"和最基本的治理单元,乡村治理是整个国家治理的基石,是国家治理的有机组成部分。没有乡村治理的现代化,就不可能实现国家治理体系和治理能力现代化。推进国家治理体系和治理能力现代化最重要的是实现乡村治理的现代化。实施乡村振兴战略,要求加强农村基层基础工作,健全乡村治理体系,确保广大农民安居乐业,农村社会安定有序,打造共建共治共享的现代社会治理格局,推进国家治理体系和治理能力现代化。

笔者进一步指出,办好中国的事情关键在党。党政军民学,东西南北中,党是领导一切的。中国共产党的领导是中国特色社会主义最本质的特征和最大优势。实施乡村振兴战略,从根本上解决好"三农"问题,必须始终坚持党管一切的原则,加强党的领导是乡村治理的根本保障。如果不注重加强党的领导,乡村治理就有可能出现"跑偏"的现象。加强党的领导,关键在农村基层党组织和广大党员。必须坚持以党建引领乡村治理,促进乡村振兴。在推进乡村治理的过程中,要坚持和加强党对乡村治理的集中统一领导,坚持把夯实基层基础作为固本之策。充分发挥农村基层党组织的战斗堡垒作用和广大党员的先锋模范带头作用,加强党员干部与群众的密切联系,带动群众全面参与国家的乡村振兴战略行动。

笔者最后提出,"三治结合"是实现乡村治理现代化的必由之路,即把农村基层党组织治理与乡村治理、村民自治与乡村治理、乡村治理中的"德治"与"法治"结合起来。既要传承发展我国农耕文明中的优秀传统,形成文明乡风、淳朴民风、良好家风,又要建立健全党委领导、政府负责、社会协同、公众参与、法治保障的现代乡村社会治理体制。要完善党务、村务、财务"三公开"制度,实现公开经常化、制度化和规范化;要在党的坚强领导下,选举好村委会主任,保障农村妇女的政治参与,培育农村后备政治精英,确保村民自治依法有序进行;要坚持"依法治国"与"以德治国"相统一,在运用法律刚性规范乡村社会秩序的同时,注重发挥新乡贤促进乡风文明建设的道德力量,从而实现乡村社会的善治。笔者提出的这些主张和政策思路具有现实意义。

(四)创新农地流转机制是乡村产业振兴的制度杠杆

乡村产业振兴是乡村振兴的物质基础。《广西乡村振兴战略与实践·经济卷》以农地流转机制创新为切入点,提出以农地流转机制创新作为制度杠杆,吸引产业资本和人才下乡,这样才能夯实乡村振兴的经济基础。我国近些年开展农地确权和延长承包经营期限是实施乡村振兴战略的前期工作。笔者认为,改革和完善现行的农地制度,特别是农地流转机制,不仅关乎广大农民的切身利益,而且是经济发展和实施乡村振兴战略的必然要求。农地流转机制创新与乡村振兴战略的实施有着紧密的联系。换句话说,农地流转机制的创新方向和效率直接关乎乡村振兴战略的实施效果,甚至影响整体经济改革的进程。具体到广西的发展实际,笔者认为可以利用国家的少数民族地区优惠政策,大胆先试先行,在新时代积极探索农地制度创新和政策实践,从而走出一条独特的乡村振兴之路,实现跨越式发展。

广西作为欠发达地区,如何突破既有的发展路径,实现跨越式发展,是摆在广西各级政府面前的亟待解决的问题。本卷对各级地方政府如何提高推动制度变迁的能力,在巩固现有农村基本经营制度的前提下如何完善和创新农地流转机制,农地流转机制创新之于乡村振兴有着怎样的重要意义,广西乡村振兴的产业选择应该遵循什么样的逻辑,广西应该走一条什么样的乡村振兴道路等关键问题进行较为深入的探讨,并给出了尝试性的解答,具有较强的政策参考价值。

（五）治理体系创新是乡村全面振兴的根本保障

乡村振兴战略是"五位一体"的全方位战略,归根结底是为了实现乡村社会的全面振兴。《广西乡村振兴战略与实践·社会卷》针对广西目前乡村社会治理过程中出现的一些问题,从五个方面提出了创新性的治理思路。

第一,治理体制创新。首先,结合当前新型城镇化战略的推进,在城乡一体化的框架下,深化乡村社会治理体制改革。其次,实现乡村社会的公共管理与乡村自治的有机结合。最后,创新乡村土地制度与集体产权制度,推进村民自治制度改革。

第二,治理机制创新。创新的基本方向就是从单一化、行政化治理机制迈向综合治理机制。首先,把乡村社会治理与乡村社区建设和社区管理有机统一起来,即让目前的村民自治走向社区建设和社区管理。其次,创建新型多样化的乡村社会自治的实现形式。最后,构建乡村社会治理的联动机制。

第三,治理结构创新。首先,应结合乡村社会治理体制机制的深化改革,在乡村社会治理中广泛引入社会力量,其中包括市场的力量。在乡村社会治理结构创新中,鼓励一些社会力量进入乡村,如让各种社会组织和团体进入乡村,引导一些市场机构参与乡村社会事业发展。这些对增强乡村社会治理的力量,提高乡村社会治理的实效,都会起到积极的作用。其次,建立和完善乡村民众参与乡村社会治理的机制。在乡村社会治理中,如果能让更广泛的民众参与其中,就会使目前的乡村社会治理结构大大改善,社会治理的力量会更加强大,社会治理结构内在关系更为均衡。最后,建立相互协调的多元治理结构。实现乡村社会治理效率质的提高,仅仅依靠政府的力量是不够的,必须充分发挥政府、市场和社会三方面力量组成的协调的多元治理结构的作用。

第四,治理过程创新。乡村社会治理过程是指由治理乡村社会的各项活动构成的一个动态过程,即各种治理措施的实施过程。首先,改革和完善村民自治管理,推进乡村社会生活的民主化。其次,创建自下而上的治理平台。最后,协调推进乡村治理。

第五,治理手段创新。目前,乡村治理手段的缺陷在于法治化程度较低、行政手段与传统手段不协调,这些问题都会影响治理的效率。推进乡村社会治理手段的创新,需要抓住两个关键问题。首先,理顺法理和礼俗的关系。坚持依法治理,并不等于完全不考虑乡村社会中礼俗的作用。其次,通过制度建设和治理实践,解决乡村社会治理中存在的一些制度的模糊空间问题。

笔者指出的选择和创新乡村社会治理手段,应始终坚持互惠原则,认为达成共识是构建乡村社会秩序的重要基础,而达成共识是以互惠为前提的。这实际上指出了制度创新的普惠原则,在广西实施乡村振兴战略过程中,制度创新占有举足轻重的地位,但只有把握好制度创新的基本原则,新的制度才能最大限度地发挥作用。笔者提出的五个方面的乡村社会治理的创新思路具有较强的政策启发意义。

(六)留住绿水青山是乡村生态振兴的必然要求

乡村生态振兴是乡村绿色发展所要达到的最终目的,也是贯彻习近平总书记"绿水青山就是金山银山"重要论断的体现。《广西乡村振兴战略与实践·生态卷》以我国实施乡村振兴战略为背景,紧紧围绕广西乡村振兴"三步走"的战略目标,立足区情农情,充分认识全面实施乡村生态振兴战略,建设"美丽广西"的重大意义。本卷以"问题导向"为切入点,以"历史纵深"为视角,以"前瞻预测力"为目标,以"现实操作性"为导向,对广西在实施乡村振兴过程中如何实现"生态宜居"进行了较深入的研究。笔者认为,广西作为欠发达地区和全国脱贫攻坚主战场之一,产业结构不够合理,农业大而不强、大而不优,农村基础设施和公共服务能力较为薄弱,农民收入整体低于全国平均水平,乡村规划建设、生态文明建设亟待加强。《中共广西壮族自治区委员会关于实施乡村振兴战略的决定》已明确广西乡村生态振兴"三步走"的战略目标:到 2020 年,"美丽广西"乡村建设四个阶段(清洁乡村、生态乡村、宜居乡村、幸福乡村)目标任务全面完成,农村生活垃圾处理率、无害化卫生厕所普及率、农村生活污水治理率明显提高,村庄规划管理实现全覆盖,农村人居环境明显改善;到 2035 年,农村生态环境和人居环境质量大幅提升,美丽宜居乡村基本实现;到 2050 年,乡村全面振兴,与全国同步实现农业强、农村美、农民富。

为了实现上述目标，笔者进一步指出，广西在实施乡村振兴战略过程中必须以"创新、协调、绿色、开放、共享"新发展理念为指导。在全面梳理广西改革开放40余年和自治区成立60余年发展历程中不同阶段乡村生态建设的状况，直面广西乡村振兴生态建设过程中存在的棘手问题，系统分析问题的成因，提出广西乡村振兴生态建设的目标和对策。为广西推进乡村绿色发展、打造人与自然和谐共生发展新格局、实施美丽广西乡村生态建设等提供现实可行的实施方案。最后，笔者从生态宜居发展战略、生态农业发展战略、乡村生态旅游发展战略、生态扶贫发展战略、田园综合体发展战略和山水林田湖草系统治理发展战略六个方面全方位论述了广西乡村振兴生态发展战略体系，为广西各级政府部门制定乡村振兴生态建设的相关政策提供了决策参考。

三、将后发优势转变为竞争优势，促进广西乡村全面振兴

经济发展是一个现代工业部门相对农业部门不断扩张的过程，在这个过程中伴随着劳动力从农业部门向工业部门的转移。根据理论推导，这种劳动力的单向流动将一直持续到城乡一体化劳动力市场出现为止，即随着工业化的推进，城乡之间的发展差距最终会缩小，二元经济将转变为一元经济。但在现实中，这种缩小趋势不但没有出现，反而有不断扩大的趋势。显然，纯粹依靠市场机制，城乡之间的发展差距几乎是不可能缩小的，因此，需要有作为的政府加以推动。从历史的角度看，绝大部分发展中国家快速推进工业化，都在一定发展阶段不同程度地出现城乡发展差距扩大、乡村凋敝等发展不均衡问题，这种现象在一些发展中国家持续存在，甚至出现了不断加剧的趋势。值得注意的是，日本和韩国从工业化中期开始，为了减少城乡之间的发展差距，政府就有意识地转变发展战略，强化乡村发展的制度供给。日本政府在20世纪60年代颁布的《农协法》《市民农园整备促进法》《农村地区引进工业促进法》等相关法律，以及韩国政府在20世纪70年代开展的"新村运动"，都是比较典型的例子。这些成功的做法，可以为我国实施乡村振兴战略所借鉴。

我国"三农"问题长期得不到根本解决的主要原因在于，快速工业化和城市化形成了一种"虹吸效应"，使得资本和人才等高端生产要素长期向城市单向流

动,农村发展的基础越发薄弱,而城市和乡村公共服务配置的不均等又加剧了这一趋势。广西作为欠发达地区,经济发展相对落后,农村的发展已经出现了不同程度的锁定效应,突破"路径依赖"创造新的发展路径已迫在眉睫。而乡村振兴战略的提出为广西实现跨越式发展和内涵式发展提供了难得的机遇。广西以乡村振兴为战略支点,坚定推进制度创新,将潜在的后发优势转变为现实的竞争优势,运用制度杠杆效应实现路径创新和跨越式发展是可期的。

在我国大力实施乡村振兴战略以及广西积极推进乡村振兴和实现跨越式发展的大背景下,广西师范大学乡村振兴战略研究团队撰写的《广西乡村振兴战略与实践》正当其时。《广西乡村振兴战略与实践》引领了广西乡村振兴领域理论与实践研究,对广西实施乡村振兴战略和制定相关政策具有较高的实践指导价值,不仅可以作为广西各级政府制定乡村振兴相关政策的理论借鉴,而且可以作为高校研究机构的研究人员研究乡村振兴的参考书,更是当代大学生了解乡村振兴、参与乡村振兴很好的参考书。

贺祖斌

2019 年 10 月 20 日

目　录

绪论

农村教育发展的理论基础

第一节　农村与农村教育发展

一、农村与农村教育

农村作为一个社会区域的基本概念之一,在使用"农村"这一概念时,经常把它与"乡村"视为等同。在《辞海》中,没有对"农村"或"乡村"给出准确的意义界定,只能通过对"农村人口""城镇人口"等词的解释来理解"农村"的内涵和外延。"农村人口"也称之为"乡村人口",与之相应的概念是"城市人口"(也视为"城镇人口"),二者的主要界定依据为这些地域是以农业经济还是非农业经济为主导。农村或乡村是指以农业经济为主的人口聚居地区,城市或城镇是指以非农业经济为主的人口聚居地区。① 在现实社会中,农村与城市这两个概念也通常作为一对出现。我国是一个以二元社会结构为基础的国家,这个"二元"指的就是"农村"和"城市"。

农村的概念可从以下几方面结合城市特征进行理解:①它是一个与"城市"相对应的地域性概念。一般而言,在城镇地区以外的地区,就称之为农村或乡村。②农村的聚居人口主要从事农业劳动,工业化程度不高,生产力相对落后,其社会经济特征显示为以自然经济和第一产业为主导,经济发达程度不高。③农村的生态环境原始程度较城市要高,自然景观优美,受污染程度低,空气质量高,田园风光好。④农村人口较城市而言密集程度小,人口较为稀少,分散居住特征明显,一般以家族聚居

---

① 刘冠生.城市、城镇、农村、乡村概念的理解与使用问题[J].山东理工大学学报(社会科学版),2005,21(1):55.

为多,地方语言、文化和风俗都较为浓厚。⑤农村的社会公共设施不完备,与城市地区相比较,在交通、医疗、教育等方面都具有一定的差距。

农村是我国社会的重要组成部分,在进入现代社会以前,我国绝大部分人口都居住在农村地区,即使在城镇化程度日益增高的今天,农村依然是大多数人口的聚集地。可以说,农村的发展就是中国社会现代化发展进程中的核心部分,农村的政治、经济和文化建设关系到中华民族的未来。针对我国农村地区地域广阔、人口众多的特点,在走向国家富强的道路上,建设和发展农村一直被摆在重要的战略位置上。特别是在2018年,中共中央、国务院颁布了《关于实施乡村振兴战略的意见》,对农村的未来发展图景给出了非常重要的指示。中国社会的发展离不开农村的发展,农村的稳定和谐发展是中国建设社会主义强国的必然要求。解决当前社会发展的主要矛盾,满足广大农村发展的需求,是关系我国国计民生的大问题,也是根本问题所在。决胜全面建成小康社会,农村处在至关重要的位置,而这其中,农村教育更是不容忽视的首要问题。国家依靠教育保障乡风文明和人才培养,且只有同步推进物质文明建设和精神文明建设,农村社会才能健康发展。

(一)农村教育的内涵

对农村教育概念的界定应当是研究农村教育的逻辑起点。在对农村教育定义进行解读时,人们往往把它与"城市教育"作为一对相应的概念,这与我国长期以来存在的二元结构社会是分不开的。尽管在各种文献和著作中,没有清晰地说明这两个概念,但是在现实层面,大家心照不宣地把这两个概念放在一起进行比较和理解。在绝大多数人的观念中,城市教育相对于农村教育而言,占有压倒性的优势,无论是师资队伍、教学资源还是学校基础设施设备和教学质量等其他方面,农村教育都远远落后于城市教育。城市教育在结构和功能上同样优于农村教育,相比较之下,农村教育或许就是局限在义务教育阶段的一种结构单一、层次较低的教育类型。

学术界关于农村教育内涵的界定有多种。农村教育这一概念是1991年在山东泰安召开的第一次农村教育国际研讨会上提出来的,会上将其定义为:由扫盲教育、基础教育、职业和技能教育、成人继续教育所组成的为农村发展服务的综合化教育体系。2003年,经讨论又将其定义改为:是包括扫盲、基础教育、职业和技术教育、成人继续教育以及有关高等教育在内的为农村发展服务的综合化教育体系。[①]

陈敬朴认为,一般把发生在农村、以农村人口为对象并为农村经济和社会发展服务的教育称为农村教育。对于广大发展中国家而言,农村教育是在农业文明向工业文明过渡、出现农村与城市二元社会、农民处于不利条件的历史背景下进行的旨在使农村人口获取知识与劳动技能、现代公民意识与创业能力的教育。[②]

马文起在综合不同农村教育概念的基础上认为,由于地区发展的不平衡性,尤其是在农村地区存在较大的差别,农村教育是对农村经济、政治的反映,因而在不同的时期、不同的地区对农村教育的内涵界定应该是不同的。但是,综观农村教育的发展历程,农村教育内涵是大同小异的。

1.从农村教育的根源及其地域性看

农村教育实际上是根植于发展中国家二元社会结构的一种现象。二元经济或社会的概念最早由著名的经济学家刘易斯在分析发展中国家的经济特征时提出。刘易斯认为,发展中国家是由现代的资本主义经济部门和传统的仅能维持生活的农业部门构成的二元经济结构。在这一结构中,现代的资本主义经济部门在整个经济中就像是一座现代化的孤岛,被传统的小农经济的汪洋大海所包围。同时,在传统的农业部门中存在着大量的隐蔽性失业,劳动的边际生产率(每多付出一个单位的劳动所带来的产量的增加)很低,甚至为零。这样的经济即劳动无限供给的经济,这种经济发展就是资本主义经济部门的不断扩展以及在扩展过程中不断把农业剩余劳动力转移到资本主义工业部门的过程。可见,二元社会结构首先是一个经济学的概念,不过其概念所反映的现实却是地域性的。因此,农村教育是对二元社会条件下农村地区教育的界定。如果中国未来实现了二元社会向现代社会的转变,我们也就不再有农村教育的概念了。从中国的现实看,农村教育实际上是指县以下地区的教育,包括农村小城镇的教育。

2.从教师方面看

部分城市师资虽有涌向农村教育的趋势,但在农村教育中起主导作用的仍是出生在农村、居住在农村的教师。

---

① 孙志河.教育为农村转型服务——2003年国际农村教育研讨会综述[J].职教论坛,2003(5):32-33.
② 陈敬朴.农村教育概念的探讨[J].教育理论与实践,1999,19(11):39-43,57.

3.从学生方面看

农村教育的主体来自家教水平低甚至是无教育的家庭。

4.从农村教育的类型看

农村教育是一种大教育。我国的农村教育涵盖了农村幼儿教育、农村义务教育、农村职业教育以及各种农村实用技术培训等教育形式。

5.从农村教育的现状看

我国的农村教育取得了重大进展是有目共睹的事实,但在农村特定的环境下,我国的农村教育仍是一种办学条件差、师资水平低、升学率较低的落后教育。

6.从农村教育的办学主体看

我国的农村教育是与时俱进、动态发展的教育。从 2001 年开始实施"以县为主"的农村教育管理体制以来,我国农村教育的发展与改革取得了巨大成就,已初步实现了从"农村教育农民办"到"农村教育政府办"的根本性变革。

7.从农村教育的历史使命和目的看

我国农村教育的历史使命是促进农村人口转移。农村教育的目的是促进人与自然和谐发展。

8.从农村教育的微观功能方面看

一般来说,农村教育主要承担三大功能:一是"为升学的教育",即正常的升学考试教育。这是保证农民子女正常向上层社会流动,保持社会公平和稳定的一个非常重要的途径。二是"为城市化的教育"。实际上,农村有大部分学生初中毕业后要到城市打工,农村教育必须适应这种功能,即对进入城市的劳动力进行培训。三是"为农村建设的教育",即为农村建设培养人才,通过农村教育的这项功能来改善农村的状况。①

张乐天认为,农村教育是一种大教育,是指一切可能且应该为农村现代化发展服务的教育;是一种与时俱进、动态发展的教育;是将促进农村人口转移视为重要使命的教育;是指向农村人的幸福,促进人与自然和谐发展的教育。②

我们可以从教育的概念界定出发讨论农村教育的内涵与外延。《中国大百科全书·教育卷》中对教育的阐述为:"教育是培养人的一种社会活动,它同社会的发展、人的发展有密切的联系,从广义上说,凡是能增进人的知识和技能、影响人们的思想

---

① 马文起.农村教育内涵刍议[J].职业教育研究,2015(10):11-12.
② 张乐天.重新解读农村教育[J].教育发展研究,2003(11):19-22.

品德的活动,都是教育。狭义的教育,主要指学校教育,其含义是教育者根据一定社会(或阶级)的要求,有目的、有计划、有组织地对受教育者的身心施加影响,把他们培养成一定社会(或阶级)所需的人的活动。"不难发现,教育是一个非常宽广的概念,它泛指发生在人类社会中所有能促进人的生长和发展的活动,因此在通常情况下我们仅限于讨论狭义上的学校教育。同样的,农村教育,广义上可以指发生在农村地区,以农村人口为教育对象的促进其生长发育和生产生活的一切活动,其目的在于增进人的知识、技能和经验,使其更好地适应农村社会的生活。这种农村教育体现在农村生活的方方面面,涵盖年长一代对年轻一代所施加的影响,包括正规教育和非正规教育。狭义上的农村教育,指的是发生在学校等场所的正规教育,包括农村地区的学前教育、义务教育和其他中、高等教育,它与特定的农村社会条件相联系,旨在给农村地区受教育者传授各项知识,增强其技能,促进其身心健康发展,最终成为适应社会生活和发展的新人。因为农村教育的概念过于宽泛,所以本卷对农村教育的探讨主要基于狭义上的农村教育概念。

把握农村教育的内涵要注意以下几点要旨:

(1)农村教育与城市教育。这两个概念是基于二元社会结构建立起来的,我国是发展中国家,在建设现代文明的进程中,城乡二元社会是一种必然的社会形态,且农村与城市一直处于对立发展状态,相应的农村教育和城市教育也就被放置在教育的两端。农村教育相对城市教育而言,发展较为缓慢,条件相对较差,基础设施、师资队伍、生源状况都显著落后于城市教育,但这两者的教育本质和重要性都是一样的,在决胜全面建成小康社会的社会主义建设新时期,都是为了培养中国社会主义的建设者和接班人。

(2)农村教育必须基于其特定的社会环境。城乡二元社会的长期存在,对于农村而言是非常不利的。因此,在城镇化进程中,对农村教育的重视正是消除这种不利的重要手段。面向农村教育各阶段受教育者进行教育活动时,不能采取与城市教育一致的方法,必须考虑到农村受教育者的特定生活环境、原有的知识结构、对所受教育的适应性。

(3)农村教育要使农村地区受教育者获得各项知识和技能。与城市教育相比,除了传授受教育者基础知识和基本技能,农村教育还必须培养受教育者适应农村社会的生产和生活,要有一定的"为农"倾向。农村教育的对象生长于农村地域,对其的培养要注重其文化和地域认同。农村教育要注意引导受教育者,使之在社会发展中不至于忘记自己的本源。只有在教育中培养他们的家乡认同感,才有可能把他们培养成真正的社会主义乡村振兴的建设者,真正的城镇化建设才能随之成为可能。

(4)农村教育要培养身心健康、适应社会发展的新人。目前,农村教育存在的问题之一是所培养的人才很难适应农村社会生活,并且在追求城市生活的过程中容易产生角色不认同感,在农村和城市两端都难以融入。农村教育如何培养有志于服务乡村、建设乡村的人才,农村教育怎样在社会主义强国建设中对城镇化建设产生巨大的推动力?难点之一在于把握好农村教育培养新人的这一目的。

(二)农村教育的特性

农村教育在内涵上的独特性决定它的特性。对于农村教育特性的认识其实就是对农村教育概念的进一步深化认识,从而帮助人们厘清在当今时代背景下农村教育的内涵,丰富对农村教育的认识,为农村教育的发展提供多元视角,为今后的农村教育发展提供有利条件。农村教育主要具有以下几个方面的特性:

1.差异性

在当前城乡二元社会结构依然存在且发展有着巨大差异的前提下,农村教育最为显著的特点便是其差异性。首先,农村教育最开始提出便是相对于城市教育而言,因此其最为显著的就是城乡差异,无论是在观念层面还是实际层面,城乡教育的巨大差异都已为人们所熟知。在教育基础设备上,尽管近些年来国家持续投入大量经费用于改善农村地区的教学设施,但是与城市相比,农村地区依然存在巨大的差异,如图书室、实验室、电脑室、录播室等,在农村地区依然存在非常大的需求,且农村地区的现代化设施多是在形式上的完备,要真正将其应用于教育教学仍有一段很长的距离。在师资力量上,农村教师的整体素质相对城市教师而言差距较大,无论是教学理念还是教学技能方面都存在较大差距。此外,农村地区的师资结构不合理、教师老龄化、师资的稳定性差也是当前面临的紧迫问题。在课程设置上,城市已经走上了多学科齐头并进、课程丰富发展的道路,而农村地区的课程依旧非常单一,偏重文化类课程,国家要求的体艺、综合等课程都面临难以开设齐全的窘境。其次,我国农村教育的地区差异也同样不容忽视。在较为发达的东部和沿海地区农村,农村教育的政策、财政投入和社会关注都显著优于中西部欠发达地区农村。其在教育资源上也占有区域优势,相对中西部地区而言发展脚步较快。

2.基础性

目前的农村教育主要为学前教育、小学教育和普通中等教育,其根本目的在于提高人口素质,因此基础性是农村教育的主要特征之一。这种基础性表现在农村教育使所有的农村适龄儿童享受平等的受教育权。农村教育的基础性强调对受教育者基本素质的培养,使他们掌握基础的读、写、算等知识,获得一些基本的生活技能,为未来接受更高层次的教育奠定基础,而非强调专门人才或技能的培养。农村基础教育同样也承担着为高一级学校选拔、输送人才的功能。

3.广阔性

我国农村地区面积广,在农村教育繁荣时,基本达到一村一校,在实行撤点并校后,农村学校覆盖面也依旧广阔。这也正是农村教育的发展关乎着我国教育事业成效的原因之一。农村教育的发展前景同样具有广阔性,农村教育的资源、课程类型、办学层次都具有进一步发展的前景,需要社会各方力量努力挖掘。

4.多样性

各个地区的农村教育都与其地方文化和特色息息相关,特别是在广大民族地区,其灿烂的文化已经渗透到教育的各个方面,对课程内容、教学方式都产生着重大影响,民族服饰、民族乐器、民间技艺等使得各地农村教育丰富多彩、极具价值。

5.全局性

百年大计,教育为本。今天,农村教育作为我国教育的重要组成部分,其质量决定着我国整体教育的质量,其健康发展有助于推动人才培养、人口流动、文化传承和乡村建设,有助于促进教育公平,促使社会和谐稳定发展。

二、农村教育的发展

(一)古代农村教育的发展

农村教育的萌芽可追溯到西周以前。当时的农村教育多在生产生活中进行,由年长者向年轻一代传授打猎、捕鱼等生活经验。在远古时代,人们生活方式简单,不需要经过专门的学习即可获得生存的能力。乡学最早在夏商时期出现,当时称"校""序""庠"。我国农村教育形成于西周至秦汉期间。在西周时期,随着社会经济的发展,农村教育发展起来。《礼记·学记》中记载:"古之教者,家有塾,党有庠,术有序,国有学。"此时,农村地区的教育者通常都由一些退休的士大夫担任。不过,虽有乡学,当时主要还是"学在官府",处于社会下层的广大民众很难接受到良好的教育。春秋战国时期是我国教育史上第一个繁荣时期,此时,思想上百家争鸣,且各家都兴办私学,收授弟子,打破了官府掌控学校的局面。其中最有影响力的是孔子,他主张"有教无类",打破了教育的阶级观念,学生向老师奉赠"束脩"即可跟随学习。秦汉时期官学和私学盛行,乡村教育主要有三种形式:一是以书馆为主要形式的蒙学教育,学习的主要内容为识字;二是以乡塾为主要形式的经书学习,要求学生对经书"略通大义";三是以精庐或精舍为主要形式的专经教育,它带有研究与教育相结合的性质。① 三国两晋时期,许多学识渊博的学者纷纷设立私学,如杜夷"世以儒学称······年四十余,始还乡里,闭门教授,生徒千人"。南北朝时期,统治者在各地普遍设立乡学,当时许多著名学者也纷纷创立私学。至此,我国古代官私相结合的农村教育体制基本成型。

隋唐至元朝是我国农村教育的发展时期。这得益于当时封建社会的稳定与繁荣,统治者重视教育在社会中的作用,尤其是科举制的产生,这种"学而优则仕"的官员选拔制度,使得官学私学更加兴盛。这一时期我国古代农村教育体制也更趋成熟和完备。宋朝可谓中国封建社会文化的鼎盛时期,其间,三次著名的兴学运动——"庆历兴学""熙宁兴学""崇宁兴学",统治者采取的"兴文教,抑武事"国策,程朱理学的兴起都对教育的发展和兴盛起到了推动作用。此时农村教育也有了长足发展,民间既有教授基础读、写、算知识的小学、蒙学,也有研究高深经学、为科举考试做准备的经管、书院等。宋朝,书院的出现对农村教育有极大的影响。辽、金、元时私学形式多样,元朝还出现了独具特色的社学,教授的内容既涉及经史典籍,又涉及有关耕织等实际生活经验。这一时期的农村教育在宋代的基础上进一步制度化。此外,还有专门教授伦理道德等封建礼仪制度的"庙学"。

明清两朝是农村教育开始由盛转衰直至封建教育体制瓦解的时期。这一时期,农村教育关注更多的是封建伦理道德的灌输,忽视教育的文化传承功能。明朝建立后,明太祖在洪武八年(1375年)诏令天下设立社学。于是,每五十家设社学一处。明朝的其他乡村教育机构,如乡校、村学、义学以及一些私学,在人才培育、化民成俗、教育普及等方面也起到了积极作用。清朝,义学逐步取代社学成为当时农村主要的教学形式。

---

① 李森,汪建华.我国乡村教育发展的历史脉络与现代启示[J].西南大学学报(社会科学版),2017,43(1):61-69,190.

清朝末年,随着近代新式学堂的建立,古代农村教育形式逐渐瓦解。古代农村教育经历漫长的发展、兴盛时期,最终退出历史舞台。这期间有过许多有益的探索经验,对我们今天的农村教育仍有借鉴意义,特别明显的是官学和私学的并行办学,使得封建社会底层人民有接触系统教育的机会,这也给今天的办学以启示。但无论如何,在封建社会,农村教育始终不是一种普及形态,大多数人特别是女性接触教育的机会非常渺茫,且其主要教育内容为古籍经史,对自然科学知识的传授仅在宋朝短暂出现。这些都是封建社会教育的局限。

(二)近代农村教育的发展

1840年鸦片战争后,随着社会结构的变化,我国的教育也发生了一系列重大转变,主要表现为对于西方教育制度的学习。1902年清政府颁布《钦定学堂章程》,这是我国第一个具有近代资本主义教育性质的学制。1904年又颁布《奏定学堂章程》,规定每四百户人家设立一所初等小学校,同时,在全国开始实行四年制的强迫教育。这两个章程是我国古代乡村教育向近代乡村教育过渡的重要标志。

近代乡村教育思潮和运动,在中国乡村教育史上有着重要的影响,基于当时的社会现状,许多有识之士开始致力于教育救国。20世纪20—30年代,一大批知识分子涌入乡村,希望借助乡村教育改善国民生存状况,代表人物有晏阳初、梁漱溟、黄炎培、陶行知。他们致力于发展乡村教育,怀着献身乡村教育事业的精神,对中国乡村教育阐述了许多有见地的观点,并积极践行他们的乡村教育主张,这对我国农村教育的发展具有深远的影响。

晏阳初被称为"平民教育之父",他在开展平民教育运动的过程中,逐渐认识到重点是要对农民进行教育。他把当时中国社会的问题归结为四点,即贫、愚、弱、私,主张通过办平民学校对民众首先是农民,先教识字,再实施生计、文艺、卫生和公民"四大教育",培养知识力、生产力、强健力和团结力,主张以生计教育攻"贫",以文艺教育攻"愚",以卫生教育攻"弱",以公民教育攻"私",以此造就"新民",并主张在农村实现政治、教育、经济、自卫、卫生和礼俗"六大整体建设"。晏阳初在河北定县(今河北定州市)开展了乡村教育试验,指导农村居民识字、建立医疗保健所、建立村民自治组织等。总的来看,这种乡村教育尝试从多个方面综合改造乡村社会,具备了教育全面发展的雏形。

梁漱溟在实地考察各地乡村教育后,于1931年赴山东邹平开展乡村建设运动。

他认为中国是"伦理本位,职业分途"的特殊社会形态,必须从乡村入手,以教育为手段来改造社会。乡村建设的内容是通过建立"乡村组织"(乡长、乡农学校、乡公所、乡民会议)以实现"新乡政",解决农村教育及政治、经济建设三大问题。具体途径是通过乡农学校实现对农民的精神陶冶、自卫训练、生产劳动及知识教育等,以推进社会,组织农村,达到"政教合一"之目的。①

黄炎培主张教育要与实际生活相联系,极力倡导职业教育思想。1925年,他把职业教育从城市重点转向了农村,他认为针对当时中国的社会情况,中国人最需要、最紧迫的事情是解决生计问题,而职业教育的三大功能正好有利于突破这个难点。职业教育的核心理念为:为个人的谋生做准备、为个人服务社会做准备、为国家和世界增进生产力做准备。职业教育的目的就在于"使无业者有业,使有业者乐业",这样才能有助于社会发展。他认为乡村社会是一个整体,主张"划区施教",将教育和经济、卫生、交通等放在一起统筹兼顾。

在20世纪20年代初,陶行知与晏阳初等人发起成立中华平民教育促进会总会,随后奔赴各地开办平民识字读书处和平民学校,极大地推动了平民教育运动。他在1926年发表了《中华教育改进社改造全国乡村教育宣言》。他认为乡村应该"以学校为中心,学校以教师为灵魂",于1927年创办晓庄师范学校,一心想通过教育救国来改善民生。他以一颗赤子之心办教育,努力践行平民教育思想,其生活教育理念对教育界产生了重大的影响。

中国共产党是近代乡村教育发展的重要推动者,其教育方面的主张和实践主要源于战时革命根据地教育。共产党人积极开展工农教育、参加平民教育活动,重视农村地区的教育,旨在通过教育改造工农群众的思想,启发工农群众的革命觉悟。他们在各地举办农民学校,教工农群众识字、写字,同时进行革命教育,主张教育与生产劳动相结合,还利用农闲时讲学,如当时在农村地区出现的"冬学"。此外,改造旧式私塾也是其教育实践的一个方面。他们意识到要在一个半封建半殖民地且大多数人为农村人口的国家进行彻底的革命,必须依靠农村地区的力量,而教育正是一种有力的手段。因此,他们在农村地区开办短期学校、农民夜校,进行扫盲教育等,在当时产生了轰轰烈烈的影响。

---

① 张彬,李更生.中国农村教育改革的先声——对20世纪20年代至30年代乡村教育运动的再认识[J].浙江大学学报(人文社会科学版),2002(5):124-131.

（三）现代农村教育的发展

从 1949 年中华人民共和国成立开始，我国的乡村教育以恢复发展为主并在曲折中前行，积极推进扫盲教育，进行了大量积极的实践探索。1949 年，中国人民政治协商会议第一届全体会议通过《中国人民政治协商会议共同纲领》，纲领指出"要有计划有步骤地普及义务教育"。特别是 1950 年 9 月第一次全国工农教育会议在北京召开，会议修订通过了《工农速成中学暂行实施办法》，标志着中国现代乡村教育的全面开始。中华人民共和国成立初期，一系列新政策直接促使乡村教育研究和实践走向高潮。这一时期，工农速成班、农民业余学校、半农半读学校遍布各个农村地区。然而，1958 年前后，我国的"大跃进"运动导致乡村教育发展受挫，乡村教育发展的处境变得十分艰难。1960 年前后，我国开始对此前的教育进行反思，并重点针对薄弱环节进行改革，学龄儿童入学率不断提高，乡村教育又恢复向上发展之势。当时，国家层面积极推动普及义务教育，这一时期可谓中国乡村教育的实践探索时期。但是，在这之后的"文革"十年，全国教育包括乡村教育受到严重的打击，处在崩溃的边缘。

在"文革"之后，党和国家迅速采取一系列措施，从国家层面上高度重视乡村教育。1977 年 5 月，邓小平提出要"尊重知识，尊重人才"，对教育领域进行拨乱反正。1983 年，邓小平又对教育做出重要指示，"面向现代化，面向世界，面向未来"被确立为我国新时期教育改革与发展的指导方针。1985 年，中央高度重视教育发展，推行教育制度改革，规定基础教育实行"分级办学、分级管理"。1986 年，《中华人民共和国义务教育法》颁布。这些接连不断的措施促成了乡村教育发展的第二次高潮。20世纪 90 年代左右，我国开始重点讨论基础教育改革的道路问题以及乡村师范教育问题，具体涉及乡村师范教育和乡村初等教育发展问题。紧随"普及九年义务教育"攻坚时期的到来，"乡村教育是立国大计"的主张随之又被提出，使得乡村教育又进入了一个新的发展时期。总体而言，这一时期有效地总结了近代以来的乡村教育经验，积极借鉴国际经验，努力探索本土乡村教育理论，形成了丰富的乡村教育理论和实践成果。

进入 21 世纪，乡村教育研究在深度思考中继续转型升级。在中央"优先发展教育事业"的强国方略指引下，特别是新一轮"基础教育课程改革"的推行，乡村教育获得新的发展，农村地区的办学条件从硬件上得到了进一步升级改造，社会和国家的大力投入与关注使农村地区拥有比以往更多更好的优质教育资源，新的教育理念和方法注入农村学校,农村教育焕发出新的活力。但同时,随着我国城市化进程的不断加快,农村教育也面临着前所未有的挑战:生源的流失、师资力量的缺乏和大量流动,使教育质量堪忧,部分农村学校甚至被迫或自然倒闭。在社会快速发展的今天,农村教育面临一系列严重的问题,急切需要寻求新的发展道路。

第二节　农村教育发展的研究概述

农村教育发展及其理论形成的历史悠久。在不同时期,对"农村教育"的称谓有所不同。例如,新中国成立前多称为"乡村教育",新中国成立后的一段时期使用"农村教育"较多,而新近一段时间"乡村教育"使用又较为频繁。无论何种称谓,其发展的理论基础和相关问题研究的过程都是基本一致的。数十年来,我国农村教育理论研究逐渐繁荣,农村教育发展主要集中在以下十个方面。

一、乡村教育研究的民国"回忆":历史经验的碎片化捡拾与编制"回忆"

民国时期乡村教育实验的研究性文献总体体现出"纪传体"和"编年体"两种清晰的脉络。"纪传体"式研究以民国教育家的教育理论和实践过程为脉络,主要探讨和总结了陶行知、梁漱溟、晏阳初等著名教育家的乡村教育成果及启示。1950 年,《人民教育》第四期发文倡导研究和发展陶行知的教育思想与教育经验,并引出一系列研究成果。1985 年,《陶行知的乡村教育运动:思想与实践》(张文郁,1985)一文初步论及陶行知乡村教育思想的主要内容、方法、价值和关键等内容,引发后续丰富研究。梁漱溟先生的乡村建设运动及乡村教育理论也是人们关注的重点,有对梁漱溟乡村教育实验介绍和对其乡村教育思想的探讨(王如才,1988)。晏阳初先生的乡村教育本土化探索也受到研究者的关注。"编年体"式研究是以历史发展顺序为脉络对民国时期乡村教育的整体研究,并集中探讨了 20 世纪 20—30 年代的研究成果。学者们从微观入手,总结了民国时期乡村教育运动的模式(成必成,2014)、价值(高盼望,2015)、政策(慈玲玲,2016)及乡村师范教育(曲铁华等,2016)等。整体而言,对民国时期乡村教育的研究通过捡拾碎片化的历史材料,梳理历史脉络,描绘了一张民国乡村教育图景。事实上,20世纪20—30年代的乡村教育实验原本就旨在从教育农民着手以改进乡村生活和推进乡村建设(吴洪成,2002),故而对今天仍具有积极的借鉴意义。但由于资料限制,人们对民国时期乡村教育问题研究不够全面和深入,评价有的有失偏颇,需要做进一步的工作(刘克辉,2007)。

二、乡村教育的变迁逻辑:从"文字"游离乡村到城乡统筹发展

中国乡村教育变迁有其深刻的内在发展逻辑。这种逻辑以历史时间顺序为表征,但在本质上又与简单的历史时期划分有区别,实际上是在讨论乡村教育发展的"生长"规律。当前研究认为,乡村教育变迁逻辑体现为三种:第一种从经济学入手,采用人类学研究方法,以教育经费的投入作为权衡,认为乡村教育发展过程是从集体经济时代的"普及小学教育",到改革开放以后的"跳农门教育和义务教育",再到现在的"免费教育"的变迁过程(李红婷,2010)。第二种以乡村学校为依托主体,认为乡村学校是"嵌入"乡村的,清末民初至20世纪90年代为"行政型嵌入",而当下的教育则是"悬浮"状态(姚荣,2014)。第三种则以"文字"是否在场为权衡标准,提出"文字下乡"和"文字上移"前后两个阶段的发展事实(程天君等,2014)。以上三种观点中,学者更集中于对第三种观点的探讨,且观点存在分歧。有学者认为村民"文化自觉"能应对"文字上移",延续"文字留村"(鲁可荣等,2014)。这种主张试图遏制"文字上移"的步伐。然而有学者却认为,当前乡村教育进入了"后'文字上移'时代",应破解摇摆于"城镇化"与"乡土性"之间的中国乡村教育难题,走统筹城乡教育发展之路(李涛,2015)。这类观点主张中国乡村教育应走出前两个时期,进入城乡教育一体化发展时期,这就避开了"文字"是否在乡村的争论,而将乡村教育放在更大的范围内来探讨,进而撬动乡村教育变迁的内在逻辑。

三、乡村教育的根本问题:在"逃离中精进"的价值选择困境

寻找乡村教育发展的根底问题是促成乡村教育振兴的首要任务。中华人民共和国成立70年来,研究者纷纷对乡村教育"把脉",得出丰富的"诊断报告"。从时间轴看,中华人民共和国成立初期,乡村教育的主要任务是扫盲,故而转变乡民"读

书无用"观念是当时的主要任务。20 世纪 80—90 年代,农村普及义务教育发展的重大困难是缺乏资金(韩云,1986)。但近 20 年来乡村教育体现出在"逃离中精进"的价值选择困境的根底问题,具体表现为:一是乡村教育的公平与效率平衡问题。有学者直指乡村教育的根本问题在于教育公平与教育效率的价值交锋(曹长德等,2017),而且城乡教育不公平问题愈演愈烈(朱启臻等,2012),其原因被归结为 20 世纪 90 年代末以来的"撤点并校"运动(蔡志良等,2014)。这种解释路径无异于将城乡教育平衡上升到"铁轨哲学"问题。二是乡村教育与乡村社会区隔问题。乡村教育与乡村社会的区隔具体表现为:乡村学校失去乡村支撑(周兴国,2018),处于"悬浮态势"(闫守轩,2013)。此外,流动儿童、寄宿制学校和学生营养餐计划等教育现象均是乡村教育与乡村社会区隔的产物。三是乡村教师的乡村文化理解偏差问题。有学者指出,当前限制乡村教育发展的根本问题在于教师(范先佐,2015),乡村教师与乡村文化融入程度不足(马宏瑞,2018),使得乡村教师脱离了个体环境文化的涵养(唐松林等,2014),要培养"下得去""留得住""教得好"的乡村教师任重道远(吴梅等,2017)。显然,当前研究乡村教育问题没有跳出教育来看中国,而是就乡村谈乡村教育,并未给出乡村教育发展问题的合理价值选择,以至于乡村教育处于一边被"逃离"、一边被"发展"之中。

四、乡村教育的价值取向:游走于"离农"还是"为农"的选择性争论

乡村教育研究的根本旨趣在于回答"乡村教育为什么"。纵观 70 年乡村教育的价值取向讨论,均离不开"离农"与"为农"之争,其根本在于"城市本位"与"乡村本位"之分歧。此分歧引发出四种观点:第一种观点认为乡村教育应为乡村发展服务。如认为乡村教育发展须与农村本土文化重建和自然环境保护相结合(钱理群,2010),应为"三农"服务(洪俊,2006)。第二种观点认为乡村教育应走城镇化道路。如有学者认为乡村教育的希望不在乡下而在城镇(胡俊生,2010)。第三种观点认为乡村教育应走城乡教育一体化发展之路。如邬志辉和杨卫安(2008)主张城乡教育一体化发展,苏刚等(2014)认为应将城乡教育发展纳入一体化发展格局。这一观点被冠之以"第三条道路",然而城乡教育一体化发展本身仍然携带着"偏向谁"的问题,本质上并未改变乡村教育的价值选择悖论。第四种观点认为乡村教育应把重心

放在"人"上。如有学者认为我国乡村教育应该以提高农村学生综合素养为根本性的价值取向(廖其发,2015),凸显"育人"这一本体价值(李学良,2018)。显然,我国乡村教育缺乏一种笃定而适切的价值取向,其发展始终在"城本主义"与"农本主义"之间徘徊(杨蕾,2017)。这种纠结和徘徊从根本上反映出当前学者对乡村教育和乡村社会的关系问题并未形成一致认识。

五、乡村教育的文化使命:在乡村学校文化场凝聚与促成乡村振兴

乡村教育与乡村文化相辅相成,相互推进,相互影响。就研究文献来看,主要涉及乡村教育的文化功能研究、乡村学校的文化定位研究、乡村教师的文化困境研究和乡村学生的文化认同研究等方面。首先是乡村教育的文化功能研究。有学者认为文化传承与创新是乡村教育的重要文化功能(唐开福,2014),但"撤点并校"导致乡村文化的再造能力被削弱。乡村社会的再造需要乡村学校的文化救赎(李志超等,2016)。其次是乡村学校的文化定位研究。本土化应成为乡村学校文化发展的首要选择(纪德奎等,2013),并将乡村学校打造成乡村文化核心区(康传凯等,2018),更好地融乡村学校于乡村文化之中,延续乡村学校的文化传承功用。再次是乡村教师的文化困境研究。当前的农村教师虽然身在农村却背离农村,日益疏远了农村生活,存在"农民化"与"市民化"文化冲突(石瑞娇等,2018),面临文化自觉缺失之困境(申卫革,2016)。最后是乡村学生的文化认同研究。有学者指出留守儿童对乡村文化认同感和自信心下降,存在认同危机(吕宾等,2016),这些文化认同危机包括价值、身份和自我等(徐乐乐,2018)。

六、乡村教育的发展策略:建构科学而完美的乡村教育理想

中国乡村教育研究之鹄在于促进乡村教育发展,因此探讨乡村教育的发展路径与策略是研究者绕不开的节点。当前关于乡村教育发展的主张有如下几点:一是凸显乡村教育优先发展战略,完善财政投入机制、体制和法规(谈松华,2003;闫守轩,2013;田夏彪,2014)。二是重建乡村文化进而恢复乡村教育生机,实现教育正义(邢思珍,2010;蔡志良等,2014)。三是精确恰当设计乡村教育发展的组织结构,确保乡

村教育资源配置稳定(许丽英等,2006;李红婷,2010b;容中逵,2011)。四是坚持城乡教育一体化发展,缩小城乡差距(张济洲,2006;杨建强,2018)。五是优化乡村教师队伍结构,合理配置教师,积极建立城乡教师交流机制(辜胜阻,2004;邬志辉,2015)。六是发展职业教育和推动高等教育改革(姜志维等,2007)。七是创新乡村学校管理机制,实现乡村教育现代化治理(储朝晖,2003;万小妹,2004;李森等,2016)。众多关于乡村教育发展的策略析出,无疑对乡村教育发展具有积极意义,特别是为乡村教育政策制定提供了参考。但很多策略出于理性思辨,是否有效和适用尚需实践检验。

七、乡村学校课程与教学研究:备受关注却实质上"悬置"的领域

课程与教学是乡村教育发展的落地环节,是乡村教育的微观领域。当前相关研究主要包含课程与教学两个方面。在乡村教育课程开发方面,有学者指出乡村教育是乡村振兴之基石,乡土课程是乡村教育之灵魂(袁利平等,2018a),回归乡土的课程设计才是乡村教育重建的重要策略(刘铁芳,2010),乡村文化重建和乡村文明回归的具体路径则是乡土课程资源开发(杨兰,2013)。显然,乡村教育课程改革研究得到充分重视。总体而言,乡村教育的课程研究主要涉及乡土课程资源开发(黄浩森,2009;陆丹,2012)、乡土课程的价值定位(袁利平等;2018b)、以本土为中心的乡土课程(徐湘荷,2009)、区域乡土课程(崔英锦,2011)、乡土教材开发的反思(马戎,2010)。在乡村教学方面,教学是课程的落地环节,更是直接促动乡村教育的实践活动。试图通过课程改革来推动乡村教育发展,需要建基于教学。乡村教育教学的关注重点有两个:一个是针对乡村教育的特殊教学法的研究,另一个是关于乡村教师教学能力培养的研究。如乡村教学点的复式教学是研究的关注点(张献伟,2017)。还有研究者指出翻转课堂之于乡村学校而言并无较大裨益(刘娟娟等,2017)。总体而言,针对乡村教育教学的研究并不多见。更可判言,对乡村教育课程与教学的研究多基于讨论,缺乏实证性研究,是一个看似被关注却实质上被"悬置"的领域。

八、乡村教师队伍建设研究：坚守乡村大地的知识分子的沉浮去留

乡村教师是乡村教育发展的主体，对乡村教育发展有举足轻重的作用，故而关于乡村教师的研究成果颇丰。首先，是关于乡村教师的生存现状研究。这类研究以关心乡村教师的生存困境和问题为主，并认为乡村教师是在倦怠之中的坚守（张莉莉等，2014），有前所未有的压力与困惑（肖正德，2011），是乡土文化"边缘人"（汪明帅等，2016）等。这些问题归结起来主要包括了乡村教师的身份认同、"离农"现象、生存困难三方面。其次，是关于乡村教师队伍建设研究。乡村教师队伍建设是乡村教育发展的重要任务。有学者指出，当前乡村教师队伍建设的症结是重条件待遇之标轻职业认同之本（王鉴等，2017），故而应考虑从内部异质化构建（孙颖，2016），注重政策内容的系统性、实践性、本土性（石连海等，2018）。再次，是关于乡村教师专业发展的研究。乡村教师专业发展是乡村教师队伍建设的核心任务。当前乡村教师专业发展存在的主要问题是教研能力不高、专业知识不强、专业幸福感弱（李森等，2015）。有学者认为，应重构以地方性知识为核心的乡村教育场域，以符合乡村教师专业发展的独特性（钱芳，2018）。此外，还有关于特岗教师和全科教师的研究。为了进一步推动乡村教育的发展，加强乡村教师队伍建设，国务院于 2015 年颁布了《乡村教师支持计划（2015—2020 年）》。这是促进乡村教师和乡村教育发展的重要政策。

九、乡村教育经费投入研究："经费不足"何以成为永恒话题

中国乡村教育经费投入体制改革经历 70 年发展，取得喜人成绩，特别是 2012 年教育总经费投入占国内生产总值比例超 4%（国务院办公厅，2018）以来，乡村教育经费投入得到极大改善。改革开放以来，我国的财政体制经历了从集权到分权再到集权的历程，乡村教育财政体制的变化也经历了"分权管理、多元筹资""财权上收、以县为主""转移支付、省级统筹"等几个阶段，制度上得到不断完善（哈巍等，2017）。文献研究主要涵盖教育财政投入制度，教育经费管理和使用，分担机制、鼓励机制、运行机制的研究；总体问题体现在财政投入不足、分配不均、区域财力不均等方面。具体来讲，从乡村教育经费投入政策发展历程来看，20 世纪 90 年代中后期

以来,中央启动了一系列对农村义务教育的大规模财政转移支付工程。从 2001 年开始,国家实施"两免一补"财政补贴制度,乡村教育财政问题得到一定缓解。2006年修订的《中华人民共和国义务教育法》明确规定了省级政府在义务教育经费投入上负有统筹落实的责任(雷丽珍,2010)。同时还启动了农村义务教育经费保障新机制,这一机制增强了地方政府投资教育的经济激励,提高了农村教育经费保障水平。新机制推动我国 2008 年实现义务教育阶段学生学杂费全部免除,但是仍然存在农村教育资金浪费、滞留、被挪用和乱收费等问题。2005—2014 年 10 年间,城乡义务教育经费投入逐渐加大,但各地区经费投入水平差异明显。对此,有学者提出要加大中央和地方政府财政投入,推动基础教育供给侧改革,形成制度合力(肖桐等,2018)。此外,农村寄宿制学校运行成本分担(董世华,2011)、农民收入对农村教育的影响(邹帆等,2006)等也受到关注。

十、乡村教育与乡村建设:相辅相成与共融共通的发展愿景

乡村教育既属教育系统的范畴,又是乡村社会系统的重要组成部分。乡村教育在乡村建设中起着支撑作用(钱理群,2010),将两者进行统合思考,是乡村教育讨论的重要话题。现有研究主要集中于两者关系探讨,有学者认为乡村建设与乡村教育处于两种视野中,前者立足于农村视野,而后者则立足于国家视野。在政策设计层面,两者相互分离和脱节。不仅乡村教育缺少乡村责任,而且乡村建设同样缺少教育意识(薛晓阳,2018)。实际上,教育一直被认为是乡村建设的基础和先导,即教育应服务于乡村建设,然而这种服务意识不强,与乡村建设的融合不够深(唐华生等,2008)。基于此,很多学者提出了积极应对策略。有学者认为乡村教育之于乡村建设的根本任务就在于协作精神的重建(邬志辉、任永泽,2008)。也有学者认为乡村教育的重心应当是为培养新型农民提供支撑(万运京,2008)。还有学者认为当前的乡村教育不是要培育适于乡村生活的人,而是要致力于建设一种新的乡村生活方式(罗建河,2009)。显然,乡村教育促进乡村社会和谐发展一直是人们共同的愿望。

第三节　农村教育发展的意义与价值

从历史根源来看,我国本质上就是乡土社会。就面积和人口而言,农村地区是我国最庞大最重要的组成部分,农村地区的发展与国家的命运时刻连接在一起。所以,在民族振兴、国家富强的道路上,农村地区的同步发展显得极为重要。农村教育作为农村社会发展中最核心的一部分,承载着国家、农村社会、受教育者的希望,直接关系到我国社会主义的建设进程和全面建成小康社会、教育现代化、城镇化目标的实现。因此,农村教育的健康发展具有重要的意义与价值。

教育之于国家和社会是一项奠基工程。一个国家和社会的进步,必须借助教育力量的推动,教育对国家的政治建设、经济发展、文化传承与创新等方面产生直接而深远的影响。而农村教育作为国家教育的重要组成部分,对于国家和社会自然有着不可替代的作用,其意义和价值主要体现在以下几个方面。

一、农村教育发展对于农村受教育者的成长意义重大

教育应该满足受教育者的需要,挖掘其内在潜能,帮助受教育者实现自身的意义和价值。农村教育最大的价值就在于提高农村受教育者的整体素质,满足其身心全面发展的需要,充分开发他们的潜能,使其实现自我价值。农村教育发展影响着受教育者的发展。一方面,农村教育是提供多种知识的渠道、培养受教育者各种技能的场所,为受教育者获得全面发展提供有利条件。另一方面,它能促进农村受教育者身心健康发展,帮助其培养良好的道德品质和审美情趣。优质的农村教育,让身处农村的孩子有机会通过学校学习获得向上流动的机会,从而改变生存状态。

农村教育发源于农村社会,立足于农村地区,面向广大的农村群众。农村教育的出现和发展永远离不开农村,这是其独特性所在,也是城市教育不可能取代农村教育的根本原因所在。那么,农村教育对受教育者的培养,必须注意培养目标,既要提高受教育者德、智、体、美、劳素养,也要高度重视培养受教育者认同农村、适应农村、热爱农村的心理倾向,对祖辈繁衍生息的农村土地有一种心灵上的依赖。农村给受教育者提供天然的劳动场地。在这种得天独厚的环境下,受教育者有可能真正成为身心全面发展的人。农村教育让学生有机会接触到农村生活中的基本知识、技

能和经验,这对农村受教育者的成长而言是一份宝贵的财富,这种在自然环境中成长的乐趣只有在农村教育中才能享受到。

当农村教育繁荣发展时,受教育者一方面能得到学校的良好教育,另一方面他们不需要把时间花费在去学校的遥远路途中,这意味着他们能得到更多课堂之外的教育机会——教师带领下的田园实践活动,与同伴在乡村自然环境中的玩耍探索,家人的关爱教诲。在这些环境之中,他们将真实地接触到农村的生产、生活和文化,获得农村生活的经验,产生热爱农村、农民和农业的情感。这种经历对农村受教育者而言是一份珍贵的记忆。伴随着农村教育的合理引导,在未来社会中,这些受教育者就有可能身心愉悦、富有成效地参与农村的政治、经济和文化建设,促进乡村振兴的实现。

二、农村教育发展对文化传承具有重要意义

教育具有文化传承的功能,农村教育也同样具有这个功能。农村教育在防止乡土文化缺失、断层以及促进文化更新中发挥着独特的作用。我国文化发展的根脉在乡村,要让乡村文化与时俱进、保持活力,进而实现可持续发展,关键在于发挥农村教育的力量,而农村教育的主要场所在学校,因此要充分发挥农村学校的育人作用。

(一)农村学校的显性文化传承功能

首先,学校在对科学文化知识进行合理、有效的选择后,系统地将其传授给受教育者,从而使文化得以流传和发展。当受教育者吸收这些知识后,文化便得以保存,在此基础上才产生了文化创新。其次,农村学校的存在本身就是一种文化的象征,学校拥有丰富的资源。值得注意的是,农村学校根植于农村这个特定的场域,它受到周边的自然环境、人文风俗、生活经验的影响,给予农村教育与城市教育内在的不同。在城市教育声势浩大的今天,依旧不能否定农村教育的意义与价值。农村学校结合自身和独特的周围环境,能为农村少年儿童提供一种与城市截然不同的教育,同时使乡土文化能在现代化的冲击下依然在年轻一代身上得以传承和体现。另外,农村学校也是本土文明和外来文明相碰撞融合的场所,教师通过引导,能让多样化的文明产生新的知识和价值。受教育者一方面对多种视角下的文化兼收并蓄,另一方面通过对比学习,去除其糟粕,取其精华,从而使文化中最精彩的部分得以继续发扬。

（二）农村学校的隐性文化传承功能

世世代代居住在农村地区的人们，由于时代原因，受教育程度并不高，但是其在长期生活中创造的乡土文明依然不可小觑。这些多样灿烂的文化构成了我国多元文化的基础，通过年长一代与后辈的朝夕相处和口耳相传，这些文化才能得到传承。农村学校作为文化的辐射地，将农村社会中的方方面面和农村孩子连接在一起。一个人儿童时期所受的教育和所处的环境对他一生的影响是巨大的。农村学校让受教育者有更多的机会接触这片生养他们的土地，更好地理解和领悟这片土地上产生的文化，也拥有更多的时间和机会与这片土地上的人交流。只有当农村新一代和农村生活产生了实际的联系，在这些文化的熏陶下，他们才真正有机会成为乡土文化的传承人。当前，许多农村地区由于学校的撤并，产生了许多问题。学校的撤离倒闭意味着所在的村落已经失去了一个文化中心，由此导致大批的居民不得不选择将适龄的入学者带到另一区域继续求学。许多村落就是这样逐渐衰败萧条，留居人口的锐减让文化传承难以为继。农村少年儿童由此面临的上学难、上学远问题，使他们离农村这片土地越来越遥远，相处的时间越来越少，感受不到农村带给他们的归属感和乐趣，农村反而成了禁锢他们发展的涸土，于是他们感情上也变得越来越淡漠，对所处地域的乡土文化知之甚少。

三、农村教育发展对于促进新型城镇化具有重大价值

在中国现代化的进程中，一个重要的发展任务就是城镇化。但是在乡村社会城镇化的过程中，大批农村人口向城镇迁移，由此出现的人口流动使得社会走向了两个极端，即城市繁荣和乡村衰败。对城市生活的向往使得大批农村居民逃离乡村，涌向城市，择校热、大班额、进城务工人员子女教育问题等一大批社会热难点问题随之出现。这种形式上的城镇化使农村教育生存越来越困难，优质教育资源大都集中在城市，教育价值以城市教育为主导，农村教育逐渐式微。然而，要真正实现城镇化，应该按照社会发展的要求对农村地区进行改造，使农村居民的物质生活水平和精神生活水平都达到城镇标准。这就必须依靠农村教育的力量，让基于农村的农村教育不以城市为中心，而是在真正城镇化思想的引领之下，回归为农村社会服务的立场，让农村受教育者有自己的独特信仰和价值，有从根本上为改造农村地区现状

服务的思想和本领。农村教育的持续健康发展能防止农村优质生源的流失,留住的优质生源又将促进农村教育的发展,这能够使农村人口的外流状况得到一定程度的缓解,也能在一定程度上减轻城市学校的压力。当农村教育稳步发展时,其在政策上得到的倾斜也将进一步增加,优质的教育教学资源将更多地流向农村,促使农村教育进一步健康发展。

农村教育在培养人才时要注意价值取向。培养的人才不仅要有向外流动的能力,而且要有坚守本土、扎根建设自己家乡的意愿:愿意留住乡村这一方不可复制的土地,以新时代的眼光促使农村地区发展,而不是在建设社会主义现代化国家的道路上完全抛弃农村。发达国家的历史经验启示着我们,在形式上的城镇化达到一个顶点,再也不适宜人口向其流动时,必然会出现逆城镇化的潮流,即发展重心重新转移到农村从而导致需要重新建设农村。重新开始建设所产生的花费是巨大的,因而在当前城镇化进程中彻底遗弃农村的代价也是不可估量的。这种代价最明显的展示就是农村居民在移居过程中丢失的归属感和认同感:对于城市而言,他们是一种外来者的姿态,城市与他们世代居住的农村环境天差地别,在这种环境中,要如何找寻幸福感、如何定位自己的人生价值与意义是值得深思的。而且,外来人口对城市产生的巨大压力及造成的社会治理代价也同样不容忽视。农村教育的根本价值在于,在城镇化的过程中,农村能坚守住自己的乡土本真,让农村地区不再落后于城市地区,而变成美丽、宜居、富有魅力的新型城镇,让新时代农村的吸引力等于或大于城市的吸引力。

在国家和社会层面,也要认清一个问题:农村教育的持续健康发展事关全局。在共同富裕的道路上,农村的发展程度直接影响着人们的生活。农村拥有的文化和资源是国家最为宝贵的财富之一。农村教育作为教育的重要组成部分,为国家人才培养做出的贡献丝毫不亚于城市教育。在社会层面,应极力促进社会公平,保障教育公平,让农村教育真正实现腾飞,这样农村才有振兴的希望,国家才有富强的可能。

四、农村教育发展有利于社会稳定

农村教育在道德教化和思想意识上具有规范引领作用。社会人的道德信念不是与生俱来的,必须通过教育习得。在广大农村地区,我们不得不重视的问题是,当前农村人口的文化素质不高,农村教育是他们的希望。广大农村居民抱有的希望是自己的后辈能通过教育这条道路走向更高的阶层,拥有适应现代社会生活的能力。农村教育便是他们心中的一种精神支柱,一所农村学校的存在能让他们从心底对未来有所畅想,学校的琅琅书声、教书育人活动寄托着农村居民的殷切期盼。农村教育的存在,使得家家户户有一盏通往更高层次精神生活的引航灯。受教育者在学校习得各种知识和理念,并将其传递给上一辈,也改变着农村居民的思想,他们能以更开放包容的姿态应对这快速发展的时代。当学校培养的学生能够理性对待当前的城市生活时,形式上的城镇化发展脚步肯定会停顿,重新定位自己的前进方向,让更多生活在农村地区的人们愿意坚守和热爱他们世代生存的这片土地,由此,乡村振兴的愿景才会逐步成为现实。农村教育应当是农村地区精神生活的重心所在,对农村教育的关注能让农村居民的生活话题更多地放在对后辈的学习生活上,使他们的精神寄托在文化的发展上。反之,农村教育的衰败必然牵动着农村居民的神经,一是农村居民必将从其他方面寻求某种心理的补偿或慰藉,最有可能出现的情况便是寄托于庸俗娱乐活动和不理性的宗教信仰。二是农村精英的逃离。农村拥有一定经济能力的居民为了子女的发展会想方设法把他们送入城市,接受更加优质的教育,而处在贫困边缘的那部分人则只能被迫接受仅存的农村教育资源,这将导致贫困的进一步升级,长久来看会阻碍国家的进步与发展,这也正是我们当前社会面临的棘手问题。在这种农村教育并不乐观的背后,更发人深省的是,村落的衰败和消亡,大量以土地为生的人们对土地的抛弃,极大地威胁着农村的生产生活,农村地区只有年老的守望者,没有耕作者,会导致各类粮食、庄稼、农产品供不应求,重则使国家在食品方面大幅度依靠进口,这等于掐住了发展的咽喉,粮食安全与国家安全难以得到保障。许多去往大城市的农村居民并不能找到合适的工作岗位,由此导致的教育致贫现象屡见不鲜。一个更为严重的现象是,新时代在教育领域未能获得进入高等教育机构学习机会的那部分青少年,特别是农村青少年,他们既不能在城市生活中获得良好的发展机会,又没有适应农村生活的能力,并且不甘于回到农村继续老一辈的生活。这些年轻一代在城镇化浪潮中该何去何从?社会如何引导他们走上适合自己发展的道路?当大部分人的生存受到威胁时,社会的安定如何得以维系?这一系列由农村教育衰败引起的连锁反应最终将使整个社会遭受严重的损失,并为此付出难以想象的代价。

五、农村教育发展有利于教育的多元发展

世界上的城市生活状态大都类似,广阔的农村地区却散发着自己独特的魅力,基于农村建立起来的农村教育呈现出它特有的活力。农村拥有丰富的乡土资源,这些资源通过学校课程的开发和整合融入农村教育之中,能使农村的精神文明和物质文明都反映到农村教育之中,如山歌、蜡染、竹竿舞、芦笙这些少数民族地区的文化遗产融入农村教育之中,会使农村教育散发出与城市教育完全不同的魅力,让教育朝着多元化蓬勃发展。

第一章

广西农村教育发展的历史回顾

关于广西农村教育的发展,笔者主要从旧中国和新中国这两个时期展开历史回顾,并且在此基础上,提出在新时代下广西农村教育发展的省思之处,以期更好更快地促进广西农村教育的发展,缩小城乡教育的差距,实现教育的相对公平,振兴农村教育。

第一节　旧中国广西农村教育的发展历程

旧中国是指 1840 年至 1949 年这一段时间,即从鸦片战争开始到中华人民共和国成立的这一段时间。旧中国的广西农村教育包括学前教育、义务教育(小学教育和中学教育)、职业技术教育、成人教育、特殊教育等,这些不同类型的子教育具有自身的发展历程。研究发现,旧中国广西农村教育的发展可以分为两个阶段。一是挣扎时期(1840—1919 年),在列强入侵中生存;二是波折时期(1919—1949 年),在新民主主义革命中生长。笔者主要从教育目的、教育政策、教育资金、师资力量、教学设备、住房问题、教学手段与方法、学生数量与质量等方面来阐述广西农村教育的发展历程。

一、挣扎时期（1840—1919 年）：在列强入侵中生存

据史料《三国志·吴志·薛综传》等记载,西汉是广西学校教育的发轫时期,广西学校教育的出现比国内文化发达地区要晚 1 500 多年。这里所说的学校教育是指

有比较固定的教育场所,师生都使用文字教材,由教师有计划地对儿童少年或成年人进行读书识字等提高文化知识的教育。① 汉代广西苍梧、合浦等地教育基础较好,学校教育是在当时的苍梧郡、合浦郡和郁林郡等地首先发轫的,士人出仕多在苍梧、合浦一带。据《后汉书·南蛮传》《广西商业史料》等各方史料综合分析,合浦和苍梧等地办有官学。

清道光二十年(1840 年),英国发动了侵略中国的鸦片战争,腐败的清政府战败,中国开始沦为半殖民地半封建社会,却也开始迫使中国融入世界。1856 年,第二次鸦片战争爆发,清政府再次战败,割地赔款,中国的半殖民地程度加深。两次鸦片战争极大地影响了广西农村教育的发展。随后,1851—1864 年,由洪秀全等发起的太平天国运动席卷半个中国,与清王朝作战 14 年(1864 年后面的捻军不算)。这极大地动摇了清王朝的统治,也给处于水深火热之中的中国带来动荡,冲击了延续几千年的中国传统教育,客观上为广西近代教育的兴起奠定了思想基础。19 世纪末,由于列强的不断侵略,中国民族危机进一步加深。面对民族危机,中国许多有识之士提出了救亡图存、变法维新的主张。光绪二十年(1894 年)和光绪二十三年(1897 年),维新运动的领袖康有为两次来到桂林讲学,宣传维新变法内容与思想。政治家、思想家和教育家康有为来桂林讲学也传播了新文化新教育的内容与思想,在一定程度上促进了广西近代教育的兴起。

经过甲午中日战争、义和团运动、八国联军侵华战争、辛亥革命和第一次世界大战等,较早受到维新思想和新学影响的广西,相继办起大、中、小学堂,近代新式教育逐步兴起。民国建立后,初具近代教育规模的广西,贯彻执行教育部的改革令,全面进行教育改革。虽然在旧桂系统治期间,军阀混战,社会动荡,民生凋敝,教育经费很少,但是包括农村教育在内的广西各类教育仍在缓慢地发展。

根据文献可知,研究这一时期广西农村教育发展情况的文献和著作不多,经过梳理与分析,广西农村教育发展历程如下:

---

① 蒙荫昭,梁全进.广西教育史(第 1 版)[M].南宁:广西人民出版社,1999:54.

（一）近代教育的开端

1.太平天国时期

广西地处祖国边陲，教育相对滞后。19世纪中叶，当北京等地尝试新式教育的时候，广西旧学依然如故。太平天国运动是鸦片战争之后中国发生的最大的农民战争，它推动了广西农村教育的发展。领袖洪秀全和冯云山以私塾为掩护，在广西桂平县金田乡一带秘密开展以反清为目的的社会教育活动，极大地发动了群众，为太平天国运动做准备。当时的教育内容为反封建传统道德、捣毁神庙、反儒学等。太平天国运动是我国近代史上震惊中外的农民革命运动，其在广西的教育活动，冲击了延续几千年的封建传统教育，为以后新式教育在广西的兴起奠定了思想基础。

2.康有为来桂讲学时期

在列强入侵时期，广西农村教育的发展除了有广西的教育家、思想家、政治家、学者等的推动，广西还邀请了康有为等知名的教育家为广西教育献力。康有为为了培养人才，四处讲学，宣传维新变法，曾两次来到广西讲学，对广西社会风气的开通、新式教育的兴起起到了很重要的推动作用。光绪二十年（1894年）十一月，桂林乡绅龙泽厚从四川回广西省亲，途经广东，并诚恳邀请康有为来广西讲学，康有为欣然同意。在龙泽厚的陪同之下，康有为先到梧州并在梧州进行了几天公开讲学，宣传维新变法思想。之后，康有为来到桂林。当时桂林聚集了不少知名人士。康有为来桂林讲学的消息传开之后，不少名人慕名前来拜访教育家康有为。康有为的讲学对打开广西知识分子的眼界，促进他们思想的更新进步，起到了积极和重要的作用。由于第一次讲学时奠定了开展维新变法运动的基础，光绪二十三年（1897年）一月，康有为第二次来到桂林，此时已是清朝进士、工部主事的康有为的到来，受到了广西各界的热烈欢迎。他讲学的内容有《春秋公羊传》《春秋繁露》《孟子》《新学伪经考》《孔子改制考》等。无论是深度还是广度，第二次讲学都超过了第一次。而且他的讲学对各方人士颇具吸引力，前来从学的人，除了原有的门徒，还增加了陈太龙、赵元杰、万言等。后来，成为著名政治家、教育家的马君武也常来听讲。这对于动员更多的人士参与变法、促进当时广西学术思潮的发展是不言而喻的，对广西教育的发展无疑起到一定的促进作用。光绪二十三年（1897年）五月，康有为创立了圣学会，会内还附设了"广仁学堂"。该学堂一改以往学堂的传统做法，不讲背诵，不做八股、试贴，而是让学生每天写游记、日记等，并听讲和学习礼仪，这的确是开创了广西新式教育的先河。他的讲学为广西培养了一批新型的维新人才，广西新学的兴起成了势不可挡的历史潮流,广西的教育亦受到极大的影响。康有为来桂讲学之后,不少康门弟子回到各府州县,宣传维新思想,如北流的陈恒、容县的陈祖虞、柳州的何化龙、苍梧的陈太龙等都回到原籍,开展维新变法宣传,这影响着广西农村教育的走向。

光绪二十七年(1901年),清政府颁布了兴学诏书,要求各省改书院为学堂。根据这一精神,广西的临桂、榴江(今属鹿寨)、宜山(今河池市宜州区)、陆川、思恩(今环江毛南族自治县)等县于次年开办了小学堂。广西提学使李翰芬确定以小学为各类学校教育的基础,7岁以上的国民都有就学义务的方针;要求分区设立小学,先在省城桂林举办,再逐步推广到各个地方。此外,还规定报名入初等小学,不需考试,不收学费。由此可见,广西农村教育的小学堂发展也是晚于城市的。小学堂分为初等学堂、高等学堂、两等学堂(即初高等合于一校),一般来说,高等学堂由县的书院改设,初等学堂由城乡的书院、义学改设,有的则由私塾改成。小学堂按经费来源的不同,又可以分为官立、公立和私立三大类。官立小学堂由县拨款兴建,公立小学堂由城镇、乡村以公款或捐款设立或由数乡镇联合成立,私立小学堂则由私人投资开办。清末,广西小学堂的创办与发展的不平衡性是相当明显的。当时,小学堂仅能在各个县城看到,而在广大农村地区私塾仍比较普遍。而且,小学堂也主要分布在经济相对发达的桂林、梧州、浔州(今桂平)等地区。另外,清末广西各地小学堂的教学进度、内容也很不统一。许多小学堂仍不能摆脱过去私塾的那一套教学方法,自编讲义,无教学计划,致使全省教学水平参差不齐。教师多使用陈旧的注入式教学法,强调死记硬背,使学生的思维能力受到极大限制。这反映出科举制度对当时广西小学堂的影响仍是很深的,广西农村教育也不例外。

在清末废科举办学堂的同时,广西还兴起了一种新式的教育,即民众识字教育。光绪三十一年(1905年)学部通令各省设立半日学堂,开展民众识字教育。光绪三十二年(1906年),广西省会桂林设立半日学堂2所。省内一些地方如灌阳、修仁、凌云、南宁等地也开办半日(夜)学堂7所。到辛亥革命爆发前夕,广西各府州县也陆续设立或筹设半日(夜)学堂。广西省教育司依照《简易识字学塾章程》通令各府州县筹设简易识字学堂。这两种学堂主要招收已失学的成年人和贫寒子弟入学。学生学习科目有国文、国民道德、算术、习字等,所用物品、书籍由私塾发放,每日(夜)授课2—3小时,教材采用学部编的《简易识字课本》《国民必读课本》等,教师由小学教员兼任。这极大地照顾了广西农村的贫寒子弟或者已失学的成年人,为城乡教育公平贡献了一份力。此外,清末广西还举办了社会教育,其主要形式是设立宣讲所。光绪三十三年(1907年),广西共设立宣讲所30所,第二年增加到41所。这些宣讲所分布在临桂、北流、荔浦、容县、苍梧等16个州县,主要讲"圣谕广训"和国民教育、历史、格物、修身、国内新闻等内容,一般设在劝学所内,或借用城乡公所、庙宇等,以便民众随时前来听讲。但是,由于政局动荡,经费困难,这些机构大都时兴时废,延续时间不长。所以,当时广西农村的社会教育对民众的影响也是极为有限的。

广西是一个多民族共存的省份。清朝末年,广西少数民族地区也出现了新式教育,创办了一些专收或者主要招收少数民族学生的学校,如泗色中学堂、开化小学、土司学堂、化瑶小学等。这些学校既有分布在城市的,也有分布在农村的。其中,开化小学和化瑶小学等分布在农村地区。开化小学于光绪三十三年(1907年)由平乐府拨款创办,地点在修仁县金秀村、白沙村、六拉村、昔地村(现属于荔浦县)之间①。生源主要是这四个村的瑶族子弟,不收学费,只开一个班,学生二十多人(全是男生),没有固定教室。因当时瑶族人生活贫困,能按规定读满修业期限的人极少,多数只读完第一册书就辍学了。课程设置与当时汉族地区的私塾一样,学习《三字经》《百家姓》《千字文》《增广贤文》等,很少读到四书、五经、《幼学故事丛林》。学校教师仅1人,聘请外地汉族人充任。民国十年(1921年),因校款被军阀沈鸿英提充军费而停办。可见,当时广西农村的少数民族学校缺乏师资、资金等,办学条件差,办学艰苦。关于化瑶小学②,清宣统元年(1909年),平南县署每年拨库银400两,在金秀瑶山的罗香、逻运、平林、六竹4个瑶村(当时属于平南县)各办义学1所。宣统三年(1911年)又将这4所义学并为两所化瑶小学。辛亥革命后,其因官府不再拨款而停办。此外,清末,龙胜县壮族聚居的龙脊侯家寨和廖家寨设私塾1所,都安县镇西(今雅龙乡)等地先后办了3所瑶族私塾。因当时清政府对教育重视度不够和经费困难,广西少数民族地区为苗族、瑶族、侗族、壮族等少数民族创办的学校(含私塾)或群众自己筹办的学校数量不多,但仍为少数民族地区培养了一些有文化的人,其中一些是当地第一代有文化的人。

清末,外国教会在广西开办学校,以天主教和基督教居多。清同治十三年(1874

---

① 参见吴彦文《广西之特种教育》(民国二十八年版)及金秀瑶族自治县教育志办公室韦敦斌1989年10月提供的材料。

② 参见金秀瑶族自治县教育志办公室韦敦斌1989年10月提供的材料。

年），天主教法国传教士富于道（音）在上思县首办训练新教徒的学校和儿童学校各1所，这是天主教在广西最早开办的学校。光绪二十三年（1897年），基督教浸信会于平南石塘村首办培镇小学，这是基督教在广西最早开办的学校。此后，各个教派都陆续在广西各地创办学校。例如，在修仁马村和博寨办有教会小学，在富川大田寨办有培正男校等。教会小学的办学经费主要由外国教会提供，少部分来自省内教徒捐赠。学校课程以圣经、教义为主。教会小学是在广西所办学校中数量最多、涉及地域最广的教会学校，既分布在城市也分布在农村等。教会学校向学生灌输奴化思想，外国教会在中国或者广西开办学校的根本目的就是为西方资本主义侵略中国政策服务。广西农村教育中存在教会学校，这也说明了外国教会使用各种办法在中国奠定传教的思想基础。

当时，广西农村地区没有开办大学，对职业教育、学前教育等也涉及不多。

（二）旧桂系时期的教育

民国元年（1912年）二月八日，广西武鸣县人陆荣廷在桂林通电就任广西都督。民国二年（1913年）四月，袁世凯任命陆荣廷为广西都督兼民政长。此后，陆荣廷、陈炳坤、谭浩明、莫荣新等组成的旧桂系军事集团，在辛亥革命后统治广西长达14年之久。从辛亥革命到民国五年（1916年）三月，旧桂系隶属北洋军阀袁世凯。民国六年（1917年）旧桂系兵力发展到7个军1个独立师，大约9万人，还有一些杂部队。其军事势力由广西扩展到广东，成为独霸两广的西南地方军事实力派。民国十年（1921年），旧桂系军队被粤军以及滇、赣、黔、湘联军打败，其残余势力分据广西各地，互相混斗。民国十四年（1925年）四月二十七日，陆荣廷、谭浩明与吴佩孚等联合通电，反对孙中山革命政权，此后，旧桂系完全投靠北洋军阀政府。同年，广西新兴力量李宗仁、黄绍竑的定桂讨贼军将旧桂系军队一举消灭，从而结束了广西连年混战的局面。旧桂系统治时期，广西政局动荡，军费开支大，政府没有余力办教育事业，教育事业总的发展是缓慢的，广西农村教育的发展更是如此。但是，辛亥革命到民国初期是广西历史的一个转折时期，新旧教育制度交替。在时代潮流的推动之下，广西教育或农村教育革新也取得了一些进展，县乡自办的学校有所增加。由于旧桂系对出国留学比较重视，从而在一定程度上推动了广西出国留学的发展，但是广西农村教育则未曾得到如此的发展。此外，由于广西和全国范围战乱仍然很频繁，政局动荡，外国教会趁机发展势力，广西教会学校有了较快的发展。

1.民国初期的教育

民国初期,广西农村教育受到《癸卯学制》《壬子癸丑学制》等的影响,中小学教育也出现了一些新的发展与变化。例如,缩短了学制,废除了毕业生奖励科举出身的制度,建立了新的学校系统,分为初等教育、中等教育和高等教育。初等教育分为初等小学和高等小学两级。其中,初等小学4年,为义务教育,学生毕业后可升入高等小学或乙种实业学校;高等小学3年,学生毕业后可升入中学、师范学校或甲种实业学校。中等教育阶段的学制,中学为4年,师范学校本科4年,预科1年,甲种实业学校和乙种实业学校均为3年。

民国初期,广西农村各类学校进行了调整,进行了课程与教材改革。在小学方面,南京临时政府教育司在小学课程设置上,废除了读经科,增加了国文、数学的时数。将初等小学国文时数定为15课时;高等小学国文时数,一、二年级为15课时,三、四年级为12课时。小学课程中还增设了手工课,初等小学、高等小学均为1课时。美育教学在小学中开始受到重视,一些小学开设了音乐、图画等课程,有的还购置了铜鼓、喇叭等器材。教材方面,民国成立后,教育部颁布了禁用清学部颁行的教科书的训令,要求各校使用教育部新编的教科书。但是,广西各地在贯彻这一训令过程中遇到较大的阻力,许多学校的教员仍自编讲义作为教材。直到民国三年(1914年)以后,广西各地小学才逐渐开始使用教育部新编的教科书。广西军政府通令各署执行教育部《普通教育令》,将小学学制改为初等小学和高等小学各4年,但是只有少部分小学遵办,多数学校仍各行其是,无法统一。这些情况反映出民国初期广西农村教育进行了一些改革和努力做了一些工作,但是小学教育改革的进展缓慢。在普通中学方面,民国成立以后,广西各中学进行了调整。这时期中学的办学条件仍然很差,许多学校实验设备欠缺,校舍低矮狭窄、阴暗潮湿、通风不良等。在中等职业技术教育方面,民国成立以后,南京临时政府尤为重视实利教育,教育部于民国二年(1913年)八月公布了《实业学校令》和《实业学校规程》,要求各省视地方需要分别设立甲种实业学校。根据此法令,广西将第一中等农业学堂改为广西省立第一甲种蚕业学校,地址在梧州。在桂林设有广西省立第一甲种工业学校,但是,这些职业技术学校是设在城市的,不在农村。民国初年,广西未能实现教育部当时规定的各省每县或数县设立一所中等实业学校的要求。

民国成立以后,广西省教育司设立了社会教育科,专门办理社会教育事宜(次年教育司改为教育科)。各地对社会教育也比较重视,分别开办了半日(夜)学校、简易识字学校、公众补习学校,招收失学成人进行识字教育。虽然办学条件简陋,入学人数也不算多,而且这些学校主要分布在城镇以及交通便利的地区,但这时期广西民众教育却走在全国前列。由此可见,与诸城市相比较,广西农村的社会教育没有很大的优势,所以也没有得到很好的发展。广西社会教育的开办,开拓了教育的新领域,对促进广西社会风气的转变,形成广西教育新风尚,推动广西教育的发展,起到了独特的、积极的作用。

2.新学制推行时期的教育

民国四年(1915年)一月,袁世凯颁布了《教育要旨》,又制定了《特定教育纲要》,上台后推行了教育复古的政策,如《教育要旨》中提出的"尚武""法孔孟"等,这实际上是清末的"忠君""尊孔""尚武"等封建主义教育宗旨的翻版。按照北京政府教育部的改革法令,广西各地纷纷将初等小学改为国民学校,学制为4年,高等小学学制为3年。中小学恢复了读经课,一时间,教育复古之风吹遍了广西各地。民国八年(1919年),五四运动爆发,广西各地学生纷纷响应,举行集会和示威游行,梧州学生表现尤为突出,他们成立了"梧州学生联合救国团",积极组建广西全省学生联合会。这时期,广西部分教师开始传播马克思主义和各种进步思想,为日后广西各地推行新学制的教育或农村教育改革奠定了基础。

民国十一年(1922年),北京政府颁行了《学校系统改革案》(统称"壬戌学制",又称"新学制")。新学制缩短了小学年限(由7年改为6年),将小学校分为初、高两级,两者合办称为完全小学。同时,还加长了中学年限(由4年延长到6年),分为初、高两级,并采用选科制。新学制还规定,以职业学校代替实业学校等。新学制颁布之后,广西对教育制度做了调整,各类学校的课程设置、教材使用以及行政组织等方面都做了相应变更。新学制的贯彻落实,促进了广西教育的发展。

旧桂系统治广西14年期间,广西混战不断,百业萧条,军费负担沉重,教育经费紧缺。据统计,民国九年(1920年),广西教育经费支出30万元,占财政总支出的2.26%,从民国六年(1917年)至民国九年(1920年)的4年间,广西教育经费仅相当于同期军费支出的2.63%。[①] 旧桂系统治时期,广西农村教育虽有一些发展,但是相当缓慢。在初等教育方面,未改新制之前,广西小学学制很不统一,有五年制的,有六年制的。在课程设置方面,取消了"修身"课,增加了"公民"和"卫生"等课程。各

---

① 广西壮族自治区地方志编纂委员会.广西通志·财政志[M].南宁:广西人民出版社,1995:89.

教材也由文言体改为白话文,教学语言也逐渐由方言改为国语。在办学经验方面,初等教育经费大多是靠各县通过学费、校产、庙产、宰猪牛捐等项目自筹,极不稳定。如果遇上战事,教育经费还被军事挪用。因此,广西许多小学设备条件相当差,校舍是旧庙宇公祠,教室阴暗潮湿,教学仪器和文体用品奇缺。除了普通小学,各地城乡还办有不少私塾。大多数行政村没有小学,在少数民族聚居的山区,没有公办小学。不少山区从来没有一个中学生,文盲、半文盲占人口的95%以上。[①]

在普通中学方面,民国成立之后,广西中学教育有所发展,到民国十一年(1922年),全省中学增加了14所,连同原有的16所,共有30所。后因战争爆发、经费不足等原因,停办了6所。之后,又有新办的学校以及停办又恢复的学校共15所。到民国十四年(1925年),广西普通中学增加到了37所。这个时期,学生时多时少,广西大多数县还未建有中学,这反映了时局动荡对中学教育的影响。而且,这个时期中学教育的发展是不平衡的,多数贫困县无中学,而省立学校则设在交通便利的城镇,经费较充足,所开设的课程也相对完整。大多数县里学校经费缺乏,实验设备简陋,以致许多学校无法进行正常的理科实验教学。在中等职业学校方面,广西中等职业教育发展缓慢,该类学校大部分设在城市或者县里,例如民国十一年(1922年),陆川县开办职业学校,接着北流、上林、苍梧等县也相继设立县职业学校,而在农村则未见有很典型的职业学校。由于这些学校设备简陋,师资缺乏,经费严重不足,再加上战乱不息,因此许多学校刚办不久便支撑不住,只好停办。到民国十四年(1925年),全省只剩下实业学校5所,学生235人。[②] 由此可见,普通中学连广西的县里都很少,且师资、设备、资金等不足,那么农村中的职业学校则更少了。

民国成立以后,广西各类学校仍研习清末制度实行分级管理,分省立、县市立、区立学校,经费分别由省款、县市款和区款开支。农村小学自筹办学经费,政府适当给予补助。私立学校则由创办者自筹经费。民国初期的广西教育经费主要不是用于农村教育,而是大部分用于省立、县市立等学校,如作为国外留学生或省外学生经费、省立学校经费、桂林图书馆和省视学员经费等。县以下的农村学校,当时是由国家制定教育政策法规、培训师资、提供教材,但办学经费由乡村就地筹集,省、县政府给予补助。小学校和单设高级小学以县经费负担为原则,初级小学由乡村自行筹集经费。这样,经济基础好的乡村筹集经费比较容易,小学发展比较顺利,贫困地区筹

① 蒙荫昭,梁全进.广西教育史(第1版)[M].南宁:广西人民出版社,1999:330.
② 广西壮族自治区地方志编纂委员会.广西通志·教育志[M].南宁:广西人民出版社,1995:315.

集经费困难,小学发展困难。教育经费的重要来源是征收教育税捐和向学生收取学费。向学生收取学费是许多学校办学经费的重要来源,特别是不少农村小学和私立学校要靠收取学费来支付教师的工资。不同类型学校的教师待遇不一样,一般来说,国立、省立学校比私立学校高,县市立学校比区立和乡村学校高。在大多数情况下,公立学校比私立学校高。少数民族地区农村小学教师工资都比较低。但是在旧桂系统治时期,军费开支大,广西农村教育经费紧缺,许多教师无法按标准领取工资。在职业学校方面,研究广西农村职业学校教育的成果较少,研究城市职业学校教育的成果较多,论述广西农村职业教育的成果更是少之又少。

广西教会学校教育在民国成立后继续发展,广西教会小学继续发展,遍及梧州、南宁、桂林等县以上城市以及汉族聚居的一些农村,少数民族地区的教会学校则不多。同样,广西农村的教会中学也继续发展,尤其是梧州。而且,这时期主日学校由于是以宗教宣传为主的初级教会学校,其涉及面很广,天主教、基督教等各教派都很重视它,因此得到较快发展。教会学校实际上已成为外国列强侵桂活动的重要组成部分。

二、波折时期 (1919—1949 年):在新民主主义革命中生长

1912 年,辛亥革命推翻了清王朝的统治,建立中华民国,结束了中国两千多年的封建君主专制制度,建立了近代国家体制,为广西农村教育的发展奠定了良好的政治和思想基础,也为新民主主义革命和教育的发展提供了有利的条件。1919 年五四运动爆发,1921 年中国共产党成立,1919 年至 1923 年是中国新民主主义革命的初期。这一时期,马克思列宁主义在中国广泛传播,正好与中国工人运动相结合。其间诞生的中国共产党,是中国工人阶级的先锋队,是中国社会主义事业的领导核心,是中国各族人民利益的忠实代表。中国共产党的诞生使中国革命实现了由旧民主主义革命到新民主主义革命的转变,使广西农村教育的发展有了领导核心和组织。民国十四年(1925 年),以李宗仁为首的新桂系消灭了旧桂系,统一了广西,结束了广西长期混战的局面,这为广西农村教育的发展营造了良好的社会氛围。新桂系认识到教育的重要性,比较重视广西教育事业,采取了一系列措施恢复各级各类学校。民国十八年(1929 年),蒋桂战争爆发,之后军阀混战,广西陷入动乱,教育事业遭到破坏。民国十八年(1929 年)十二月和民国十九年(1930 年)一月,邓小平等

领导的百色起义和龙州起义获得成功,建立了左右江革命根据地,这个时期广西农村教育也得到了一定程度的发展。民国二十年(1931年),新桂系联合广东军阀陈济棠反蒋,重掌广西政权,广西全省复归统一。新桂系总结了失败的经验,民国二十一年(1932年)提出了"三自政策"(自卫、自治、自给),随后,制定了《广西建设纲领》,提出了"建设广西,复兴中国"的口号,推行"四大建设"(政治建设、经济建设、文化建设和军事建设),并委任雷沛鸿等进步教育家主持全省教育行政。教育家雷沛鸿根据广西的实际情况,制定实用、可行的规划,改造各类教育,使广西教育得到前所未有的发展,这其中当然也包括广西农村教育的发展。

民国二十六年(1937年),全面抗日战争爆发。抗战期间,华东、华北和华中广大地区沦陷,大批文化人士和教育工作者撤退到广西,一批学校也迁到广西,这给广西教育的发展造就了有利的形势。广西当局适时抓住机遇发展各种教育,从小学到大学各种教育都得到了空前发展,呈现出繁荣的战争教育景象,达到了新中国成立前广西的最高水平。但是,在民国二十八年(1939年)和民国三十年(1941年),日军两次入侵广西,所到之处大肆烧杀抢掠,无恶不作,这给广西教育造成了严重的损失。抗战结束之后,广西当局在"重建广西"的口号下努力进行教育复员,但是广西教育未能恢复到原有水平。而且,由于解放战争,师生生活十分困难,许多学校难以维持,广西教育事业日益萎缩和衰败。

根据文献可知,研究这时期广西农村教育发展情况的文献和著作不多,经过梳理与分析,广西农村教育发展历程如下:

(一)新桂系时期的教育

民国十年(1921年),孙中山发动援桂讨陆战争,推翻了以陆荣廷为首的旧桂系统治。流散各地的旧桂系残余势力乘机四处烽起,割据称雄,广西陷入四分五裂的状态。民国十四年(1925年),以李宗仁、黄绍竑、白崇禧为首的新兴军事势力,利用国民革命兴起的形势,在广州国民政府的帮助与支持之下,逐步消灭旧桂系残余势力,统一广西。李宗仁、黄绍竑、白崇禧建立的广西政权,名义上归属广州国民政府,但是实际上自成独立体系,因而后来被称为新桂系。新桂系执政以后,锐意改革,重视教育,经过几年的努力恢复与整顿,各级各类学校得到了发展。民国十八年(1929年),蒋桂战争爆发,广西连年军阀混战,广西教育遭到了严重的破坏。民国二十一年(1932年),新桂系提出了"三自政策"(自卫、自治、自给),作为其统治广西的基本原则。民国二十三年(1934年),推行"四大建设"。这些政策直接为军事服务,但是也在一定程度上为教育服务。新桂系委任民主人士、进步教育家雷沛鸿等主持全省教育行政,延聘专家学者,根据广西地方的实际需要,规划和设计教育发展方案;增加教育经费;调整和改造各级各类学校;发动群众办学和鼓励私人捐资办学;制定地方教育法规,加强教育督导;等等。20世纪30年代前期,全省各级各类教育得到了前所未有的发展。新桂系统治广西后期(1937—1949年),正逢抗日战争和解放战争时期。随着全国政局的急剧变化和新桂系对广西的统治逐步走向衰落,广西教育事业也逐步萎缩。直到1949年底,广西教育再也没有恢复到新中国成立前的最高水平,广西农村教育亦是如此。例如,在国民教育方面,全省各村街国民学校已恢复80%以上,乡镇中心学校因破坏较大,复原较难,仅恢复了70%左右。[①]

1.教育行政的发展与建设

由于广西教育家雷沛鸿在广西教育中做出了巨大的努力与贡献,为此,本节主要以雷沛鸿的三次任职为例来简要说明这个阶段的广西教育行政的发展与建设情况。民国十六年(1927年)省政府改组,省务会议改为省政府委员会,委员会主席是黄绍竑。设军事、教育、财政、民政、司法、建设6厅和秘书长。雷沛鸿任省政府委员会委员兼教育厅厅长。教育厅内机构废科设处,分为总务、校务、导学和编译4处。蒋桂战争爆发后,广西省内连年战乱,教育行政机构频繁更迭,刚刚发展起来的教育事业又遭到了破坏。民国二十二年(1933年),雷沛鸿再次出任教育厅厅长。省教育厅成为省政府内部的一个单位,对外命令概以省政府主席名义发布。教育厅内设3科,另设编审室,负责教育书报的征集、编辑和审查等工作。民国二十五年(1936年),增设第四科和导学室。民国二十八年(1939年),雷沛鸿第三次任教育厅厅长,其间,他大力倡导教育改革,发动国民基础教育运动,创办国民中学,全省教育事业空前发展起来。由此可见,广西农村教育有这样一个有魄力、有能力的领导和教育家在引领,得到了不错的发展。

在教育经费方面,民国十四年(1925年)后,广西教育的办学经费分别由省款、县市款和区款开支。农村小学一般自筹办学经费,政府给予适当补助。各级学校公款不足则用学费、教育税捐、田地房屋租金等来弥补。私立学校由创办者自筹经费。民国二十年(1931年)至二十四年(1935年),省教育文化经费(文化经费比例很小)

---

① 督学刘寿祺报告:《广西教育复员概况》。

概算分别是:227 万元、264 万元、247 万元、277 万元、324 万元。[①] 这个时期的教育经费开支最大的是广西大学、广西省立师专和广西省立医学院。由此可见,广西此时的教育经费并不是主要用于农村教育,广西农村教育的经费还是比较少的。开展普及国民基础教育期间,规定学校不得向学生收费,但经费不足的村街国民基础学校仍然收费。乡镇中心国民基础学校由县市补助,村街国民基础学校以就地自筹为主(校长生活费由县款支给)。并且,规定了村街国民基础学校筹集经费的办法。国民基础教育运动期间,各地农村筹集小学教育资金曾取得显著效果,在贫困落后的广西县镇乡村,一座座学校纷纷建起。到民国二十九年(1940 年),全省 90%以上的乡镇和行政村街设立了中心国民基础学校和国民基础学校。[②] 这是新中国成立前广西乡村小学发展最快的时期。国民基础教育运动结束之后,各级领导不像过去那样重视教育了,如前所述教育投入明显滑坡,加上日军侵桂的严重破坏,乡村小学教育又逐渐回复原来的落后状态。

此外,雷沛鸿担任教育厅厅长期间,他很重视教育立法工作,并倾注了大量心血。因此,这一时期是广西制定和颁布教育法规、规章最多的。国民基础教育是广西独创的一种教育制度,因此是广西地方教育法规建设的重点之一,如关于教学方面的《广西省各乡镇中心国民基础学校辅导村街国民基础学校实施办法》等。这些教育法规为广西农村教育的发展提供了良好的法律保障。

2.幼儿园教育的发展

在 20 世纪 20 年代中期以前,除了外国教会在桂林、梧州、桂平等地办的几所幼儿园,全省还没有幼儿教育机构。民国十四年(1925 年)后,随着各级各类教育的逐步发展,幼儿教育才开始兴办起来。20 世纪 30 年代前的幼儿园,主要分布在平原地区的县城或者圩镇,边远山区极少,而且多数附设在城镇小学内,单独设置的很少。幼儿园园舍、设备很简陋,许多是利用祠堂、庙宇及其他旧房改建而成,教室破旧、阴暗、潮湿,有的无固定园舍。设备无统一标准,玩具、教具奇缺。教育经费很少,学生也不多。幼儿园教育无统一教科书,一般由各园教师自编或以讲故事的形式进行教学。社会上对幼儿教育的认识还受传统观念的影响和束缚。总之,广西的幼儿教育起步晚,发展很慢,广西农村的幼儿教育更是如此。

---

① 《广西教育概况简表》,民国二十九年(1940 年)制,中国第二历史档案馆藏,全宗号五,卷号 610。
② 蒙荫昭,梁全进.广西教育史(第 1 版)[M].南宁:广西人民出版社,1999:349.

3.初等教育的发展

小学教育是国民的基础教育。20世纪中叶以前广西的小学教育还十分落后，当局也出台了一些教育政策和法规等，但是由于当时省内战乱，政局动荡，广西农村小学教育没有得到很好的发展。民国十六年（1927年）七月，省教育厅厅长雷沛鸿提出整顿全省县市乡立小学的规划。民国十八年（1929年），蒋桂战争爆发后，省政混乱，各地小学设施遭到破坏，许多学校停办或停课。民国二十一年（1932年），学龄儿童入学率最高的桂林也只有38%。① 许多儿童入学后，因家庭贫困，不得不中途辍学或者退学。在广大农村，青壮年大部分是文盲，在少数民族聚居的山区，处处有"文盲村"。民国二十二年（1933年），省政府颁布《广西省普及国民基础教育五年计划大纲》。此后，义务教育与成人教育合并举办，国民基础教育运动得到开展。20世纪30年代初，广西全省小学的办学形式仍分为公立与私立两种。教会小学仍然继续举办，分布在梧州、桂林和南宁等地以及其他地区汉族聚居的一些农村。民国二十二年（1933年），全省99个县共25 494个行政村街，12 640个村街有小学，12 854个村街未办有小学，未办有小学的村街占50.4%。文化教育比较发达的桂林、邕宁和郁林三县的情况是：桂林县共807个村街，有小学的334个村街，未办有小学的473个村街，未办有小学的村街占58.6%；邕宁县共759个村街，有小学的428个村街，未办有小学的331个村街，未办有小学的村街占43.6%；郁林县共751个村街，有小学的419个村街，未办有小学的332个村街，未办有小学的村街占44.2%。文化比较落后的百色、凌云、西隆3县的情况就更不乐观。② 广西的小学教育包括农村小学教育，虽有一定的发展，并逐步步入正轨，但是发展仍然缓慢，而且很不平衡。各地的小学除中心校校舍设备较好外，村街办的小学校舍设备大都十分简陋。许多是借用民房或者祠庙上课，学生自带桌凳，有的无寝室，有的教室宿舍并用。多数学校没有体育活动场地。各地学校学龄儿童入学率都很低。民国二十四年（1935年），新桂系重新统一省政，采取有效措施整顿教育。同年5月，广西政治委员会颁布《广西省推行义务教育计划概要》。该概要提出，义务教育计划的目标是使全省学龄儿童接受初级4年的义务教育；各地根据乡村的情况，学龄儿童入学方式可采取变通办法；等等。同年8月，省政府公布《广西省教育施政纲要》，进一步规定初等教育以普及为主，设施从简适用，尤应注重乡村教育。

---

① 广西壮族自治区地方志编纂委员会.广西通志·教育志[M].南宁:广西人民出版社,1995:151.
② 《广西教育旬刊》,第一卷,第6—8期合刊,广西教育厅,民国二十三年(1934年)出版。

20 世纪 30 年代初期,教育部规定 7—10 岁的儿童入初级小学,但是广西不少农村儿童是 10 岁以后才入学的。自民国十二年(1923 年)起全国实行新学制课程标准,但是广西延至民国十三年(1924 年)下学期才由省长公署决定施行。小学教员的学历,一般来说,省立、县立的教员学历较高,乡村小学的教员学历比较低。而且,在待遇方面,省立、县立小学比乡立、村立小学高,公立小学比私立小学高。据民国二十三年(1934 年)上学期永福等县小学教职员工资统计,大多数小学教员月薪 6—15 元,少部分 16—25 元,山村小学教员月薪只有 1—5 元。① 当时学校教师除工资之外,一般没有其他福利。看病、租房都是自己掏钱,旧社会就业机会少,大多数教师靠自己的工资养活全家。

抗战前广西发起的国民基础教育运动,抗战时期继续开展并达到高潮。民国二十九年(1940 年),国民基础教育运动结束。村街国民基础学校招收对象为:①本村 6 足岁至未满 12 足岁的学龄儿童,修业期限 4 年,分前后两期,每期 2 年;②招收 12 足岁至未满 18 足岁的失学儿童,修业期限 1 年,但必要时得延长 1 年;③招收 18 足岁以上 45 足岁以下失学成人,修业年限 6 个月。乡镇中心国民基础学校除承担村街国民基础学校应办的各种教育外,尚须设高级班,招收 4 年期满的学生,或具有同等程度者,修业期限 2 年;辅导乡镇内村街国民基础学校。② 6 年的国民基础教育运动,基本实现原定计划,每乡镇设立 1 所中心国民基础学校,每村街设立 1 所国民基础学校。据统计,全省共有 2 339 个乡镇,其中 2 273 个乡镇设立中心国民基础学校;全省共有 23 958 个行政村街,其中 19 298 个村街设立国民基础学校,在校小学生 158.7 万人,小学生占全省总人口的 11.64%。③ 国民基础教育在教育辅导上采取本省中心辅导制,乡镇中心学校负辅导保国民学校之责。④ 国民基础教育成绩斐然。在抗战时期,村街国民基础学校的经费,除校长生活费由县款支给之外,其余由各村街自行筹集,不足部分由县经费补助;乡镇中心国民基础学校以县经费支给,县款不够时,由地方自行筹集。经费筹集办法有:由乡镇村街长征集民工,借用土地,举行公共耕作,将所得收入拨充基金;或者利用乡镇村街所有荒山荒地,由基础学校、乡镇村街公所主持垦荒造林,将所得收入拨充基金;或者职员捐赠财产等。90% 以上

① 蒙荫昭.广西教育史志.1989 年第 1 期(总第 9 期)[M].《广西教育史志》编辑室,1989:12.
② 蒙荫昭,梁全进.广西教育史(第 1 版)[M].南宁:广西人民出版社,1999:544-545.
③ 广西壮族自治区地方志编纂委员会.广西通志·教育志[M].南宁:广西人民出版社,1995:196,133.
④ 卢显能.转形期的国民基础教育[J].广西教育通讯,1942(3-4):2-47.

的乡镇和行政村设立了国民基础学校。虽然大多数村街国民基础学校的校舍、设备十分简陋,条件很差,但毕竟有了学校,许多山村是第一次有学校,很多儿童有了上学的机会。从当时的情形可知,普及基础教育并非易事,广西农村许多适龄儿童失学,即使上过学的毕业时大多数也仅识二三百个字,不能看书读报,仍属于文盲。日军入侵给广西教育带来了巨大的破坏,很多学校被摧毁殆尽,校舍、校具、教具、仪器、图书、文档等很多荡然无存。例如梧州的村街国民基础学校被毁者有45所,共计损失3 870万元。[①]

因抗战,外地也有部分学校迁到广西。例如,成都师范学院,民国二十八年(1939年)迁至桂林西门外复课,还在桂林东郊潜经村设立回民小学。又如淮安市新安小学,民国二十七年(1938年)十一月十五日经衡阳迁至桂林,在桂林东郊观音山新村租用民房筹备恢复新安小学,汪达之任校长,月底正式上课,同年九月中旬迁至西郊致和村。学校远离市区,学生一律住校,实行集体生活制度,采用复式教学,该校还得到过教育家陶行知的指导。从民国三十年(1941年)二月至七月,新安小学主要成员分批经湛江、香港、上海奔赴苏北新四军抗日根据地。新安小学为广西农村教育和抗战都做出了巨大的贡献。

抗战胜利后,广西农村小学逐步恢复,但由于战争破坏严重,复原经费严重不足,直到民国三十八年(1949年),许多小学设备仍然未恢复到战前水平。

4.普通中等教育的发展

新桂系当局在发展中等教育的过程中,着重对其进行整顿和改造。从20世纪20年代后期就开始调整学校布局,改革学校管理体制和教育内容。民国十七年(1928年),广西省政府对全省中学进行整顿,颁布《广西省立中学校组织大纲》等法规。规定中等教育的宗旨是:"根据三民主义继续小学之基础训练,增进学生之智识技能,为预备高深学术及从事各职业以达适应社会生活之目的。"20世纪30年代初,新桂系提出"建设广西,复兴中国",进行"四大建设"。民国二十三年(1934年),广西省政府委员会通过《广西全省中等学校改造方案》。该方案认为,现有中等教育制度不适合国情及地方情形等。这个时期广西的中等教育在改造中得到一定的发展,进一步正规化,办学质量有所提高。经过几次改组和调整,民国二十五年(1936年),全省中学共46所,在校生11 013人。在课程设置上,各校基本上执行教育部规定的课程标准。但新桂系

---

① 苍梧教育文化概况报告[N].苍梧日报,1946-06-19.

当局特别强调公民训练和军事训练,向学生灌输"三民主义""三自三寓政策"和《广西建设纲领》,要求学生切实信奉三民主义等。

民国二十五年(1936年)二月二十六日,广西省政府颁布《广西国民中学办法大纲》和《广西国民中学组织规程》,规定国民中学以县立或者数县联立为原则,设校地点以农村为原则。同年,在邕宁、苍梧、桂平、桂林试办4所国民中学。国民中学担负起了衔接基础教育、发展民族文化和培养乡村基层干部的重要任务。它的着眼点不在城市而在广大贫穷落后的农村,它的毕业生不像许多普通中学毕业生那样不愿意回(到)农村基层服务,而是绝大多数人愿意扎根农村;他们来自农村,熟悉基层,有较强的吃苦精神和必需的就业基础和本领。事实证明,创办国民中学,对改变广西人才紧缺状况起到了积极的作用。

关于教师工作方面,民国二十二年(1933年)以前,广西中学教师的工资实行"按时计俸"制,即以每周的授课时数之多少计算工资。教师工作"按时计俸",弊端较多,有的教师只讲授课的数量,不讲质量。从民国二十二年(1933年)七月起,中学教师工资改为"分级计俸"制,共分为12个等级。校长、专任教师最高级月薪110元,最低级月薪60元;职员最高级月薪80元,最低级月薪25元;雇员最高级月薪30元,最低级月薪8元。抗战前广西物价比较稳定,中学教师的工资由"按时计俸"制改为"分级计俸"制后,中学教师的工资待遇仍然是比较高的。大多数的中学分布在桂林、南宁、梧州和桂东南地区,桂西少数民族地区许多县还没有中学,那里的大多数劳动人民的子女还是不能上中学。总的来说,广西农村的中学教育仍然很落后。

抗战胜利后,广西农村的普通中等教育有所恢复。

5.职业教育的发展

清末民初,广西曾办过一些职业教育。但是在旧桂系统治时期,战乱频繁,民不聊生,职业教育难以发展,20世纪20年代初职业学校大都先后停办。广西的中等职业教育始于清末,到新桂系统治广西前期得到缓慢发展。民国十四年(1925年)后,新桂系提倡发展职业教育。邕宁、北流、郁林和苍梧等县先后开办职业学校。20世纪30年代初,全省仅剩下苍梧、邕宁两三所职业学校。当时,新桂系重掌省政后,制定发展职业教育的计划。民国二十八年(1939年)公布的《广西教育今后施政纲领》中提出"职业教育注重农业及改进本省原有工业",女子中学改办职业学校。20世纪20至30年代,广西的农、工、商业都还十分落后,就业不容易,因此职业教育"设计较多,执行较少"①,发展很缓慢。职业学校几乎都集中在城市,省办的多,县办的少。县办职校经费、师资、设备、实习、就业等较难解决,导致其多为昙花一现。但是这些职校的开办,为抗战时期中等职业教育的发展积累了经验,奠定了基础。综上所述,该时期广西农村的职业教育没有得到很好的发展。

6.社会教育和特种部族教育的发展

民国初年,广西的社会教育一度比较活跃,各地相继开办通俗教育讲演所、民众学校、民众夜校、简易识字学校等。后来省城内战乱,政局动荡,各种社会教育先后停办。

特种部族教育(简称特种教育)是对特种部族所施行的教育。特种教育的名词为广西所首创。此种教育实施于全省的特种部族社会,因其自为体系,而有别于普通教育,故而称之为特种教育。② 新桂系和历代统治者一样,对少数民族实行民族歧视和民族压迫政策。民国时期,新桂系把苗族、瑶族、侗族等统称为特种部族,把壮族分"熟壮""生壮"两种,并认为"熟壮"已经汉化,不承认他们是少数民族。据吴彦文编著的《广西之特种教育》所载,广西少数民族分布在兴安、蒙山、武宣、三江、宜山、东兰等61县,共323 411人。新桂系把对少数民族实行的教育称为特种部族教育或边疆教育,这就是民国时期广西特种教育的由来。这个时期有特种部族师范教育和特种部族小学教育,本节只论述特种部族小学教育。早在清末年间,广西当局就在修仁、平南、龙胜等县的一些乡村开办过"化瑶"小学。民国二十年(1931年),新桂系派遣国民党党政训练所毕业生到平南所属大瑶山南部瑶族聚居的罗香和桂平所属的大瑶山西南部瑶族聚居的横冲,开办"化瑶"小学,开始在特种部族地区举办教育。民国二十二年(1933年),广西省政府颁布《广西特种教育实施方案》后,新桂系当局便有计划地在全省特种部族地区普遍推行特种部族教育工作。这时全省开展普及国民基础教育运动,要求各乡村设立国民基础学校,因此特种部族教育地区乡村和其他地区一样限期普遍设立国民基础学校。到民国二十九年(1940年),先后在宜山县北牙瑶族乡,全县(今全州县)东山、蕉江瑶族乡,桂平县紫荆、开化等瑶族乡等地,创办特种部族基础学校和回民小学共247所。③ 广西特种部族地区还先后创办了一些主要招收少数民族子女的小学校。但是,由于特种部族地区人民生活贫困、教育经费奇缺、交通闭塞等原因,教师质量和校舍、教学设备等一般都不如

---

① 广西年鉴(第二回)[M].广西统计局,1935:911.
② 蒙荫昭,梁全进.广西教育史(第1版)[M].南宁:广西人民出版社,1999:394.
③ 根据有关县《教育书稿》《广西教育大事件》及编者调查材料整理、统计。

汉族地区。以校舍来说，特种部族地区十分简陋，有的小学利用祠堂、庙宇或借用民房作校舍，许多村的国民基础学校设在村公所内，更多的小学校舍为茅棚草房。至于教学设备更是普遍欠缺，有的小学以一块长木板架起来当课桌，用一根长木条架起来当凳子，五六个学生一起挤着坐。不少学校连中国地图、地球仪等都没有。因此，特种部族地区小学教学质量普遍比较差。但是，这些学校为少数民族的子女提供了读书的场所，使一部分少数民族的子女能够进入小学接受教育，这是广西开展特种教育中值得肯定的成果。

7.成人教育的发展

民国二十七年（1938年）底，广西省政府决定把民国二十八年（1939年）作为全省"成人教育年"，在这一年内集中和动员社会各方面的力量，彻底扫除青壮年文盲，完成普及国民基础教育的计划。民国二十八年（1939年）掀起声势浩大的"成人教育年"活动，该活动的开展与雷沛鸿的努力是分不开的。广西省政府先后制定和颁行了《广西成人教育年实施方案》和《广西成人教育师资训练班办法大纲》等六项附则。实施方案提出了总体规划，比如18足岁以上至45足岁以下的男女失学成人及尚不能阅读并不了解部颁民族学校课本第一、二两册课文者，均须入成人班学习；以男女分别教学为原则（不足25人或路途遥远、人口分散的乡村，设置成人班巡回教师，实行巡回教学），以抽签办法，分期强迫入学等。成人班多利用基础学校儿童班的教室于晚间或者农闲时间授课，尽量利用各学校、团体原有设备，尚称方便。其他如课本、文具费等开支，除县款补助外，由各乡村自筹解决。师资来源方面，方案也有规定，其来源有四种，例如调用各乡镇中心国民基础学校辅导班主任。成人班上满8周后，即举行结业测试，测试内容包括生活训练方面、妇女特殊训练方面、生产劳动方面等。成人班还制定了较为严格的考核制度，如各乡镇村街长及成人班教师的考核，由各县政府根据成人班办理成绩及县视导员报告进行考核，并报省政府备案。各科考试成绩合格者，由县政府发给结业证书，不能结业者，则须补受教育。由此看来，学生要符合成人班结业要求并非易事。不过，这对广西乡村基层建设事业和农村教育事业的发展起到了促进作用。

8.三民主义教育的发展

民国十六年（1927年）七月，广西教育厅提出《请确立党化教育为广西全省教育方针草案》。该草案提出所谓"党化教育"的适当定义就是"在国民党指挥下将整个的教育变为革命化与民众化"。在全国各省中，广西推行"党化教育"是领先的。民国十七年(1928年)五月,有人提出"党化教育"过于露骨,应以"三民主义教育"代替"党化教育"。国民政府强调,"三民主义教育宗旨"是"陶融儿童及青年忠、孝、仁、爱、信、义、和、平之国民道德"。[①] 由于广西连年战乱,许多学校被迫停课甚至停办,教育遭到严重破坏,上述宗旨未能在广西贯彻实施。

9.广西普及国民教育研究院的发展

20世纪30年代,广西开展国民教育运动。新的教育运动促进了教育科学研究工作。民国二十二年(1933年)九月,广西省政府决定在全省开展普及国民基础教育运动。经过雷沛鸿等人的努力,这一年十二月广西普及国民基础教育研究院在南宁津头村正式成立,雷沛鸿以省教育厅厅长的身份兼任院长。这是广西由政府当局设立的第一个教育科学研究机构,是一所新型的学术研究机构。院本部比较简单,设有社总务、实验推广、训练辅导3个部,工作人员10余人。院本部下按研究与实验的需要,设科学馆、图书馆、实验中心区等。实验中心区以津头村为中心,涵盖周围40里,包括20个村和两条街。雷沛鸿提倡学术自由、兼容并蓄、博采众长的学风,先后从全国各地聘请了一批热心基础教育、民众教育的研究和实践的教育专家来院工作。如陶行知的生活教育社、梁漱溟的山东邹平乡村建设研究院等都有人来南宁,在研究院工作。他们当中不少人是当时国内教育界的著名学者或者知名人士,如黄齐生、徐敬五、唐兆明、陈希文等。这些专家学者使研究院成为当时闻名全国的教育科研园地。改革传统的教育模式,使教育内容和教育方法生动活泼,是研究院的主要任务。研究院提出了"教学做合一"的理论,运用这一理论辅导教师做"自动的学生",学生做"自动的教师"并参加工农活动等。此外,研究院还编辑出版了教材和20种通俗读物等。这些教材对全国通用小学教材内容进行删改、补充和调整,增加了乡土知识,体现了广西地方特色,具有内容丰富、形式活泼多样、图文并茂、通俗易懂等特点,体现了爱国教育和生产教育的新的教育思想,能够激发学生爱家乡、爱祖国、爱劳动、爱人民的思想感情。当然,在桂林也成立了广西教育研究所,但是它不是设在农村,故而不做论述。

(二)左右江革命根据地时期的教育

大革命时期,左右江地区在韦拔群等的领导和影响下,农民运动蓬勃发展,掀起

---

① 姜书阁.中国近代教育制度[M].上海:商务印书馆,民国二十三年(1934年).

了反帝反封建的革命斗争高潮。共产党员和进步青年积极开展教育活动,创办农民运动讲习所,开办平民教育,改造旧式小学,发动群众,掀起了新的教育运动。这个时期的教育运动,从理论和实践上都进行了有益的探索,为后来的左右江革命根据地的教育事业发展积累了经验。

左右江革命根据地建立后,党和苏维埃政府十分重视教育事业,结合根据地革命斗争的实际与需要,制定了教育方针、政策等,改革旧的教育制度,创造新的教育制度,大力发展普通教育、农民教育和党政干部教育等,并把教育与根据地的建设结合起来。教育事业的发展促进了根据地的建设和巩固。左右江革命根据地因被"围剿"而丧失,人民的教育事业没有坚持下来。但是,左右江革命根据地教育事业的蓬勃发展和兴盛,在广西教育史上属于闪光的一页,给后人留下了宝贵的可资借鉴的历史经验。

1.平民教育的兴起

左右江地区由于地理、历史等原因,经济、文化历来都比较落后。平民教育是五四运动前后兴起的新教育运动,一般是通过办平民夜校来推行。民国十三年(1924年)以前出现的平民夜校,既有爱国知识分子创办的又有官办的。民国十三年(1924年)至民国十五年(1926年)间,一些共产党人和革命志士在左右江地区办的平民夜校,是以唤起民众为解放事业奋斗为宗旨的。据不完全统计,民国十五年(1926年)隆安县全县 47 个村街有 60 个平民夜学班,如隆安县龙庄村平民夜校等,入学群众达 3 000 多人。民国十五年(1926年)冬,隆安县龙庄村平民夜校由隆安县农会在龙庄村开办,主持人梁启龙,学员 30 多人,全是龙庄村文盲农民。学习时间为每晚两个小时左右,课程有国语和算术,国语教材是《千字课本》,算术课程教一些简单的加减乘除计算方法,此外还教唱歌等。学员不用交学费,课本免费发放。学校还免费供应灯油给学员晚上学习。民国十六年(1927年),"四·一二"反革命政变后,农会遭到严重破坏,平民夜校随之夭折。当时除了隆安县龙庄村平民夜校,还有其他几个平民夜校,如龙州县下冻平民夜校。民国十五年(1926年)十月,龙州县下冻平民夜校由中共党员陈霁、易挽澜等在下冻乡棒场村开办,招收贫苦百姓入校学习文化。教师上课用自编教材,以农民运动知识为主要内容。他们通过夜校教育群众,发动群众参加农民运动,并在 7 个村成立了农会。在下冻平民夜校的影响之下,那造村、河渡村也分别开办了平民夜校。"四·一二"反革命政变后不久,农会主要领导人被杀害,平民夜校停止活动。总体来说,平民夜校为广西农村扫盲、培养人才和实现教育公平提供了有力的帮助。

2.普通小学教育的发展

在五四运动的影响之下，一些革命志士为传播新文化、新思想，在各地兴办学校。于是，广西有一批新型普通学校在左右江地区诞生。这一时期，广西农村小学主要是进行兴办与改造，如振华小学。革命青年梁福臻于民国十二年（1923年）在凤山县盘阳乡（今属巴马县）创办振华小学，其目的是通过教育来唤醒民众，洗刷国耻，振兴中华。梁福臻任振华小学校长。振华小学的经费由凤山县府拨给。民国十三年（1924年）春，南宁师范毕业的进步学生甘承先、许宝光等到该校任教。该校除文化课外，还设"军训操"、政治时事课。民国十六年（1927年）初，黄松坚等人以振华小学为基地，策划盘阳起义，成功地在左右江地区举起第一面起义红旗。根据地的党和苏维埃政府非常重视发展普通教育事业，民国十九年（1930年）初，发出了关于县、区、乡都要开办劳动小学的通知，并规定革命根据地中心区域各县都办劳动小学，主要招收贫苦农民子弟入学，不收学费，教员由工农政府供应伙食，不领薪金。劳动小学分为初级和高级，其中东兰县高级劳动小学最为出名。在凭祥县下石村，农民协会把私塾改为"新民""民知"学校。这时期的教育具有为地方革命斗争服务、教育劳动化和团结知识分子办教育等特点。广西农村小学教育得到了一定的发展，为新民主主义革命助力。

3.农民教育的发展

根据地的建设和巩固都要发动和依靠农民，因此党和苏维埃政府十分重视农民教育工作。红七军在百色起义后不久即发出通告，要求实行平民教育，开展识字运动，以提高群众的革命觉悟，使其参加根据地的各项建设事业。因此，各县、区、乡级苏维埃政府成立后，积极采取措施，利用庙堂或者发动群众腾出空房和自制黑板、课桌，开办农民文化夜校或平民夜校，以开展农民教育。农民的学习积极性很高。从民国十八年（1929年）十二月至民国十九年（1930年）一月，左右江根据地各县，凡建立苏维埃政府的乡村，都有农民文化夜校或者平民夜校。夜校的教员一般是聘请当地小学教师担任或者由苏维埃政府工作人员兼任，虽然没有任何报酬，但是他们的积极性很高。夜校的主要教材为左右江苏维埃政府编写的《工农兵识字课本》，课本的知识性、思想性都很强，很适合工农群众学习。农民文化夜校分男女班，错开时间上课，解决夫妻同时上学家务无人料理的困难。有的乡村还专门设立妇女夜校。妇女向来备受歧视，她们得到解放后，学习文化的热情很高，学习氛围最为活跃。这些夜校的学员们不仅在夜校里认真学习文化、政治,唱革命歌曲等,还积极配合苏维埃政府各个时期的中心工作,组织宣传队开展宣传工作。

第二节　新中国成立以来广西农村教育的发展进程

新中国是指相对于旧中国而言的中华人民共和国,时间从 1949 年至今。新中国的广西农村教育发展出现了一些新的变化与特点,但是教育的基本构成整体不变。故而,笔者仍然是从学前教育、初等教育、中等教育等方面进行论述。纵观著作和文献等资料,研究广西农村教育的成果并不是很多。以中国知网为例,以"广西农村/乡村教育"为关键词进行检索,发现该领域的研究是从 1987 年开始的,一共有 25 篇文献,而且研究数量呈现波动上升的趋势。这 25 篇关于广西农村教育的文献中,从研究的资源类型来看,博士论文 2 篇,硕士论文 4 篇,期刊 19 篇;从研究者来看,主要有吴国阳、黄若军和秦汉顿等;从研究机构来说,主要是广西师范大学、桂林电子科技大学、百色学院和广西师范学院(今南宁师范大学)。研究发现,新中国广西农村教育发展可分为三个阶段。一是恢复时期(1949—1978 年):在曲折中前进。二是积淀时期(1978—2000 年):在改革开放中发展。三是提质时期(2000 年至今):在深度思考中迈进。

一、恢复时期 (1949—1978 年)：在曲折中前进

1949 年 12 月 11 日,广西全境解放。1950 年至 1956 年,广西进行声势浩大的剿匪反霸、土地改革、抗美援朝运动,对工商业进行社会主义改造,恢复和发展教育事业,加强教师政治学习,强调树立为人民服务的思想。和全国一样,1957 年至 1966 年是广西在新中国成立后教育事业获得长足发展的一个重要时期,也是探索如何建设社会主义事业新体系的时期。由于国家和广西领导人缺少经验,教育事业在曲折中前进。具体表现为:从 1961 年起贯彻"调整、巩固、充实、提高"的"八字方针",重新建立了以学为主的正常教学秩序,特别是贯彻"中学 50 条""小学 40 条"等以后,学校普遍出现新气象,教育质量显著提高。1964 年 8 月,国家主席刘少奇到广西视察教育工作,提出推行两种教育制度和两种劳动制度,推动了半工半读和半农半读学校的发展。山区创办耕读小学,农村创办农业中学。1966 年 5 月至 1976 年 10

月,是"文化大革命"时期。这期间,"四人帮"等对广西农村教育的破坏极大。粉碎"四人帮"后,广西教育领域经过拨乱反正,恢复高考制度,推翻"两个估计",广西农村教育出现了新气象。1977年恢复高考,这对广西农村教育的发展也具有促进作用。1978年4月,邓小平在全国教育工作会议上强调,各级各类学校要"提高教育质量,提高科学文化的教学水平,更好地为社会主义建设服务";提出"教育事业必须同国民经济发展的要求相适应";强调"要提高人民教师的政治地位和社会地位。不但学生应该尊重教师,整个社会都应该尊重教师"。[①] 所以,这个时期,广西农村教育处在恢复、摸索阶段,在曲折中不断前进。

(一)社会主义改造时期教育的发展

1949年12月11日,中越边境要塞镇南关(今友谊关)解放,至此广西全境解放。但是,1950年上半年广西的许多地方都发生土匪暴乱,凡匪患严重的地方,农村小学未能及时恢复上课。从1950年下半年开始,广西局势逐渐平定,恢复上课的学校增多,广西教育的改革与发展工作逐步铺开。1950年至1956年社会主义改造时期,广西先后开展清匪反霸、土地改革等改造工作,对旧学校做好接收、接管工作;维持原校,建立新校;积极发展少数民族教育。教育以工农为主体,学校向工农开放。民主的、科学的、大众的文化教育逐步形成,社会主义教育的初步框架建立起来了。

关于教育工作的指导方针,1950年6月24日,广西省人民政府第十三次政务会议决定:"根据全国人民政协通过的《共同纲领》和全国第一次教育工作会议决定,制定本省文教工作任务。"[②]同月,广西省人民政府提出,"广西文化教育建设,以初步建立新教育,维持改造旧教育为总方针"。鉴于许多穷人子女在旧社会无法上学,广西省人民政府于1950年规定:对于贫苦工农青年及工农子女,应予有限享受人民助学金的权利,助学金分为甲、乙、丙三等。新中国成立后,一些边远山区的少数民族子弟主要依靠人民助学金读到中学或大学,后来大多数毕业生都成了少数民族地区社会主义建设的骨干。1950年冬起,广西省人民政府发出开展"冬学"的指示,要求各级政府今后要重视扫盲工作。发动区、乡、村干部和小学教师、学生等充当义务教员,并且明确提出扫盲工作是广西教育事业的重要组成部分,以后要常抓不懈。

---

① 邓小平.邓小平文选(第2卷)[M].北京:人民出版社,1994:103,107,109.
② 《广西省人民政府文教厅1950年工作计划》,省人民政府政务会议通过。

1952—1956年,广西省人民政府在大力发展教育的同时,规定各类学校要"优先招收工农子弟入学",因而广西各类学校工农成分的学生逐年增多。

1949年下半年,广西临近解放,许多小学因战事影响听课,教学设备遗失。1950年,广西许多地方发生土匪暴乱,社会动荡,农村小学无法恢复上课。当年,省文教厅要求:"县市原有中心小学本年最少恢复原有校数、学生数70%,村街小学最少恢复50%""原有中等学校尽量争取全部恢复"。① 1950年底,全省恢复上课的小学有13 248所,在校生48.9万人。恢复上课的普通中学有159所,在校生3.7万人。没有复课的学校,主要是因为当地还有土匪作乱,乡村政权仍未建立。1951年5月,广西肃清全省土匪,从此广西新的乡村政权普遍建立,社会安定。各地政府发动群众维修尚未复课的学校,委派教师到校主持复课。有些学校还利用空房或者祠堂等开办新校。到1951年底,全省小学和中学分别发展到24 246所和182所。广西在新中国成立初期对原有的私立学校也采取了一些政策,颇得人心,这对当时广西教育改革与发展起到了积极作用。但是,后来形势变了,各级各类教育事业特别是农村小学仍由国家统管,就形成包不了、管不起的状况,不利于广西教育事业的发展。

(二)社会主义教育的发展

1956年至1965年5月,广西和全国一样,从上到下没有经验,只能在摸索中前进,广西教育的发展走了一些弯路。但是这个时期,各级领导比较重视教育,学校内部的学生会、党、团等组织比较健全,广西教育发展的主流仍然是好的。1957年,毛泽东主席提出了全面发展的教育方针,广西各级各类学校明确了培养目标。20世纪60年代初期,广西执行由邓小平指导制定的《教育部直属高等学校暂行工作条例(草案)》(简称"高教60条"),这使得学校有章可循。1961年3—4月,广西壮族自治区派工作组到农村学校进行调查,并在6月提出教育工作的初步调整意见,如要求城乡各地重视发展民办小学等。1964年,国家主席刘少奇提出试行"两种教育制度",农业中学和半工半读学校发展很快。但是,刘少奇的"两种教育制度"被林彪、"四人帮"诬为修正主义教育路线,农业中学大部分停办或改为其他学校,只有少数农业中学坚持办下来了。这个时期培养出来的学生(大学生、中学生、中专生等)多数成为20世纪八九十年代社会主义建设的骨干,该时期积累的教育经验是"文化大

---

① 《广西省人民政府文教厅1950年工作计划》。

革命"结束后进行拨乱反正的重要借鉴。这十年是新中国成立后广西教育事业取得辉煌成就的一个重要时期。1968年12月,毛主席指出,知识青年到农村去,接受贫下中农的再教育,很有必要。要说服城里干部和其他人,把自己初中、高中、大学毕业的子女,送到乡下去,来一个动员。这就是著名的"知青下乡"运动。"文革"期间,广西各类学校都要执行"五·七指示",开展勤工俭学,建立学工、学农基地等是贯彻执行该指示的重要途径。当时许多农村学校都很重视创办小农场、小林场、小果场和小饲养场等。部分城市学校也办有小工厂等,有的城市中学还办有农村分校。

毛泽东提出:"学制要缩短。"消息传来后,从1969年起,广西的小学由6年改为5年一贯制。同年9月,中学学制由6年改为4年,初中和高中各2年。由于群众意见强烈,1971年1月,广西壮族自治区批准桂林、柳州、邕宁、梧州四市的中学学制恢复为5年,其中城市初中为3年,农村初中仍然为2年。从1970年起,广西全区采用广西中小学教材编写组编写的小学教材。在这之前,中小学学生主要学习毛泽东语录、"老三篇"(《为人民服务》《纪念白求恩》《愚公移山》)、算术和科学常识等。

毛泽东指出,实现无产阶级教育革命,必须有工人阶级领导。工人宣传队要在学校中长期留下去,参加学校中全部斗、批、改任务,并且永远领导学校。在农村,应由贫下中农管理学校。1967年,当时号召解放军"支左",城市中规模较大的中等学校和高等院校,一般有"支左"人员5—10人,由于军队干部缺少,大多数农村中学没有"支左"人员。派解放军到学校"支左",在当时混乱的情况下是必要的,对稳定局势起到了积极的作用,但也带来了消极的后果。"文革"期间,当政者对学校的管理也适当地改变了一下。农村中小学分别下放到公社和生产大队管理后,许多地方都发动群众维修、扩建校舍,添置桌凳,扩大招生。虽然当时教育质量下降,但是在教育数量上有很大发展。

1977年,广西不仅在政治界进行了拨乱反正,而且在教育界也进行了拨乱反正。比如,推翻了"两个估计",开展真理标准的讨论,平反冤假错案,恢复高考制度等。恢复高考制度对教育领域影响较大。1977年10月12日,国务院批转《教育部关于1977年高等学校招生工作的意见》,正式恢复高校招生进行文化考试和择优录取的制度。招生对象为:凡是工人、农民、上山下乡和回乡知识青年(包括按政策留城而尚未分配工作的)、复员军人、干部和应届高中毕业生,年龄20岁左右,不超过25周岁,未婚。符合条件者均可向自己所在的单位报名。考试分为文理两类,文理两类专业不能跨考,录取时参考本人志愿,德智体全面综合衡量,择优录取,并报送自治区招生委员会批准,由录取院校发入学通知书。广西恢复高考制度的做法,受到了各界人士的赞扬。教育领域的拨乱反正,以此为突破口而不断地向纵深发展。

"大跃进"和"文化大革命"极大地影响了广西农村教育的发展。这期间,师生参加劳动过多,否定科学文化知识,许多领导对教育与生产劳动相结合的理解是片面的,他们忽视了劳逸结合、忽视了学校教育规律等。此外,当政者还盲目办学校,全区基本上实现了每个专区设有大学,乡乡有中学,形成了一股浮夸风。例如,农村大队小学附设初中班的现象相当普遍。1971 年,全区农村有 8 187 所小学"戴帽"办初中班,到 1976 年有 11 059 所小学"戴帽"办初中班,占小学总校数83.2%。[①] 农村小学普遍"戴帽"办初中班的做法,既降低了小学教育质量,初中教育质量也得不到保证。然而,此时广西也有一些地方的农村教育举办得较好,比如来宾县。1958年,广西教育厅根据来宾县的经验,发出《关于农村迅速发展与巩固提高幼儿园教育工作的指示》,提出农村幼儿园教育要因地制宜,可以社办、队办,可以办长期幼儿班,也可以办农忙季节的幼儿班,紧紧依靠群众解决房舍、设备、经费、师资等,此后广西农村幼教事业发展很快。但是,也存在一些问题,如绝大多数园、所都借用群众房舍,没有幼儿园教师就请老太太看管幼儿。从这些事件中可以总结一些教育经验或者教训:教育应该实事求是,教育的发展是循序渐进的,教育的发展受到社会、经济、政治等的制约,要遵循教育的规律,否则无法达到相应的目标。

二、积淀时期（1978—2000 年）：在改革开放中发展

1978 年改革开放,为广西农村教育的发展提供了很多机会与条件,推动了广西农村教育的发展。1979 年 10 月,全区农村普通教育调整工作座谈会提出"压缩高中,调整初中,发展农中,加强小学"的方针,小学"戴帽"办的初中班原则上要"脱帽"。由此看出,广西农村教育开始全面调整。广西各级政府和学校传达贯彻全国教育工作会议精神后,广西教育工作进一步走上了正轨,教育质量逐步提高。但是,20 世纪 80 年代初的两三年,广西教育或农村教育改革和发展缓慢。1982 年 9 月 18日,邓小平说:"搞好教育和科学工作,我看这是关键。……现在要抓紧发展教育事

业。"①1983年10月1日,邓小平为景山学校题词:"教育要面向现代化、面向世界、面向未来。"根据邓小平同志的教育思想和广西的实际需要,广西壮族自治区人民政府于1984年8月3日颁发了《关于改革教育的十条规定》,确定广西教育改革与发展的奋斗目标。1985年5月27日,中共中央发布《关于教育体制改革的决定》,进一步推动了广西教育改革。1985年,广西壮族自治区党委和自治区人民政府颁布《关于贯彻〈中共中央关于教育体制改革的决定〉的若干规定》。进入20世纪90年代以后,广西教育发展之快是从来没有过的。广西壮族自治区于1991年6月颁布了广西《义务教育实施办法》,于1992年6月颁布了《广西壮族自治区教育条例》,于1993年1月颁布了《广西教育改革与发展纲要》等。这些措施对推动广西教育或农村教育改革与发展具有重大的指导作用和意义。1994年10月,在全区教育工作会议上,区党委和区人民政府作出两项重要决定:一项是《关于教育改革与发展若干问题的决定》,另一项是《关于多渠道筹措教育经费的决定》。这两项决定对20世纪90年代中、后期广西教育的改革与发展产生了深远影响。从1978年底十一届三中全会召开到1998年的20年间,是广西教育事业取得辉煌成就的重要时期。全区基本扫除了青壮年文盲,部分农村完成了"普九",幼儿教育、特殊教育有了很大的发展,职业教育、成人教育、民族教育等都获得快速发展。这与国家教育政策和广西教育改革与发展密切相关。

1.教育战略与教育管理体制

当时广西经济不发达,不能正确处理发展经济与发展教育的关系。往往是越穷越不重视教育,越不重视教育越穷,这就形成了恶性循环。1982年9月18日,邓小平同志对全党全国发出指示,"战略重点,一是农业,二是能源和交通,三是教育和科学。搞好教育和科学工作,我看这是关键。没有人才不行,没有知识不行……现在要抓紧发展教育事业"②。这个指示对提高全党对教育战略地位的认识具有深远的历史意义。这个时期,全国教育的战略是:第一,反复学习和深刻领会邓小平同志关于以经济建设为中心,实行改革开放的重要论述。第二,反复学习和深刻领会邓小平同志关于要把教育事业摆在现代化建设的战略地位和优先发展的战略思想。第三,反复学习和深刻领会邓小平同志关于科教兴国的战略思想。第四,反复学习和

---

① 邓小平.邓小平文选(第三卷)[M].北京:人民出版社,1993:9.
② 邓小平.邓小平文选(第三卷)[M].北京:人民出版社,1993:274.

深刻领会邓小平同志关于坚持"三个面向"（教育要面向现代化、面向世界、面向未来）的思想，加快教育的改革与发展。自改革开放以来，广西教育事业获得快速发展，这是教育的战略地位逐步落实结出的硕果。

这个时期，广西教育实行分级办学和分工管理的教育管理体制，地方各级政府及教育主管部门都有相应的职责，实行基础教育、职业教育、成人教育"三教"统筹和"经科教"结合等。在改革开放以前，广西实行的是国家统包统管的教育管理体制，这是与我国的计划经济体制相适应的。实践证明，这种教育管理体制存在一些弊端。1980—1983年，广西灵山县、桂平县、钦州县等曾经掀起维修农村小学校舍的热潮，广西壮族自治区人民政府、财政局先后在这三个县召开维修校舍的现场会议，最后达到维修、扩建的校舍数量多、质量好的效果。1985年5月，中共中央发布《中共中央关于教育体制改革的决定》。根据决定的精神，广西壮族自治区党委、自治区人民政府于同年11月2日发布《关于贯彻〈中共中央关于教育体制改革的决定〉的若干规定》，其涵盖的内容丰富。例如，调整教育管理体制，下放管理权限，把普及九年义务教育的任务落实到市（县）、乡（镇）；努力建立一支数量足够、合格而稳定的教师队伍；采取特殊措施，发展民族教育等。从此广西逐步建立了分级办学和分工管理的新体制，即大专院校由自治区管理；农村高（完）中、农（职）业中学、教师进修学校和示范（实验）性的中小学、幼儿园，由县直接管理；初中、初级农（职）业中学、乡（镇）中心小学、学区中心校，由乡（镇）直接管理；联办初中由乡和村共同管理，以乡为主。完全小学、教学点、幼儿园（班），由村直接管理；企事业单位的学校、幼儿园，归办学单位管理。[①] 各厅、局和各地、市办的各类中等专业学校，谁办学谁管理。随着实践经验的丰富，可以从实际出发进行适当的调整，市、县、乡（镇）要积极发展成人教育和特殊教育。

关于乡（镇）人民政府及其教育办事机构职责，主要以村公所或村民委员会的职责为例，进行阐述。村公所或村民委员会的职责主要有：依靠学校教师和领导，动员和组织本村群众办好学校；动员适龄儿童入学；修建本村校舍，管好学校财产，维护学校权益；经常了解学校情况，及时解决各种问题，协助乡（镇）管好学校。对于实行"三教"统筹和"经科教"结合，它强调重视各级各类学校教育，不能偏重某类学校教育而忽视其他类型的学校教育，尤其是不能忽视广大农村教育的管理。其中，"三

---

① 蒙荫昭,梁全进.广西教育史(第1版)[M].南宁:广西人民出版社,1999:703.

教"是指基础教育、职业技术教育、成人教育，它们之间相互沟通、协调发展。广西壮族自治区要求县、乡政府实行"经科教"结合，发挥各部门的优势。在县、乡政府领导下，使经济、科学、教育等部门在项目、资金、人才、设备等方面统筹安排，协调使用，共同为科技兴农服务，而且要求每个乡（镇）要办好农民文化技术学校。

2.学前教育的发展

1965年，广西壮族自治区一共有599所幼儿园，大部分分布在城镇。"文革"期间，广西农村教育的发展遭到破坏，幼儿园的发展也深受影响。1972年，各地幼儿园有所恢复，有的地方还有新的发展，农村幼儿园数量偏少的局面开始有所改变。1976年，全区幼儿园总数为43 028所。[①] 1978年，十一届三中全会后，广西贯彻"整顿巩固，提高质量"和改革开放的方针、政策，学前教育事业随着经济体制的改变而进入新的历史时期。1982年，广西一共有幼儿园1 863所，其中农村866所，城市586所，县镇411所。从以上的数据可以看出，1976年至1982年全区幼儿园数量大幅减少。但是这个时期全区幼儿园整体办园条件有所改善、教育质量有所提高。由于幼儿园数量适应不了实际的需要，各地除了增办幼儿园，还在小学附设一年制的预备班，例如合浦县、玉林市和南宁市等。办园都需要遵循《幼儿园教育纲要》（实行草案），而且1986年以后，实行分级办学、分工管理体制，多形式、多渠道和多层次办园。经济条件好的地区，学前班发展较快，例如玉林地区村村办学前班，6周岁幼儿入班率达到99%。经济条件差的地区发展较慢，许多村尤其是山区村则未办学前班。在师资方面，按照国家或自治区的要求，每班应配两位教师，但是多数学前班未配足教师，而且大部分教师没有受过幼儿园教育的专业训练。广大农村聘用的学前教师，经济待遇一般很低，学前班教学"小学化"的倾向在农村相当普遍。1987年1月，广西妇联、教育厅、总工会、卫生厅联合发布《广西壮族自治区文明托儿所、幼儿园标准》，内容包括"五好"，即政治思想工作、教育工作、体育卫生保健、环境绿化美化和园（所）科学管理。1988年8月，广西壮族自治区教育厅印发《关于加强广西幼儿园教育工作的意见》《幼儿园分类标准》。1989年，广西先后转发国家教委发布的《幼儿园管理条例》《幼儿园工作规程》。这些文件，有的对广西农村幼儿园的保教工作重申了过去有关的规定、要求，有的提出了更高的要求。之后，广西农村幼儿园教育就遵循这些文件的精神，继续往前发展。

---

① 蒙荫昭，梁全进.广西教育史（第1版）[M].南宁：广西人民出版社，1999:711.

3.义务教育的发展

这个时期,广西义务教育的发展可以通过一些教育政策来体现与叙述。1985年5月,中共中央颁发《关于教育体制改革的决定》。该决定指出,把发展基础教育的责任交给地方,有步骤地实行九年义务教育。1986年4月,第六届全国人民代表大会第四次会议通过《中华人民共和国义务教育法》。1992年,中国共产党第十四次全国代表大会提出,到20世纪90年代末全国基本普及九年义务教育,基本扫除青壮年文盲(简称"两基")。此后,国务院等陆续发出指示,要求各省(自治区)采取措施完成"两基"任务。从20世纪80年代中期到90年代末,是广西普及九年义务教育(简称"普九")的历史时期,也是近百年以来广西基础教育发展史上新的里程碑。到1998年,全区有64个县、市(城区)"普九"达标,人口覆盖率达69.29%。广西壮族自治区人民政府决定,到2000年,在占全区总人口85%左右的地区基本普及九年义务教育和基本扫除青壮年文盲。这虽然说的都是城市的情况,但是从侧面可以看出,广西农村义务教育的发展也是逐步向前迈进的。根据国家的有关规定,广西壮族自治区党委和政府在有关会议和文件中多次提出,各地在实现"两基"目标过程中要掌握一些原则。例如,坚持标准,注重质量;坚持积极进取、实事求是的精神;实行县、乡、村三级办学,县乡两级管理,以县为主的管理体制;"普九"的难点在贫困地区、少数民族地区;"普九"的重点在初中,要加大农村初中改革的力度,以改革促发展;等等。同时,广西也做了一些规划,例如把特殊教育纳入义务教育轨道,按照国家规定应该入学接受教育的残疾儿童少年,城市达到80%左右,农村达到60%左右。按照分区规划、分步实施的原则,到1995年,占全区总人口20%左右的区辖市城区和经济较发达的乡镇,首先实现"两基";到1997年,占全区总人口53%的中等发展程度的乡镇,基本实现"两基";到2000年,经济发展程度较低的乡镇,努力实现"两基",其中,占全区总人口15%的贫困乡镇,可先普及5—6年级义务教育,基本扫除青壮年文盲,初中阶段的入学率达到60%左右。对不太重视教育的县或乡,则重点帮助他们提高对"教育为本"的认识。对少数民族地区中特别贫困的乡村,则分别在完小和初中附设寄宿制小学民族班、初中民族班,免收学生的学杂费,并给予一定的生活补贴。对群众居住分散、交通不便的地方,则在人口较集中的乡镇所在地办完小,等等。这些教育原则与规划对于广西农村教育的发展具有指导和引领的作用,推动了广西农村义务教育的发展。

广西根据国家相关的法令政策,制定了《广西壮族自治区普及义务教育标准和评估验收奖励暂行办法》，对不同地区提出了不同的标准和要求。1995年2月，广西壮族自治区教委制定了"普九"标准和要求，主要对入学率、辍学率、完成率、文盲率、教师合格率、教育质量要求、办学条件标准、学校管理要求、教育经费等方面作出规定。例如，关于办学条件标准，在小学的教学仪器设备、仪器室建设配套方面，按《小学数学自然教学仪器设备目录》，村完小达到三类标准，乡（镇）小学、县城小学和城市小学达到二类标准。在初中的教学仪器设备、实验室、仪器室建设配套方面，按《中学理科教学仪器配备目录》，乡（镇）初中达到三类标准，县城和城市初中达到二类标准。又如关于教育经费，要求市、县（区）、乡（镇）财政对教育拨款的增长比例高于财政经常性收入的增长比例，教育经费中用于义务教育的事业费要相应逐年增加；城市、农村均按广西壮族自治区关于多渠道筹措教育经费的有关规定标准足额征收教育费附加和其他用于教育的附加费，并主要用于义务教育；等等。关于"两基"的评估验收，广西根据国家义务教育法的有关规定，结合实际情况，颁布了《广西壮族自治区普及义务教育标准和评估验收奖励暂行办法》。例如，乡（镇）和城区学校根据县（市）规定的普及九年义务教育期限，对照标准逐年进行自评，确认达到普及要求的，可以在每年的八月底前向县（市）人民政府提出评估验收申请报告等。

广西农村教育也在逐步改善办学条件，具体表现在以下几方面：一是校舍建设。在20世纪80年代，广西各地学校普遍存在"三多"（缺房多、危房多、旧房多）现象。许多中小学教师住在临时的简易宿舍，无厨房和卫生间。农村中还有一些小学因缺教室，在大树下上课。特别是校舍倒塌造成师生伤亡。1988年3月，广西壮族自治区人民政府发出"抢修中小学危房的紧急通知"，各县（市）、乡政府积极发动群众集资维修校舍，到1990年，全区中小学校舍危房面积下降到校舍总面积的3%。二是中小学实验室建设。中小学教育装备水平低，是长期以来广西基础教育的"老大难"问题。为了推动全区中小学开展实验室建设，从1986年开始，广西先后推广马山县、北流县的先进经验，掀起了多渠道集资修建实验室的热潮。三是中小学图书馆（室）建设。1978年以前，教育经费能用于购置图书的不多，除了重点中小学图书经费有保证，其他学校图书经费短缺，图书馆（室）藏书很少。农村小学的图书和教学参考资料也很缺乏。贫困地区的有些小学，全校没有一份报纸，没有一本图书。1978年十一届三中全会之后，广西逐步确立了教育的战略地位，中小学图书馆（室）建设工作受到重视，图书经费逐步增加，生均藏书量增长加快。从20世纪90年代起，随着"普九"工作的全面展开，中小学图书馆（室）建设进入快速发展阶段。广西各地采取多渠道筹集经费,馆舍建设、配套实施、图书的经费不断增加,装备水平不断提高。1996 年,世界银行给广西贫困地区中小学贷款购买图书,全区有三江侗族自治县等 20 个受援项目县,图书总册数 299.67 万册,品种数有 1997 种。20 个受援项目县的乡镇小学受益面达到 65%(其中乡镇中心小学为 100%),学生受益面为75%,生均册数 4.02 册。20 个受援项目县的乡镇初中和学生受益面均为 100%,生均册数 4.5 册。[①] 由于投资增多,改善了广西少数民族地区学校的办学条件。贫困县所有乡镇中心小学全都覆盖有新教学楼;原有少数茅草校舍全都改为瓦房,而且危房减少了很多。此外,广西为了提高教育质量,也在促进电化教育的发展。1984年 6 月,广西成立电化教育馆。1987 年,根据国家教委关于卫星电视中教师教育的要求,各地陆续建立乡镇级放像点,藤县在 22 个乡镇建立了放像点,是第一个实现全县每个乡都建立放像点的县。此后,广西农村电化教育的发展也在加速。

上文提及广西把特殊教育纳入义务教育轨道,在此亦做简单的论述。《中华人民共和国义务教育法》规定,普及义务教育包括对残疾的适龄儿童、少年的特殊教育,而且残疾儿童和少年有接受义务教育的权利,他们包括视力残疾、听力语言残疾和智力残疾等适龄儿童、少年。1995 年,广西壮族自治区教委重新修订颁布的《广西壮族自治区普及九年义务教育标准和评估验收奖励暂行办法》中规定,"盲、聋哑、弱智适龄儿童、少年入学率,城市为 80%左右,贫困县为 55%左右"。凡特殊教育落后的县、乡,义务教育验收不能通过,这一举措推动了广西农村特殊教育不断发展。1997 年,广西壮族自治区教委基础教育处被评为"全国特殊教育先进集体",受到了奖励。据统计,1998 年,全区"两基"验收合格的县(城区)已到达 64 个,这些地方的农村残疾儿童入学率在 60%左右。自改革开放以来,广西特殊教育逐步发展,特别是 1990 年 11 月,广西壮族自治区人民政府召开了特殊教育工作会议。会议结束后颁布了《自治区人民政府关于发展我区特殊教育的决定》(桂政发〔1990〕116 号),该决定明确规定"把发展特殊教育纳入普及义务教育的工作轨道,同当地普及义务教育工作统一规划,统一领导,统一部署,统一检查"。广西农村特殊教育起步晚,许多残疾儿童、少年过去没有机会入学,这些政策、文件和各项规定是符合广西农村实际的。可见,广西农村特殊教育朝着越来越好的方向发展。

---

① 蒙荫昭,梁全进.广西教育史(第 1 版)[M].南宁:广西人民出版社,1999:827-828.

4.职业教育的发展

20世纪70年代前,由于地方财政困难,广西的职业教育发展较缓慢。自从十一届三中全会之后,全国和广西的经济建设发展较快,各行各业迫切需要培养各层次人才,这就给职业教育提供了新的发展机遇。

农村的职业高中,大多数是在20世纪50年代末或60年代初创办的农业中学("文化大革命"期间叫"五七"中学)的基础上,经过改造、扩建而成的。如合浦县第一中等职业技术学校和容县华侨中等职业技术学校等。但是,农村的职业高中也有一部分是20世纪80年代以后进行中等教育结构改革而逐步创办的,如博白县中等职业技术学校等。"文化大革命"期间,绝大多数农业中学改为"五七"中学,由当地的革命委员会领导,贫下中农参与管理。自1978年改革开放以后,许多"五七"中学又恢复农业中学的名称,当时是公社办的由公社管理,县办的由县管理等,也就是说,一般谁办的就由谁管理。农村的职业高中,学制一般为3年,但是也有2年的。1982年以前,由各校参照普通高中的教学计划,根据实际需要适当删减文化课,增设专业课,一般来说,文化课与专业课(包括劳动实践)的比例为4∶3。1986年以后,执行国家教委的规定,课程设置分为四类:文化课、政治课、专业课和实习。职业高中的文化课和专业课的教材,一般是由各个学校自行选订。1991年,由广西壮族自治区牵头,组织广西农业学校、广西农学院和广西科技情报所等单位的70多名专家,根据广西壮族自治区农村经济发展和农村职业高中的实际情况,编写出农科类专业教材12种,一共26册,这解决了全区职业高中农科类专业教材"老大难"的问题。专业课注重实践性和技能的训练,为了搞好专业课教学,各职业高中都建立了相应的实习基地。职业高中教师的来源比较复杂。由于职业高中的毕业生具有一定的职业技术又比较吃苦耐劳,因而颇受社会欢迎。进入20世纪90年代,广西各地受到"文凭热"的影响,先后开办了各类职业中专班。此外,1993年6月,全国农村初级职业技术研究与实验工作会议在灵山县召开,与会代表对那隆初级职业技术学校的办学经验给予了充分肯定。

这个时期还有技工学校,广西技工教育的历史较短。从1978年起,广西技工学校招生工作是由劳动部门统一命题、统一考试评卷和统一录取的。自1985年秋起,广西技工学校的招生工作进行了改革。经自治区人民政府批准,每年向49个"老、少、边、山、穷"县招收新生300人,供销系统学校可招收农村户口学生,毕业后分配到供销社集体单位工作。1995年,为了广开生源,广西规定"苦、脏、累、险"40多种工种(专业)招收农业户口学生2 000人,并准予"农转非"。1996年又向农村招收2 500人,"农转非"政策不变,所以当年招生达35 000人。这是广西技工教育史上最兴旺的时期。这些对广西农村人才的培养、增加农村学生的学习机会、调整人才和经济结构具有重大作用。

5.成人教育的发展

成人教育是现代教育的重要组成部分。它的快速发展是改革开放新时期社会发展的必然要求。这个时期,广西成人教育体系初步建立。成人教育的任务有几大项,其中大力扫除青壮年文盲是重要任务之一。改革开放以前,扫盲的对象是不断变化的,如1950年扫盲工作以参加互助组、合作社的农民,年龄在14—40岁的文盲半文盲为主要对象。1979年,第二次全国农民教育工作会议提出,学习困难较多的40周岁以上的壮年,可以不作为扫盲的主要对象。此后各时期的扫盲对象也不完全一样。扫盲分个人扫盲与单位扫盲两种,也有相应的扫盲标准。例如个人扫盲标准:农民认识1 000个常用汉字,大体上能阅读最通俗的书报,能写农村常用的便条和收据;农民认识1 500个常用汉字,能够看懂浅近通俗报刊,记简单的账,写简单的便条等。又如基本扫除文盲单位标准,1981年3月自治区对此作了规定,如扫除12—45周岁的青壮年中的文盲数,农村非文盲人数比例为85%以上。1990年1月,自治区又规定,基本扫除文盲单位标准为:在当年总人口中,15—40周岁的非文盲人数,在农村为85%以上,一个基本扫除青壮年文盲的县,必须是所有的行政村都达到这个标准;农村的乡(镇)、城市的街道还必须同时达到基本普及初等教育的要求。1993年,广西壮族自治区教委转发《关于转发国家教委〈县级扫除青壮年文盲单位检查评估办法〉的通知》指出:扫除青壮年文盲单位评估标准,1949年10月1日后出生的年满15周岁以上人口中的非文盲人数,在农村为95%以上。1998年,广西顺利通过国家级扫盲检验验收,实现了国家规定的现阶段扫除青壮年文盲的目标,被教育部、财政部评为"全国扫除文盲先进省(自治区)"。广西农村在扫盲工作过程中,一是实施扫盲工作承包责任制,从1956年初起,扫盲工作就提倡教师包教会。1983年11月以后,农村生产体制发生变化,在平原或者人口较集中的地方,试行乡(镇)或者村(街)办成人(农民)教育中心、行政村或联村办班、联户办组等方式扫盲。二是增加扫盲人、财、物的投入。广西要求各地教育部门成教科配备专干3—5人;乡(镇)配备专干1—2人,有的乡(镇)实际已配备3人;村公所配备专职教师1人。1995年底,全区扫盲专干发展到2 000多人,专职、兼职教师分别有2 000多人、

25 000多人。此外,还有大部分农村小学的教师都是兼职扫盲教师。从1990年起,广西壮族自治区人民政府对49个"老、少、边、山、穷"县每年下达各县扫盲业余教育包干经费223万元。而且,从1982年到1983年,广西组织编写出版了《农村实用技术教材》《农民识字课本》《实用数学》《农村实用技术教育系列教材》等,这些教材专供扫盲教育和扫盲后继续教育使用。此外,广西在扫盲中还坚持了"一堵、二扫、三提高"的方针。

1988年,国家颁布《乡(镇)农民文化技术学校暂行条例》以后,乡(镇)成人文化技术学校随着农村经济的不断发展而兴盛起来。广西农村成人文化技术学校创办于1993年,先在玉林、钦州地区试点。成人文化技术学校是农村教育事业的重要组成部分,是由乡(镇)人民政府举办和管理,由县(市)教育行政部门和有关业务部门进行业务指导,以文化技术教育为主体的综合性、多功能的农村成人教育基地。它承担多项任务,例如对农村基层干部、技术人员、乡(镇)企业职工、复退军人进行岗位培训和技术教育;对需要接受初等、中等文化教育的农村青壮年进行必需的基础教育的补课;等等。其培养目标是学员力争达到普通学校结业的文化水平;教师由乡(镇)聘请,教学形式灵活多样;关于办学经费,除了乡(镇)财政划拨,从农村教育费附加中提取一定的比例,以及采取集体自筹、收取学费、勤工俭学和服务性活动等多种渠道解决。为了落实国家教委颁发的《示范性乡(镇)成人文化技术学校规程》,广西壮族自治区教委于1995年9月发文通知,对示范性成人文化技术学校的建制、实验实习、基础建设、教学仪器配备、教师队伍建设以及办学等都做了具体要求,并确定贺州市沙田镇成人文化技术学校等12所学校为首批示范性乡(镇)成人文化技术学校。到1995年底,全区乡(镇)成人文化技术学校已经发展到1 272所,占乡(镇)总数的98.6%;村农民文化技术分校发展到11 404所,占行政村总数的76.8%,初步形成了县、乡(镇)、村三级成人教育网络。1994年和1995年先后有6所乡(镇)成人文化技术学校被评为全国先进学校。

此外,广西还有成人中专。成人中专是为适应当时广西农村教育的需要和经济的实际情况而创办的。它有普通课、基础课和专业课三类课程,一般按照3∶4∶3的比例安排,不同的专业可以适当调整。1998年,广西设置的成人中专学校有147所。成人中专学校的快速发展,为各行各业提供了大批实用型人才。

6.少数民族地区教育的发展

在广西少数民族地区,凡群众居住比较集中的,原来文化教育基础较好的,交通条件相对便利的,普遍举办了普通全日制小学。例如武鸣县和邕宁县等,一般都建立了中心校或者高完小,个别自然村屯设置了 1—3 年级复式教学点,学生读到 4 年级以上就可以进入当地的中心校或者高完小就读。普通全日制小学使用全国统编教材和按照全国统一使用的教学大纲进行教学,但是教师可以使用民族语言授课。对于经济特别贫困、文化教育特别落后、群众居住高度分散的边远高寒山区的少数民族乡村,当地只设有 1—3 年级的复式教学点,无法举办中心校或者高完小,学生要读 4 年级以上的班级,需要克服经济困难或者路途崎岖等困难,到离家 10 千米左右的中心校或者高完小就读。为了解决这个问题,各级政府采取特殊政策,在办学条件较好的高完小或者中心校举办全寄宿制高小民族班,并实行单独编班,统一食宿,由国家发给一定的生活补贴费,对家庭极其困难的学生,还发棉被、蚊帐等生活用品,以确保他们顺利完成学业。1987 年,全寄宿制高小民族班发展到 178 个班,在校生达 9 276 人,其中由乡镇举办的有 28 个班,学生 789 人。全寄宿制高小民族班教育质量较高,学额巩固,大多数升入初中班或初级中学,这有利于促进边远少数民族地区普及九年义务教育,为培养当地"土生土长"的各类专门人才打好基础。

除了全寄宿制高小民族班,广西还举办了半寄宿制小学民族班。这是为了解决边远山区少数民族一部分学生因家校距离较远往返走读的困难。当地政府根据实际情况给部分学生免费提供中餐或者适当补助中餐,以减少学生中午家校往返路程,例如三江、龙胜等县举办了半寄宿制小学民族班。

1987 年 9 月,广西壮族自治区人民政府办公厅转发教育厅有关文件要求:"在居住地分散、交通不便的一些少数民族山区,继续举办行之有效的隔日制、半日制、巡回制或早、午、晚班等简易小学。"此后,广西不少边远贫困山区农村,先后发展了一些隔日制、半日制、巡回制或早、午、晚班的简易小学,并由当地全日制学校安排部分教师"跑教""送教上门"。简易小学只有语文和数学两门课程,目的是减少新文盲的产生。这类小学也有利于解决适龄儿童少年因家校距离较远、交通不便、家庭困难等而不能入学的问题。

由于历史原因和一些少数民族固有的习俗,在一些边远山区的少数民族地区,尤其是苗族、侗族、瑶族等少数民族地区,适龄女童入学率很低,在校学生 95% 以上都是男生,农村 70% 以上的适龄女童没有上学。1994 年,为了提高此类地区女童入学率,广西首先在融水苗族自治县试办了少数民族小学女童班,招生 50 人。1995 年以后,广西又在三江、隆林等县(自治县)先后扩办了 4 个女童班,招生 200 人。此后,广西农村少数民族女童班越办越好。少数民族女童班一般附设在当地中心校或者高完小,并实行单独编班和教学。当然,广西农村少数民族地区也存在教学点。例如,20 世纪 80 年代初,任教于瑶族村六能屯的陆守源,于 1982 年被评为广西壮族自治区模范教师,他就是坚守在瑶族地区教学点的榜样。而少数民族地区的普通中学也同样存在教学设备陈旧、校舍需要修缮、教育经费不足等问题,少数民族地区大多数农村中学的办学条件比平原地区的差,而且差距很大。

这个时期,广西农村少数民族地区除了以上的中小学,还有民族中专班。民族中专班又名不定期扶贫中专班。1988 年,广西决定在全区 20 所中等专业学校中附设中专班 24 个,共 1 000 人。它主要面向少数民族贫困县定向招生,学制两年。学生毕业后,国家承认其学历,但是国家不包分配,由县、乡根据实际需要自行录用。此外,国家每年会补助一些少数特困生的生活费用。

7.农村教育综合改革

1987 年,为了探索教育如何适应社会主义现代化建设的需要,广西开始进行农村教育综合改革实验,初期以横县和柳州市作为试点,取得经验后逐步推广。到1996 年,教育综合改革实验县扩大到 34 个县(自治县、市)。这项教育综合改革实验推动了广西教育改革的发展,取得了显著的成绩。教育综合改革包括农村教育综合改革和城市教育综合改革,以下仅阐述农村教育综合改革的情况,其具体情况如下:

1987 年 9 月,为了指导农村教育改革,广西教育厅领导两次带领调查组到横县和象州县(柳州地区)进行调查,了解党政领导对教育改革的看法、教育改革与发展规划,共商教育改革大事。教育厅经请示自治区党委和人民政府同意后,决定把横县作为第一个农村教育综合改革实验县。横县制定了教育综合改革的四项基本原则,即整体性原则、统筹原则、质量原则和效益原则。1987 年 10 月 16 日,中共横县委员会召开常委扩大会议,研究横县教育综合改革实验区工作有关问题。1988 年 1月,实验区工作组深入调查研究,吸取干部、群众意见,提出了《横县教育综合改革实验研究方案(初稿)》。1988 年 3 月,经横县教育改革三级干部大会认真讨论,县委、县政府批准了《横县教育综合改革实验研究方案》。从此,拉开了教育综合改革实验研究的序幕。

在农村教育综合改革实验中,广西进行了"三教"统筹、"农科教"结合等方面的探索。广西开展农村教育综合改革实验,实行基础教育、职业教育和成人教育三种教育的统筹(简称"三教"统筹),促进各级各类教育事业协调发展。广西实行"三教"统筹的目的是搞好广西农村教育的资源配置,促进农村经济发展和社会全面进步。在教育体系上,加强"三教"的相互联系,实行"三教"并举、"三教"沟通,使其发挥各自的优势,为广西教育与经济服务等。广西的农村教育综合改革实验县进行了积极探索。一是统筹规划基础教育、职业教育和成人教育。"三教"统筹是广西农村教育发展的重要规律。广西农村教育的主要目标是不断提高劳动者素质,源源不断地为农村建设培养合格人才。基础教育是广西培养人才的奠基工程,职业教育和成人教育是广西培养农村人才的主体工程。二是搞好教育内容的衔接和沟通。例如,在小学进行课程改革实验,补充农民所需要的文化知识,增加一定的职业技术教育内容。三是分工协作,共同承担农村公民的教育任务。农村教育的对象是农村的全体公民,各种教育要根据各自的教育对象,明确分工,做好本职工作,完成教育任务。广西农村通过教育综合改革实验,实行"三教"统筹,实验县的基础教育、职业教育和成人教育得到了协调发展。

关于广西"农科教"结合的探索,实行"农科教"结合是解决"三农"问题的重要途径,是一项重大举措。实行"农科教"结合,遵循农业发展靠科技、科技推广靠人才、人才培养靠教育这样一条现代农业发展的规律,以教育为载体,把教育部门的"燎原计划"同科技部门的"星火计划"、农业部门的"丰收计划"结合起来,使农业、科技和教育部门的力量在为农服务方面得到优化组合,形成合力,互为补充,从而取得综合效益。实行"农科教"结合,首先是增强"农科教"结合的意识;其次是要积极探索"农科教"结合的运作形式;再次是建立"农科教"结合的机制。建立"农科教"结合的机制是关键,广西在实践中探索了这个问题。比如,在教育综合改革开始时,强调要树立全局观念和统筹思想,从县做起,落实到乡镇。

农村教育综合改革实验是农村教育发展中的新生事物,只有10年的历史。广西农村教育从中也可以总结一些经验。例如端正教育思想,更新教育观念;把握教育综合改革的正确目标;选准农村教育综合改革的突破口;搞好经济、教育和科技的统筹协调;点面结合,积极推进,实行宏观与微观改革相结合等,以便更好地促进广西农村教育的发展。

三、提质时期（2000年至今）：在深度思考中迈进

到了21世纪，广西壮族自治区人民政府更加重视广西农村教育，对各级各类农村教育都给予了关注，并且出台了相关教育政策或措施，广西农村教育向提质方向迈进。教育是民心所系，民生之基。改革开放以来，随着经济条件的逐步改善，广西对教育的投入也在加大。进入21世纪以后，广西教育经费的总投入持续增加。通过一系列建设工程，广西教育事业获得全面发展。"两基"任务全面完成，农村义务教育办学条件得到根本改善，高中教育得到长足发展，职业教育蓬勃发展等。广西基础教育、职业教育和高等教育的规模和质量都有了质的飞跃。

1.基础教育的发展

广西原有的教育基础较为薄弱，广西壮族自治区成立以后，基础教育多次调整，逐步探索在农村地区开办小学教学点。1990年，广西有了15 789所小学，全区70%以上的城区、乡镇基本普及了小学义务教育。进入21世纪后，广西的教育经费投入大幅度增加，通过实施教育建设工程，改善了基础教育尤其是农村义务教育办学条件，加快了普及九年义务教育的步伐，促进了教育均衡发展。广西进一步改革、建立、完善基础教育政策体系，为基础教育持续健康发展提供政策、制度保障，广西教育事业迎来了快速发展时期。

一是改善基础教育办学条件。2001年以来，广西实施一系列教育建设工程，大力弥补农村基础教育特别是义务教育的短板，如实施中小学危房改造工程，极大地改善了农村办学条件。2005年，贯彻落实作为广西壮族自治区党委、自治区人民政府集中力量为民办好十件实事之一的农村基础教育工程，继续实施农村中小学危房改造，有效地消除了全区中小学校舍安全隐患。2005—2006年，广西实施西部地区农村寄宿制学校建设项目，一共投资4.4亿元，建成寄宿制学校421所。① 广西农村的寄宿制学校建设，为山区中小学学生就学提供了极大的便利，与随后持续实施的农村义务教育阶段学生营养改善计划一道，为广西九年义务教育的普及奠定了坚实的基础。2007年，广西钦州市从392个市直、县（区）直单位和57个镇选派了各级驻村新农村建设指导员1 900多名，大力支持农村教育工作。据统计，经过他们的努力，单位和社会各界向农村中小学校捐赠资金及办公、教学、体育等器材设备折合人

---

① 陈立生.广西壮族自治区60年[M].南宁:广西人民出版社,2018:286-287.

民币 560 多万元,捐赠图书 12 万多册,完善各中小学功能室等设施一大批。① 2008 年,广西壮族自治区教育厅、财政厅等联合下发《关于取消农村地区义务教育阶段公办学校课本费和作业本费的通知》,明确从 2008 年春季学期起,对广西农村地区义务教育阶段的公办学校(含县城及以下学校)学生,免费提供教科书和与国家课程教科书相关的辅助学习资源。2009 年,广西实施中小学教育专项工程,投资 30.14 亿元,用于中小学校舍的建设、改造和相关配套设施的完善以及图书、设备购置等,建设面积 300 多万平方米,改善了中小学硬件设施。2011 年,广西开始实施广西教育"双十"工程(推进 10 项教育发展重点工程和 10 项教育体制试点项目),经过 3—5 年的建设,基础教育校园建设、农村义务教育阶段学生营养改善等一批项目顺利完成。通过这一系列教育工程的实施,广西基础教育特别是农村基础教育办学条件得到极大改善。同年,广西崇左市委书记给 3 000 多户农村孩子送课桌,这就是办学条件逐步改善的实证之一。2014 年 4 月,博白县博白镇第一小学校长林东明一行 8 人到博白县凤山镇石荣村小学和旺茂镇康宁村小学开展"送课下乡"暨爱心捐赠活动。同年,北海市建设了 7 所乡村学校少年宫,使校外教育惠及更多农村少年儿童。这也是改善办学条件的体现之一。近年来,广西农村教育的办学条件逐步改善,农村受益的群体和个体逐渐增多,极大地促进了广西农村基础教育的发展。

二是普及九年义务教育。进入 21 世纪以后,广西加大了教育投入,加快了推广、普及九年义务教育的进程。到 2005 年,广西基本实现普及九年义务教育目标(还有一些农村没有实现),全面完成向九年义务教育学制过渡,广西青壮年非文盲率为 95% 以上。2007 年,广西"两基"全面实现,成为全国 5 个自治区中率先通过国家"两基"评估验收的自治区。这其中很重要的一个原因就是广西农村的"两基"任务顺利完成和"两基"评估验收的顺利通过。此后,广西壮族自治区继续推动九年义务教育深入发展,包括农村地区。2008 年,柳州在三江、融水、融安等贫困自治县实行九年义务教育农村学生免费午餐制。这让柳州 8 万多名农村贫困学生吃上了免费的午餐,在全区率先实行贫困县九年义务教育农村学生免费午餐制度。自 2009 年起,桂林农村寄宿生免收住宿费,这又是一项惠泽农村学生的政策。广西农村"两免一补"的教育政策,也惠及了众多农村学子。例如,2010 年,广西德保县共落实

① 广西壮族自治区教育厅.钦州市驻村指导员大力支持农村教育工作[EB/OL].http://jyt.gxzf.gov.cn/Item/4779.aspx.

"两免一补"专项资金约2 777.22万元,惠及3万余名农村学生。2011年,其义务教育均衡发展经验已得到广西教育部门的肯定。2014年5月,平果县在全县范围内开展农村义务教育学校基本办学条件专项督导,为该县普及义务教育及农村教育的发展进一步奠定了基础。

广西农村在普及义务教育过程中也遇到一些困难,但是总体上发展趋势愈来愈好。例如,2014年,梧州市在推进义务教育均衡发展的过程中,面临诸如城乡教育资源配置不均衡;乡村教师数量不足,专业素质偏低,职称结构不合理;义务教育学校标准化建设投入不足,硬件建设整体水平低等困难。这可以通过加强农村中小学教师队伍建设,加大对农村义务教育学校的建设资金投入,加快农村薄弱学校改造,改善办学条件等来解决。

21世纪对于教师和校长的管理也越来越严格,更加规范化、人性化、合理化和科学化,教师队伍建设逐步加强,教师综合素质和水平不断提高。例如,2008年桂林提出严禁农村中小学校长乱收费等。隆林各族自治县者浪乡小学教师王仁报为广西农村教育做出了巨大的贡献,于2012年被评为自治区"2012年'广州助学基金'八桂优秀乡村教师"。又如,2014年,上林县率先自主实行农村边远教学点教师岗位补助政策,提升边远教师点教师岗位待遇,进一步促进农村教师队伍稳定。又如2018年,马山县首次为乡村教师免费安排体检。同年12月,马山县11名优秀乡村小学教师获第三届"祥梦园丁奖",农村教师素质越来越高。但是,这个时期广西农村教育也存在一些问题,比如教师的待遇问题。例如,贵港市农村中小学教师的工资没有得到按时、足额发放。这极大地降低了教师的工作积极性,影响了农村教育的发展。

此外,广西也在逐步关注农村教育的全面发展问题,如艺术教育的发展。时任教育部体卫艺司司长杨贵仁指出,当前广大农村学校艺术教育仍然是整个基础教育中最为薄弱的环节,艺术教育资源短缺现象比较严重。2008年,全国农村学校艺术教育经验交流会暨实验课题总结会在北流市召开,与会人员探讨新形势下农村学校艺术教育的推进策略等内容。教学与科研是紧密相连的,广西近年来越来越重视教学研究工作。例如,2014年,南宁市天桃实验学校与三塘六村小学开展语文大教研分享活动;2015年,北海市教育局到公馆镇创村开展扶贫暨教研活动。这些活动都促进了农村教学与研究的发展。广西逐步实施农村学生营养改善计划,取得了不错的成果。例如,防城港市4个县(市、区)共有63 085名义务教育中小学生享受营养改善计划项目资助,受益学生占全市农村义务教育学生的 82.0%,其中,东兴市、港口区、防城区农村学校 100%覆盖,上思县农村寄宿制学校 100%覆盖。① 2018 年,马山县举办 2018 年农村义务教育学生营养改善计划食堂管理人员及从业人员培训班,着手改善农村学生的营养状况。

2014 年,广西实施义务教育"全面改薄"工程,即全面改善贫困地区义务教育薄弱学校基本条件:安排 59.2 亿元资金,用于贫困地区义务教育学校的校舍建设、教学设施建设和生活设备采购,全面改善学校的教学和生活条件。2015 年,广西实行以居住证为主要依据的进城务工人员子女入学政策。2016 年,广西有 140 多万随迁子女在城市入学,他们入读公办学校的比例连续 5 年超过 80%。② 广西在全力普及九年义务教育的同时,加快普通高中的发展,积极扩大普通高中的办学规模,提高普通高中办学质量,促进教育更加公平。2014 年和 2016 年,广西分别实施高中阶段突破发展工程和普通高中能力提升工程,投入五六个亿的资金新建、扩建高中。

三是推进基础教育信息化建设。教育信息化的基本特征是开放、共享、交互、协作,教育信息化是教育现代化的重要内容,教育信息化的目的是教育现代化。进入 21 世纪后,广西多地都很重视教育信息化的发展,例如玉林市的农村教育信息化。2008 年,玉林市为了更好地实施农村中小学现代远程教育工程,不断提高农村教师应用信息技术与学科整合教学水平,让农村学生更多地接受优质教育资源,在全市范围深入开展了农村中小学现代远程教育工程和教育信息网应用培训。2001 年,广西实施中小学"校校通"工程,全区有 878 所中学、702 所小学开展信息技术教育,农村地区的很多中小学拥有了计算机,一批学校建立了校园网络,当然城市学校的发展情况比农村的稍好一些,这是毋庸置疑的。2008 年,广西来宾市忻城在全县 166 所学校实施了农村现代远程教育项目工程,投资 600 多万元用于农村中小学现代远程教育设备的配备。2011 年广西安排 2.8 亿元资金为 1 089 所乡镇初中和农村小学配备"班班通"教室 1.88 万间。③ 2012 年,广西的教学点数字教育资源全覆盖项目启动。2016 年,广西接入网络的中小学有 1 万多所,网络接入率为 87%左右,全区共有 10 万多间多媒体教室。广西教育数据中心建设基本完成,广西基础教育信

① 广西壮族自治区教育厅.防城港市率先在广西实现农村学生营养改善计划县县覆盖[EB/OL].http://jyt.gxzf.gov.cn/Item/5897.aspx.

② 陈立生.广西壮族自治区 60 年[M].南宁:广西人民出版社,2018:288.

③ 陈立生.广西壮族自治区 60 年[M].南宁:广西人民出版社,2018:288.

息化建设取得较大的成就。2016年教育部印发了《教育信息化"十三五"规划》，2018年4月教育部启动了《教育信息化2.0行动计划》，2019年教育部印发了《2019年教育信息化和网络安全工作要点》，2019年广西壮族自治区教育厅印发了《广西"互联网+教育"行动计划》等，这都引导、引领着广西教育信息化的发展，促使广西的教育越办越好。

2.中等职业教育的发展

进入21世纪以后，广西努力推进中等职业教育的发展和改革，并且取得了可喜的成就。例如，广西农村职业教育的招生规模逐渐扩大，专业设置越来越适应市场的需要等。2005年，广西农村中等职业学校招收中等职业学历教育新生十几万人。2007年以来，广西中等职业技术教育围绕现代职业教育体系的构建，实施了两轮职业教育攻坚，职业教育踏步前进。2010年7月29日，国家发布了由温家宝总理亲自领导起草、修订的《国家中长期教育改革和发展规划纲要（2010—2020年）》，这为国家职业教育和广西职业教育的发展带来了"春天"。同年，广西城市或者农村的学生就读中等职业学校，则可获得国家助学金每人每年1500元，这为农村贫困学生的升学与学习提供了极大的帮助。2012年，广西壮族自治区党委、政府制定实施新一轮职业教育攻坚五年计划，以职业教育体制机制创新和内涵质量提升为重点，实施职业教育扶贫富民工程、体制机制创新工程等七大工程，并提出了十项保障措施。这为广西农村职业教育的发展提供了良好的条件。2013年，广西壮族自治区政府与教育部签订深化共建协议，提出在民族地区率先初步实现职业教育现代化，这与广西是民族自治区相关联。在国家的号召与支持之下，广西职业教育发展加快，现代职业教育体系逐渐形成。2014年9月1日起，广西对全部中等职业学校学生免学费，还积极搭建职业教育人才成长"立交桥"等，大大促进了广西农村职业教育的发展，激活了中等职业教育培养人才的机制。2016年，广西"教育圆梦班"中职学生均享2000元国家助学金，贫困学生100%获资助。① 近年来，广西农村职业教育的发展越来越好。

3.特殊教育的发展

关于农村特殊教育，广西积极促进特殊教育毕业生就业或者已毕业的残疾人就业。1995年，广西出台《广西壮族自治区实施〈中华人民共和国残疾人保障法〉办

---

① 广西壮族自治区教育厅.广西"教育圆梦班"中职学生均享2000元国家助学金 贫困学生100%获资助[EB/OL].http://jyt.gxzf.gov.cn/Item/14533.aspx.

法》,设立残疾人分散按比例就业试点。2007年,国务院颁布《残疾人就业条例》,广西于2010年出台实施办法,残疾人就业培训、扶持等力度加大。2012年,广西建立了3个自治区级残疾人职业培训示范基地,并对有一技之长的残疾人个体提供创业就业扶持资金5 000元。同年,广西城镇残疾人在岗就业8.03万人,农村残疾人实际就业64.01万人。2016年,广西城乡残疾人就业66.02万人。[①] 这极大地促进了广西农村残疾人的就业,保障了他们的基本生活,彰显了教育的价值与功效,提高了教育的公平性。

第三节 广西农村教育发展的新时代反思

回顾新中国成立前后农村教育的发展历程,广西农村教育从发展程度较低逐渐上升到如今提质的阶段,并且取得了不错的成绩。但是,在新时代下,广西农村教育的发展仍然有一些值得反思的地方。下面主要从宏观的政府方面、中观的地方方面和微观的学校方面三个维度进行反思。

一、宏观维度:政府的省思

(一)加大教育投入,促进教育公平

教育经费是办学的基本条件之一,如果没有教育经费的支持,教育的数量与质量就难以得到保障,城乡教育的公平性就无从说起,广西农村教育亦是如此。在新时代素质教育的号召之下,教育质量与公平问题是教育者共同关注的热点。想要更好地促进广西农村教育的发展,需加大对农村教育的投入,从物质上满足广西农村教育的需求,关心广西农村教育,进而促进教育公平。

(二)关注薄弱学校,缩小城乡差距

到目前为止,广西农村教育中仍有许多薄弱学校,广西必须重点关注这些薄弱学校,逐步缩小城乡差距。例如,秦斌在《广西教育发展报告2013》中提到,实施好中西部农村初中校舍改造工程、农村义务教育薄弱学校改造等一系列教育专项工

---

① 陈立生.广西壮族自治区60年[M].南宁:广西人民出版社,2018:296.

程,改善义务教育学校尤其是农村学校和城镇薄弱学校办学条件。[①] 唯有这样,广西教育才能在新时代下求得更好的发展。秦玉友指出,城乡教育均衡发展大体会经历三个阶段:第一阶段,从生均教育资源不均等到生均教育资源均等;第二阶段,从城乡生均教育资源均等到城乡教育服务机会均等;第三阶段,从教育服务机会均等到教育服务质量均等。目前,农村教育正处于城乡教育均衡发展的第二个阶段或由第二个阶段向第三个阶段的过渡期,城乡教育均衡发展进入深水区和攻坚期。[②] 由此我们可以看出,在新时代下,广西城乡教育服务机会均等和教育服务质量均等是广西农村教育值得深思的重大内容。

二、中观维度:地方的思考

(一)挖掘农村文化,振兴农村教育

2018年,中共中央、国务院印发了《乡村振兴战略规划(2018—2022年)》。该文件强调,乡村教育振兴是乡村振兴的重要组成部分,在乡村振兴中起着不容小觑和不可忽视的作用。广西农村中具有丰富的农村文化、地域文化和乡土文化等,各地方政府、教育厅人员应该积极探寻广西农村文化,着手振兴乡村教育,进而振兴乡村。

(二)寻找多元教育力量,共促教育良性发展

教育是众人献力、多方协作、各层合作的结果,不应仅仅是学校在办教育,而应该是政府、地方、社会、家长、学生等共同关注与支持广西农村教育的发展。例如,近年来国家和广西的教育精准扶贫政策、各地方的家校合作活动等,这些都是积极寻找多元教育力量,共促教育良性发展的体现,广西农村教育在这方面也取得了一定的成效。但是,在21世纪,这方面还做得不够好,广西农村教育还需要不断努力。

(三)运用互联网技术,推进教育信息化

当下是信息技术时代,发达的互联网技术给人们带来了极大的方便,广西农村

---

① 秦斌.广西教育发展报告2013[M].桂林:广西师范大学出版社,2014:7.
② 秦玉友.城乡义务教育师资配置均衡化:巩固成就与跨越陷阱[J].教育与经济,2016(6):30-35.

教育者应该主动学会运用互联网技术,以便推进广西农村教育信息化,进而实现教育现代化。回顾历史和审视当下,广西农村教育在教学设备与信息化等方面仍比不上城市教育,但是在广西人民的努力之下也获得了一定的发展。而且,教育部于2018年颁布了《教育信息化 2.0 行动计划》,这也在提示广西农村教育应该抓住时代的需要与顺应时代的潮流。故而,广西应该继续运用以及用好互联网技术,积极推进广西农村教育的发展。

三、微观维度:学校的思索(学校、教师、学生)

(一)补足师资力量,提高教师待遇

合理的生师比是保障现代教育质量的重要条件之一。从广西农村教育的发展情况来看,广西农村教育的生师比并没有达到科学、合理的比例,特别是在贫困农村地区和偏远的少数民族农村地区,师资力量不足。据调查,2017 年各地共招聘特岗教师 7.7 万人,分布在 1 万多所农村学校。2017 年乡村小学和初中生师比低于国家标准。[①] 广西农村学校应该建立良好的教师补充机制,补足所需的师资。此外,广西农村地区教师的待遇相对没有城市的好,而现代社会"人人平等"的观念越来越深入人心,教师的需求与要求在不断地变化,而且教师是教育的关键因素,广西农村学校应该把教师的需求及时反映给上级领导,适时采取相关措施,努力提高教师的待遇。

(二)关怀留守儿童,增强教育自信

农村留守儿童问题是中国共同的社会问题和教育问题。在广西,农村人口占多数,如表 1-1 所示。广西农村留守儿童数目不少,平时父母不在身边,他们相对缺乏关怀,国家、社会和学校应该积极关注与关怀农村留守儿童。如果把广西农村留守儿童问题处理好了,那么教育质量、教育成效等就会有所提高,进而增强广西农村教育自信,增强国家的道路自信、理论自信、制度自信和文化自信,尤其是文化自信。

---

① 《中国农村教育发展报告 2019》发布[N].中国民族报,2019-02-19(003).

表 1-1　广西 14 市农村人口统计表

地区	农村人口/万人	农村人口占总人口比例/%
玉林	523.63	88.4
南宁	482.22	73.1
贵港	418.63	89.0
桂林	381.46	77.0
河池	325.79	85.1
百色	326.61	87.4
钦州	302.80	88.8
梧州	244.80	80.1
柳州	233.07	65.3
来宾	210.14	85.1
崇左	192.07	83.3
贺州	180.56	85.8
北海	104.16	69.8
防城港	58.73	73.6

数据来源:广西壮族自治区统计局,《广西统计年鉴(2006)》,北京:中国统计出版社,2006 年。

(三)严抓"控辍保学"工作,培养学生核心素养

回顾历史和审视当下可知,广西农村教育都在陆陆续续地开展"控辍保学"工作。近年来,广西农村正在下大功夫做好"控辍保学"工作,虽然取得了一定的成效,但是在新时代下,广西农村教育仍需要严抓"控辍保学"工作,以确保九年义务教育巩固率的提高,实现"控辍保学"的目标。为此,广西先后出台了《广西壮族自治区人民政府办公厅关于开展控制中小学生辍学专项行动的通知》(桂政办发〔2010〕111 号)、《广西壮族自治区人民政府办公厅关于进一步规范农村义务教育学校布局调整的实施意见》(桂政办发〔2014〕53 号)等有关文件,这些文件将"控辍保学"作为教育工作的重中之重,并进一步健全"双线控辍工作目标责任制"。质量是教育的

内核,是全国上下都关注和重视的问题。2016 年,我国颁布了《中国学生发展核心素养》。为了提高教育质量、培养优秀人才和顺应时代潮流,广西农村教育应当思考如何培养学生核心素养,以便更好地推动广西农村教育的发展与进步。

第二章

广西农村教育发展的战略目标

第一节　广西农村教育发展战略目标的起点

一、理论逻辑

（一）乡村振兴中的教育振兴

振兴乡村，首先要振兴乡村教育。乡村教育在我国发展过程中始终处于重中之重的战略地位。实施乡村振兴战略，是党的十九大作出的重大决策部署，是决胜全面建成小康社会、全面建设社会主义现代化国家的重大历史任务，是新时代"三农"工作的总抓手。

1.振兴乡村教育的理论准备

乡村是农耕文化、乡村文化的重要承载地和传播地，乡村教育特别是现代乡村教育，应具有自然性、本土性、开放性、融合性和自治性等城市教育所不具备和不可替代的文化特质。振兴乡村教育必须做好理论准备，要明确什么是好的乡村教育。好的乡村教育应是一个动态的价值体系。一方面，好的乡村教育需要尊重文化传统，这一传统不仅包括我国悠久灿烂的传统文化，而且包括我国自 1949 年以来的社会主义教育的光荣传统。同时，好的乡村教育在接续传统的同时，更需要面向中国乡村发展的未来。好的乡村立足于现代社会，好的乡村教育亦应如此。总体上讲，乡村教育发展必须符合整个社会发展与文明进程的需要，不仅可以代表先进的过去，而且可以创造和代表先进的未来。好的乡村教育应该具有自身的独特属性。首先,它是贴近自然的教育,能够在引导孩子尊重自然、顺应自然、保护自然的同时,使他们学会与自然和谐共生、和谐发展。其次,它是有文化品质的教育,在教孩子学习知识、掌握技能的同时,更能够使孩子读得懂乡情、记得住乡愁、想得起乡亲。再次,它是公平而有质量的教育,不仅能够给予农村孩子公平接受教育的机会,更能够立德树人,实现"培养新时代社会主义建设者和接班人"的总体目标。最后,它是让人民群众有安全感、获得感、幸福感的教育。

2.振兴乡村教育的建设方向

《中共中央 国务院关于实施乡村振兴战略的意见》明确提出,高度重视发展农村义务教育,推动建立以城带乡、整体推进、城乡一体、均衡发展的义务教育发展机制。全面改善薄弱学校基本办学条件,加强寄宿制学校建设。实施农村义务教育学生营养改善计划。发展农村学前教育。推进农村普及高中阶段教育,支持教育基础薄弱县普通高中建设,加强职业教育,逐步分类推进中等职业教育免除学杂费。健全学生资助制度,使绝大多数农村新增劳动力接受高中阶段教育,更多地接受高等教育。把农村需要的人群纳入特殊教育体系。以市县为单位,推动优质学校辐射农村薄弱学校常态化。统筹配置城乡师资,并向乡村倾斜,建好建强乡村教师队伍。该意见表明,教育作为促进个体发展的一种活动,可以提高农村贫困人口的素质,提高劳动生产率。扶贫重在扶智,扶智以教育为本,教育在社会发展与个体发展中起到基础性作用。

3.振兴乡村教育的总体要求

振兴乡村教育的总体要求应契合我国新时代社会的主要矛盾,即"满足人们日益增长的美好生活需要",也就是通过乡村教育让乡村生活变得生动、有趣,使广大农民具有获得感、幸福感、安全感。

精准扶贫,精准扶教育。2014年1月,中共中央办公厅、国务院办公厅联合印发的《关于创新机制扎实推进农村扶贫开发工作的意见》提出了农村扶贫开发工作要精准施策的构想。2015年6月,习近平总书记在部分省区市扶贫攻坚与"十三五"时期经济社会发展座谈会上作出了扶贫开发工作"贵在精准,重在精准,成败之举在于精准"的重要论断。精准实施教育扶贫,使帮助农村贫困人口摆脱贫困有了明确的方向。然而,如何将教育扶贫资源精准配置给真正的贫困人口,增强贫困人口发展生产和务工经商的基本技能,帮助贫困人口从根本上摆脱贫困,实现乡村振兴,是当下各级政府和学界必须思考的现实问题。

4.振兴乡村教育的未来逻辑：以优质教育留住未来人才

中国城镇化进程加快，为乡村教育的振兴和发展带来了机遇。习近平总书记2013年7月在湖北考察时曾说过，"农村绝不能成为荒芜的农村、留守的农村、记忆中的故园"，强调"要推进城乡一体化发展"。可见，城镇化并非要消灭乡村，发展城市教育更不是为了取消乡村教育。我们认为，中国的乡村教育同时具有四种功能：服务乡村、传承文化、发展经济和促进民生，即通过教育实现制度变革，通过教育提升农村居民的发展能力，通过教育提升全体国民的人口素质。

教育要面向未来，乡村教育更要面向乡村发展的未来。作为新时代历史交汇期实施乡村振兴战略的行动纲领，中共中央、国务院印发的《乡村振兴战略规划(2018—2022年)》强调，必须坚持把优先发展教育作为推动乡村振兴战略的先手棋，为乡村振兴战略提供有力的人才支撑。《中国教育现代化2035》进一步明确提出，科学布局农村学校，办好寄宿制学校，保留并办好必要的乡村小规模学校(含教学点)，要逐步缩小区域、城乡、校际差距，推进城乡义务教育一体化发展，对困难群体精准帮扶，努力让全体人民享有更加公平的教育。通过发展优质乡村教育，把人留下，把乡村的未来留下。

(二)教育的农村问题与农村的教育问题

党的十九大报告提出乡村振兴战略以来，全国各地广泛推进产业振兴，因地制宜地建设美丽乡村，促进乡村振兴。从教育的角度出发，通过对当下形势的分析，农村问题主要表现出两种困境，简单论述为教育的农村问题与农村的教育问题，而两者在思想意义和内涵上其实有很大的不同。教育的农村问题多指从教育途径出发来论述农村的教育问题，而农村的教育问题是指农村当前形势下，农村地区出现的教育现实问题，其主要的困境集中在资源配置不足、师资匹配不够、教育不公平等方面。因此，要想真正地通过教育振兴乡村，必须从以下两个根本点出发。

1.教育的农村问题

教育的农村问题的根本含义是从教育层面考虑当前农村的主要现实困难和问题。党的十九大报告提出，要注重扶贫同扶志、扶智相结合，重点攻克深度贫困地区脱贫任务，做到脱真贫、真脱贫。党的十八大以来，习近平总书记多次强调"扶贫必扶智，阻断贫困代际传递"。因此，在扶贫攻坚战中，资金固然重要，但更加重要的应该在人才的培养上，这样才能从根本上解决农村问题。思想拔根，激发内生动力。

扶贫先扶智,致富先治心。扶智,要一分为二地扶,要对贫困户从思想上扶,加大对贫困户的思想引导,改变固有落后思维,打破根深蒂固的小农思想,从根本思想上"拉出来、送上马、扶一程"。贫困地区发展要靠内生动力,如果凭空救济出一个新村,简单改变村容村貌,内在活力不行,劳动力不能回流,没有经济上的持续来源,这个地方下一步发展还是有问题的。要针对村民"等、靠、要"的惰性思想,入户走访、深入谈心,让他们充分认识扶贫工作的紧迫性、艰巨性和长期性,特别是扶智在经济发展、脱贫致富中的重要作用,并结合政策兜底、就业转移、产业"造血"等多项举措,帮助贫困户增收。要依托党校、教育培训基地,常态长效开展理论教学和培训引导,使贫困群众改正陋习,激发脱贫致富的强大内生动力。正如前辈梁启超先生所说:"少年智则国智,少年富则国富,少年强则国强。"扶钱不如扶智,扶今天更要扶明天。当下高科技发展迅速,城乡贫富差距较大,很多城市里的孩子能够接受国际化、最先进的教育,但是在落后的乡村地区,很多贫困的地区还没有固定的教室和固定的教师。扶贫,从教育的概念上就是扶智,是教育广大乡村居民,让贫困地区的孩子接受良好的教育,阻断贫困代际传递,这就是乡村振兴最实际、最可靠的发展之路。

在现实意义上做到教育的平等,让乡村地区的学生接受良好的教育,填补知识的空白,让孩子们在一个教育的环境中成长,用知识来改变他们所处环境的落后性。这才是真正从教育出发,帮助群众摆脱落后和愚昧。

2.农村的教育问题

我国农村教育主要面临两种困境:一种是职能困境,另一种是生存困境。职能困境是指农村教育没有多少用处,生存困境是指农村教育没有多少保障。对民间尤其是农民及其子女来说,农村教育发挥的作用还不够。农村人读书,大体有三种追求:一是升大学,改变农民身份;二是掌握文化知识,以应生活之需;三是学得一技之长,作为谋生的手段。由于农村教育条件差,教育质量低,大多数农村人走不通升大学之路;农民的劳动技能,一般是在劳动过程中获得的,读书对此作用甚微;多少获得一点基本的文化知识,大概是农村教育给农村人最主要的帮助了。农村教育从政府层面来看,可以教会农民知识,加强农村建设,培养新式农民。在这样的基础上,农村教育就必须有相应的知识教育体系来匹配,即主要通过农村职业教育、农村成人教育、农村基础教育等体系来实现。

但是,纵观当下的农村现实情况,职业教育和成人教育在许多农村地区素来是名存实亡的,自然也是没有多少体制保障的。虽然近年来国家对职业教育的扶持力度越来越大,但是各地的情况千差万别,很难做出精确一致的判断。如果和城市教育比较起来,可以肯定地说,农村教育整体上只是一种边缘化的教育,越是经济落后地区,农村教育越缺乏体制保障。

缺乏有效的体制保障,这是我国农村教育最大的困境之一,我们称之为生存困境。简言之,就是农村教育没有生存保障。这导致了农村教育的全面落后,并带来了各种具体问题。特别是农村教育乱收费问题。教育乱收费问题是多年来全国都非常关注的大问题,在农村教育中,这个问题尤其突出。

(三)教育供给侧改革

习近平总书记一直在强调,推进供给侧结构性改革是一场硬仗,要把握好"加法"和"减法",增加要素投入,促进经济总量增加,减少无效和低端供给,扩大有效和中高端供给,提高全要素生产率。三年来,供给侧结构性改革是一个亟待解决的问题。从经济学上的改革到农业、教育改革,多方面都要实现有效供给,减少无效和低端供给。

宏观上,经济社会的供给侧由技术、资本和劳动力三要素构成,其中,技术又通常由人力资本或知识资本决定。理论上,人均产量的提高有两种途径:一是发展资本密集型经济,二是发展知识密集型经济。当前,一种较为流行的观点来自比较优势理论。在经济发展的第一阶段,由于存在着大量的剩余劳动力,合理的发展战略应该是大力发展劳动密集型经济。于是,当剩余劳动力消化完成以后,大力发展资本密集型经济就成为一种自然的选择:资本密集能提高人均资本拥有量,发挥规模经济的效应,进而提高人均产量(即劳动生产力)。

教育供给侧改革,效率是关键。通常所说的教育效率就是教育的生产效率,是指教育投入与直接产出之比,即在一定的社会条件下,为取得同样的教育成果,教育资源占用和消耗的程度。教育效率包括教育投资效率、教育资源利用效率、教育投资内部效益等。就我国高等职业院校而言,增加学校数量和投入的"外延型"道路已走了很长时间,经济的转型发展和供给侧的改革迫使教育供给侧的改革要走提高教育投入要素的质量、提升现有教育机构的资源利用效率的"内涵式"道路。因此,从教育供给侧来研究教育效率,提高教育资源的使用效率就显得尤为必要。一方面,积极开展职业教育总效率、技术效率、规模效率系统评价和比较研究,通过研究找到教育效率的薄弱环节,采取有针对性的措施进行有效的资源分配,提高教育资源利用率,调动职业院校积极性,发挥有限教育经费的最大效用,从总体上提高整个社会的教育效率,提高教育水平。另一方面,教育资源利用效率的提高需要职业院校管理者提高自身的管理水平。由于决策者或执行者在教育支出过程中最大化自身的效用而不是完全从消费者(受教育者)的利益出发,导致教育产品的高价低质,造成社会福利的损失,因此,加强内部投资改造、教育资源的有效利用、教职员工管理、财务管理和物质设备管理,使教育资源得到充分而有效的利用尤其重要。

二、政策依据

(一)党的十九大报告中关于教育的论述

党的十九大报告指出,我国在"民生领域还有不少短板,脱贫攻坚任务艰巨,城乡区域发展和收入分配差距依然较大,群众在就业、教育、医疗、居住、养老等方面面临不少难题"。为解决这些难题,在坚持新的发展理念,坚定不移走社会主义道路的同时,要开启全面建设社会主义现代化国家征程,决胜全面建成小康社会;建设现代化经济体系,实施乡村振兴战略;加强和创新社会治理,保障和改善民生。其中,应当充分发挥教育的作用,优先发展教育事业。

党的十九大报告指出,建设教育强国是中华民族伟大复兴的基础工程,必须把教育事业放在优先位置,深化教育改革,加快教育现代化,办好人民满意的教育。要全面贯彻党的教育方针,落实立德树人根本任务,发展素质教育,推进教育公平,培养德智体美劳全面发展的社会主义建设者和接班人。推动城乡义务教育一体化发展,高度重视农村义务教育,办好学前教育、特殊教育和网络教育,普及高中阶段教育,努力让每个孩子都能享有公平而有质量的教育。完善职业教育和培训体系,深化产教融合、校企合作。加快一流大学和一流学科建设,实现高等教育内涵式发展。健全学生资助制度,使绝大多数城乡新增劳动力接受高中阶段教育、更多接受高等教育。支持和规范社会力量兴办教育。加强师德师风建设,培养高素质教师队伍,倡导全社会尊师重教。办好继续教育,加快建设学习型社会,大力提高国民素质。

(二)新时代背景下的中国教育现代化

《中国教育现代化2035》提出,推进教育现代化要"以习近平新时代中国特色社会主义思想为指导,全面贯彻党的十九大和十九届二中、三中全会精神","立足基本国情,遵循教育规律,坚持改革创新,以凝聚人心、完善人格、开发人力、培育人才、造福人民为工作目标,培养德智体美劳全面发展的社会主义建设者和接班人,加快推进教育现代化、建设教育强国、办好人民满意的教育"。这既是中国教育发展的总目标,也是农村教育发展的新方向。

《中国教育现代化 2035》更加注重以德为先,更加注重全面发展,更加注重融合发展,更加注重共建共享。因此,我们不仅要发展城市教育,而且要发展农村教育;不仅要坚持推进东部、中部发达地区的教育现代化进程,而且要关注西部较不发达地区教育现代化发展,为决胜全面建成小康社会、实现新时代中国特色社会主义发展的奋斗目标提供有力支撑。

为实现《中国教育现代化 2035》的目标,《中国教育现代化 2035》聚焦教育发展的突出问题和薄弱环节,立足当前,着眼长远,重点部署了面向教育现代化的十大战略任务:第一,学习习近平新时代中国特色社会主义思想。把学习贯彻习近平新时代中国特色社会主义思想作为首要任务,贯穿到教育改革发展全过程,落实到教育现代化各领域各环节。第二,发展中国特色世界先进水平的优质教育。第三,推动各级教育高水平高质量普及。以农村为重点提升学前教育普及水平,建立更为完善的学前教育管理体制、办园体制和投入体制,大力发展公办园,加快发展普惠性民办幼儿园。振兴中西部地区高等教育。提升民族教育发展水平。第四,实现基本公共教育服务均等化。提升义务教育均等化水平,建立学校标准化建设长效机制,推进城乡义务教育均衡发展。实现困难群体帮扶精准化,健全家庭经济困难学生资助体系,推进教育精准脱贫。第五,构建服务全民的终身学习体系。第六,提升一流人才培养与创新能力。第七,建设高素质专业化创新型教师队伍。第八,加快信息化时代教育变革。第九,开创教育对外开放新格局。第十,推进教育治理体系和治理能力现代化。

综上所述,广西农村教育的发展要立足当地现实,厘清理论逻辑,找准关键方向,制定可行的战略发展目标,以实际行动助力精准扶贫,推进实现教育现代化,建设教育强国,为决胜全面建成小康社会、实现新时代中国特色社会主义发展的奋斗目标提供有力支撑。

(三)乡村小规模学校和乡镇寄宿制学校建设

乡村小规模学校(指不足100人的村小学和教学点)和乡镇寄宿制学校(以下统称两类学校)是农村义务教育的重要组成部分。办好这两类学校,是实施科教兴国战略、加快教育现代化的重要任务,是实施乡村振兴战略、推进城乡基本公共服务均等化的基本要求,是打赢教育脱贫攻坚战、全面建成小康社会的有力举措。近年来,国家采取一些措施使乡村小规模学校和乡镇寄宿制学校的办学条件得到了明显的改善,但这两类学校仍是教育的短板。因此,国务院办公厅下发了《国务院办公厅关于全面加强乡村小规模学校和乡镇寄宿制学校建设的指导意见》(下文简称《意见》),对乡村小规模学校和乡镇寄宿制学校建设提出总体要求和规划意见。

《意见》指出,要坚持"统筹规划,合理布局;重点保障,兜住底线;内涵发展,提高质量"的原则,从统筹布局规划、改善办学条件、强化师资建设、强化经费保障、提高办学水平、加强组织领导等方面入手,到2020年实现"基本补齐两类学校短板,进一步振兴乡村教育,两类学校布局更加合理,办学条件达到所在省份确定的基本办学标准,经费投入与使用制度更加健全,教育教学管理制度更加完善,城乡师资配置基本均衡,满足两类学校教育教学和提高教育质量实际需要,乡村教育质量明显提升,基本实现县域内城乡义务教育一体化发展,为乡村学生提供公平而有质量的教育"的目标。

因此,广西农村教育的发展要关注乡村小规模学校和乡镇寄宿制学校的发展,在了解广西农村教育发展现状的基础上,以《意见》为指导,根据《意见》的要求与建议,因地制宜地提出具有针对性的战略发展意见,切实改善广西农村教育中乡村小规模学校和乡镇寄宿制学校的现状,推进教育发展、促进城乡教育均衡、助力精准扶贫,为实现全面建成小康社会贡献力量。

三、现实观照

(一)经费投入:乡村学校建设的经费投入的截留现象

作为处于二元社会的中国,教育发展最突出的问题之一就是城乡之间、地区之间教育发展不均衡。这种不均衡一方面体现在各级各类教育的普及率上;另一方面,也是更重要的,是教育质量的不均衡,城乡之间、地区之间无论是办学条件还是师资水平整体上都存在着较大的差距。在我国,教育资源倒挂现象很严重,越是偏远地区、越是乡村，教育资源配置就越差，乡村学生接受教育越不公平。通过实地调研不难发现，乡村规模过小的学校仍占很大比重，而城镇学校的规模依然偏大。面对这种情况，地方政府及其教育主管部门的通常做法是，优先满足城镇日益增多的中小学生就学需求，将有限的教育资源集中向城镇学校倾斜。一些对中西部的调查表明，目前一些县市80%左右的教育经费投入城镇学校。由于政府将财政经费重点投入城镇学校，因此城镇学校的办学条件越来越好。城镇学校由于拥有良好的办学条件、完善的公共设施和优厚的待遇，可以吸引优秀的教师、优质的生源等，这为城镇学校的发展创造了良好的条件。

相比之下，乡村学校，特别是村小学和教学点的办学条件却没有得到很好的改善，有的甚至还在不断恶化。乡村学校不仅办学条件差，而且经费短缺。按现行教育财政和管理体制，乡村小规模学校隶属所在乡镇中心学校管理。据相关研究表明，中心学校向所属村小学和教学点划拨经费的程序是，各个村小学和教学点根据学生人数和自身需求向中心学校提出经费申请，中心学校再考虑实际情况予以回复。而中心学校对村小学和教学点提出的经费申请往往审核条件苛刻，批复时间较长，并且难以满足。这样一来，乡村小规模学校连日常基本运转都难以维持，根本谈不上改善办学条件。其实，中心学校也有自己的难处，目前大多数中心学校运转困难，负债运行，且还要负担村小学和教学点代课教师的工资，因此很难满足乡村小规模学校的经费需求，导致村小学和教学点普遍存在经费短缺的问题。如校舍维修费得不到补充而不得不让学生在漏风漏雨的危房中上课;因缺少最基本的公用经费，学校往往连粉笔也买不起，更不用说图书、仪器设备了。乡村学校由于办学条件差，公共设施落后、教师待遇差，教师想方设法调到县城学校，使得乡村学校难以招揽和留住优秀的教师。[1]

(二)办学体制:乡村学校面广量大的特点

经济落后的中西部贫困地区乡村，义务教育目前还只能在数量上予以保障，只能以完成基本的义务教育培养目标为限度。特别是随着城镇化进程的不断推进，我国已进入了大规模学校与小规模学校并存的时代，城乡学校办学规模已呈现出"城镇大班化、乡村空校化"的两极分化的态势。越来越多的乡村学龄人口随父母流向

---

① 范先佐.乡村教育发展的根本问题[J].华中师范大学学报(人文社会科学版),2015(5):146-154.

城镇,导致城镇学校屡屡爆满,学校规模、班级规模越来越大。与此同时,农村人口和学龄儿童却不断流失,导致农村学校规模、班级规模越来越小,"微型学校""微型班级"大量出现。

(三)师资建设:教师的结构性缺编和流失

我国一半以上的学龄儿童在乡村,乡村教育质量很大程度上关系着国家整体教育质量和发展水平。到2020年基本实现教育现代化,重点在乡村,而发展乡村教育,根本在教师。教师是影响学生健康成长的关键,是一切重大教育变革的核心力量。[1]

1.人才流失、师资短缺、教师老龄化

农村与城市相比经济条件较差,走出农村的学生往往不愿再回到农村,在农村的适龄劳动力也会通过打工等途径离开农村,因此,农村很难留住人才。在农村从事教学工作的教师更是由于农村学校办学条件差,各项生活保障有待提高,基础设施、文娱设施等相对落后,以及工资水平低、福利待遇差和晋升机会少等原因,很多教师流向城镇。这导致农村教师流失现象严重,教师队伍缺乏人才,从而出现了有的地方(如河南)的农村教师一人身兼数科教学的现象。这使得正常的教学任务不能很好地完成,更不用说进行素质拓展教育了。师资力量薄弱,使得教育质量难以保证,农村教育一度陷入缺乏人才的窘境。世界著名教育家菲利普·库姆斯曾一针见血地指出,发展中国家"农村地区常常像半干旱的教育荒漠一样而没有教育质量可言,不但教师通常都是水平最低的,而且贫穷儿童的比例也很高,他们得到的家庭支持也极小,这些儿童真正需要最好的老师而他们却是最后才得到"[2]。在我国农村,特别是偏远地区乡村的学校,由于办学条件差,往往吸引不到优秀教师,在乡村学校任教的教师老龄化是一种普遍现象,并且学段越低,学校越偏远,教师老龄化的程度越严重。从年龄结构上看,50岁以上的教师居多,30岁以下的教师很少,一些偏远农村薄弱学校教师的平均年龄在50岁以上。

---

① 范先佐.乡村教育发展的根本问题[J].华中师范大学学报(人文社会科学版),2015(5):146-154.

② [美]库姆斯.世界教育危机——八十年代的观点[M].赵宝恒,等译.北京:人民教育出版社,1990:135.

2.教师素质偏低

教师对教育职业属于社会公益事业这一点缺乏认识，加之农村偏远，教育体制和理念转变缓慢，致使农村教育管理体制远远滞后于城市义务教育改革体制，并且出现教务职能部门分工不明确、职务交叉管理混乱、管理层级别很低等问题。在农村，特别是在一些偏远的山区，不少乡村教师没有受过正规的教师教育。农村小学有相当一部分教师是退休教师返聘的，这部分教师教学方式过于死板，知识面窄，授课方式不够新颖，与城镇教师差距很大。尽管目前一些乡村学校教师学历已基本达标，但大多是通过函授、自学考试、民师转正等途径获得的，很多教师并没有受过严格的教师教育。即使近年来通过"特岗计划"和"资教计划"补充到乡村学校的年轻教师，也有相当一部分没有接受过正规的教师教育。这是因为他们在大学本来就不是学师范教育的，只是由于毕业时找不到合适的工作，才被迫通过"特岗计划"和"资教计划"转入教师岗位。[1] 并且农村教师走出去参加培训的机会很少，很多教师讲课发音不准，从而不能很好地给学生上课，也不利于学生学习普通话，这对学生的长远发展是很不利的。[2]

3.农村教师分布不均，教师结构不合理，教育管理体制落后

由于农村师资短缺，一些资格不达标的教师未经过专门的培训就直接上岗；并且老龄化明显，一些老教师授课方式不新颖，知识面较狭窄，并不愿意尝试去改变，使课堂气氛不活跃，达不到预期素质教育效果；由于农村学校教育经费短缺，新教师无法经常参加培训，不能很快适应一些新的教学模式。教育设施短缺，很多农村学校还只停留在书本板书教学，无多媒体设施。青年教师流动性比较大，很多教师晋升之后就不愿意再留在农村学校。有些学校，教师一人教授好几门课程，有些课程无专门的教师，教师专业单一，无法真正促进学生各方面的发展。一些学校的教师将学生分为优差等生，甚至为了提高升学率，劝退学生，很多教育方式反映出农村教育管理体制存在一些重大问题。

① 范先佐.乡村教育发展的根本问题[J].华中师范大学学报(人文社会科学版),2015(5):146-154.
② 李赢,聂晓梅,马焱.农村教育问题探讨[J].农村经济与科技,2019,30(7):289-290.

第二节　广西农村教育发展战略目标的建构

一、战略目标建构来源

（一）城乡义务教育一体化发展的瓶颈

广西农村教育发展战略目标的直接来源是城乡义务教育一体化的深入发展。2016 年 5 月 20 日，《关于统筹推进城乡义务教育一体化改革发展的若干意见》由中央全面深化改革领导小组第二十四次会议审议通过，揭开了我国推进城乡义务教育一体化发展的序幕。城乡义务教育一体化发展主要是指统筹推进县域内城乡义务教育一体化发展，对缩小城乡教育差距、促进教育公平具有重要意义。城乡义务教育一体化发展要针对突出问题，在合理规划城乡义务教育学校布局建设、完善城乡义务教育经费保障机制、统筹城乡教育资源配置、提高乡村教育质量、稳定乡村生源、保障随迁子女就学、加强留守儿童关爱保护等方面推出务实的办法。同时，加大对乡村特别是"老、少、边、穷"等地区义务教育的扶持力度，让贫困地区的孩子都有机会接受公平、有质量的义务教育，并能结合地方实际，因地制宜选择发展路径。

在推进城乡义务教育一体化发展过程中，坚持"四个统一""一个全覆盖"。"四个统一"即加快推进县域内城乡义务教育学校建设标准统一、教师编制标准统一、生均公用经费基准定额统一、基本装备配置标准统一。"一个全覆盖"是"两免一补"政策城乡全覆盖。确定到 2020 年，城乡义务教育二元结构壁垒基本消除，义务教育与城镇化发展基本协调。对于广西农村教育而言，城乡义务教育一体化发展主要是指义务教育均衡发展，义务教育均衡发展的战略目标和城乡义务教育一体化发展紧密结合在一起。2017 年 12 月 7 日至 22 日，国家教育督导检查组对广西 43 个县进行了实地督导检查，对各县的督导检查意见反馈为：学校基本达到了评估标准；43 个县的小学、初中综合差异系数均达到了国家标准；43 个县政府推进义务教育均衡发展工作均达到了国家规定要求；公众满意度调查情况与自治区调查的情况基本相符。由此可见，广西义务教育均衡实现了国家目标。广西在推进城乡义务教育一体化中虽然实现了国家目标，也具有一定的特色，能够结合广西的实际实现了包括经费投入在内的"三个增长"，然而，不能忽视的是城乡义务教育一体化发展中依然存在诸多问题。这些问题主要集中在以下几个方面：第一，农村教师队伍的流失问题。

在促进城乡义务教育一体化发展过程中,对于农村教师缺乏问题主要采取了补充、交流、返聘等形式着力解决,其核心在于使农村教育实现"有、留、为"三个目标。"有"是指农村教育有教师;"留"是指农村留得住教师;"为"是指农村教师能得到发展。无论实现什么样的目标,其主要目的还是在于留得住教师。在现实中,为了促进农村教师专业发展,广西采取了多重途径培训农村教师,但以"特岗计划"等方式招聘进来的教师往往留不住,甚至出现教师刚到报到地点便去职等情况。其重要原因是对教师培训定位不明确,即没有明确到底是教师个人专业发展的培训还是教师岗位的培训。此外,通过教师交流项目等方式促进义务教育一体化发展,部分城市教师不愿意到农村基层学校支教,或因在农村缺乏此前学校的教学团队而无法开展有效教学。通过交流计划到城市学校跟岗学习的农村教师难以适应城市学校的教学方式,以致回到农村学校后无所适从,更有甚者到城市学校后感受到了城市学校的优渥条件,回到农村学校后想尽办法进入城市学校。第二,农村学校的依附式发展问题。在城乡教育一体化发展中,部分地区将农村学校按照城市学校的标准进行建设,结果造成形式上出现一体化,而农村学校因其自身发展的历史等原因难以在内涵上也实现一体化,以致教育资源的浪费。第三,城市学校的大规模化。随着当前广西人口流动的不断加快,引发了众多留守儿童教育、流动人员子女教育、适龄儿童辍学等问题。为避免此类问题,政府和社会及学生家长采取了多种方式解决,其中将流动人员子女带入进城务工人员工作地学校就读是最重要的解决方式之一。流动人员子女大规模流入城市学校,再加上城市教育用地规划等原因城市不能及时开办新的学校,造成城市学校规模过于庞大,教学质量受到影响。

(二)城乡义务教育一体化发展的转型

2018年,我国颁布实施了《国家乡村振兴战略规划(2018—2022年)》,提出乡村振兴的新格局,包括:一是统筹城乡发展空间,加快形成城乡融合发展的空间格局。二是优化乡村发展布局,坚持人口资源环境相均衡、经济社会生态效益相统一,延续人与自然有机融合的乡村空间关系。三是完善城乡融合发展政策体系,推动城乡要素自由流动、平等交换,为乡村振兴注入新动能。四是把打好精准脱贫攻坚战作为优先任务,把提高脱贫质量放在首位,推动脱贫攻坚与乡村振兴有机结合、相互促进。①《国家乡村振兴战略规划（2018—2022年）》对全国及广西乡村建设有纲领性的指导意义，同时也为乡村教育未来的改革指明了方向。在教育改革领域，城乡融合逐渐发展成为城乡义务教育一体化建设的重要途径，或者说城乡教育融合发展是城乡义务教育一体化建设的重要过渡。城乡教育融合发展与城乡义务教育一体化具有显著的区别，主要表现为：一是突出城乡双主体的作用，城乡教育融合发展一主体是城，另一主体是乡，具有平等性，将城市和乡村的重要性都体现出来，有利于避免乡村义务教育建设发展一律向城市看齐或模仿城市发展的不足。二是城乡之间处于一种互助共生的和谐教育生态环境，不仅城市可以引领乡村，乡村也根据其自有的优势支持城市教育的发展。

（三）新时代城乡教育融合发展的内涵

城乡义务教育一体化发展的转型是广西制定农村教育发展战略的重要依据。在教育领域，城乡教育融合发展要建立城乡要素的合理配置体制机制，首先就要在教育基本公共服务上下功夫，吸引各类人才，尤其是原籍普通高校和职业院校毕业生、外出农民工及经商人员回乡创业兴业。随着人民生活水平的提高，农村人口外出流动的原因已经不仅仅是外出务工增加收入，越来越多的家庭从农村流动到城镇更多考虑的是所要享受到的教育基本服务体系和质量。要破除劳动力要素的"单向流动"，就必须在乡村教育质量上下功夫，吸引农村人口留在农村、外出人口返回农村，促进劳动力要素双向良性循环。城乡融合要统筹发展各级各类教育，确保每一个孩子享有公平而有质量的教育，健全全民覆盖、普惠共享、城乡一体的基本公共服务体系。统筹规划布局农村基础教育学校，保障学龄儿童就近享有有质量的教育，推进城乡基本公共服务标准统一、制度并轨。积极发展农村学前教育，以每个乡镇的中心幼儿园为基本要求，完善县乡村学前教育公共服务网络。积极实施特殊教育提供计划，为乡村特殊需要儿童提供适合的教育。实施高中阶段教育普及攻坚计划，提高高中阶段教育普及水平。按照国家标准，全面改善贫困地区义务教育薄弱学校基本办学条件，加强寄宿制学校建设，提升乡村教育质量，实现县域校际资源均衡配置。实施新型职业农民培育工程，支持新型职业农民通过弹性学制接受中高等农业职业教育。大力发展面向农村的职业教育，加快推进职业院校布局结构调整，

---

① 新华社.绘就乡村振兴宏伟蓝图——国家发展改革委负责人解读《乡村振兴战略规划（2018—2022年）》[EB/OL].http://www.gov.cn/zhengce/2018-09/26/content_5325526.htm.

加强县级职业教育中心建设,有针对性地设置专业和课程,满足乡村产业发展和振兴的需要。

此外,结合乡村教育的特点,加强乡村教师资源建设。扎实落实国家乡村教师支持计划,继续实施农村义务教育学校教师特设岗位计划,加强乡村学校紧缺学科教师和民族地区双语教师培训。要推进优秀人才到乡村学校任教,就需要在工资待遇等方面向乡村教育倾斜,优化高级岗位结构比例。落实乡村教师生活补助政策,把更多教育投入用到加强乡村师资队伍建设上,不折不扣地落实现行的补助、奖励和各类保障政策,对符合条件的非在编教师要加快入编、同工同酬。鼓励省级政府建立统筹规划、统一选拔的乡村教师补充机制,为乡村学校输送优秀高校毕业生。目前,一些地方乡村教师招聘遇冷的现象反映了乡村教师的待遇低,乡村学校对教师不具有吸引力。继续加强"双师型"教师的培养,全面提高职业教育质量,真正让劳动者掌握一技之长,确保就业增收、创业增收。

二、战略目标的内容构成

(一)加强师德师风建设

师德师风建设是广西农村教育发展战略目标的重中之重。必须将全面从严治党要求落实到每个农村教师党支部和教师党员,把党的政治建设摆在首位,用习近平新时代中国特色社会主义思想武装头脑,充分发挥教师党支部教育管理监督党员和宣传引导凝聚师生的战斗堡垒作用,充分发挥教师党员先锋模范作用。全面加强学校教师党支部建设,选优配强教师党支部书记,注重选拔党性强、业务精、有威信、肯奉献的优秀教师党员担任教师党支部书记,定期开展教师党支部书记轮训。严格规范教师党支部"三会一课"、主题党日活动等党的组织生活制度,加强教师党员日常管理监督。推进"两学一做"学习教育常态化制度化,开展"不忘初心、牢记使命"主题教育,引导教师党员增强政治意识、大局意识、核心意识、看齐意识,自觉爱党护党为党,敬业修德,奉献社会,争做"四有"好教师的示范。做好在优秀青年教师和骨干教师中发展党员工作,做好农村代课教师、返聘教师的党的思想教育工作。

(二)推进教育精准脱贫

2018 年通过的《中共中央 国务院关于打赢脱贫攻坚战三年行动的指导意见》指

出，"坚持扶贫同扶志扶智相结合。正确处理外部帮扶和贫困群众自身努力的关系，强化脱贫光荣导向，更加注重培养贫困群众依靠自力更生实现脱贫致富的意识，更加注重提高贫困地区和贫困人口自我发展能力"，并将教育作为扶志扶智的重要手段，提出"着力实施教育脱贫攻坚行动"。①

基于此，实现困难群体帮扶精准化，健全家庭经济困难学生资助体系，推进教育精准脱贫是未来广西农村教育工作的重点之一。推进教育精准脱贫，是最具有根本性、可持续性的扶贫举措之一，有助于让贫困家庭子女都能接受公平、有质量的教育，有助于劳动者全面提升自身综合素质，掌握脱贫致富技能，实现均衡分配教育资源。尤其是在互联网、大数据、人工智能技术迅猛发展的今天，教育精准脱贫更具有可操作性。教育精准脱贫是一项系统工程，需要多方力量参与。在实践中，我国逐渐形成了政府主导、社会参与、企业助力的教育精准脱贫模式，汇聚扶贫攻坚的强大合力，在广西农村开展大规模的教育精准脱贫。

(三)科学合理规划农村学校布局

根据《广西壮族自治区人民政府办公厅关于印发加强全区乡村小规模学校和乡镇寄宿制学校建设实施方案的通知》，农村学校布局既要有利于为学生提供公平、有质量的教育，又要尊重未成年人身心发展规律、方便学生就近入学；既要防止过急过快撤并学校而导致学生过于集中，又要避免出现新的"空心校"。原则上，小学1—3年级学生不寄宿，就近走读上学，路途时间一般不超过半小时；4—6年级学生以走读为主，在住宿、生活、交通、安全等有保障的前提下可适当寄宿。此外，还需结合人口分布、地理特征、交通资源、城镇化进程和学龄人口流动、变化趋势，统筹县域教育资源，有序加强城镇学校建设，积极消除城镇学校大班额。在此基础上，要统筹乡村小规模学校、乡镇寄宿制学校和乡村完全小学布局，按照不占用永久基本农田和避让优质耕地的原则，加强学校布局与土地利用总体规划衔接，在人口较为集中、生源有保障的村单独或与相邻村联合设置完全小学；地处偏远、生源较少的地方，一般在村设置低年级学段的小规模学校，在乡镇设置寄宿制中心学校，满足当地学生寄宿学习需求。

需要特别指出的是，布局规划中涉及小规模学校撤并的，应因地制宜确定，并按

---

① 国务院扶贫开发领导小组办公室.中共中央 国务院关于打赢脱贫攻坚战三年行动的指导意见[EB/OL].http://www.cpad.gov.cn/art/2018/8/20/art_46_88282.html.

照"科学评估、应留必留、先建后撤、积极稳妥"的原则从严把握。学校撤并原则上针对生源极少的小规模学校,严格按照撤并方案制订、论证、公示等程序进行撤并,并切实做好学生和家长思想工作。对于规划为撤并的小规模学校,应设置1—2年的过渡期,确保适龄儿童少年不因上学困难而辍学。学校撤并后的闲置校舍应主要用于发展乡村学前教育、校外教育,进行留守儿童关爱保护等。对已经撤并的小规模学校,由于当地生源增加等原因确有必要恢复办学的,要按程序恢复。

(四)推动农村学校标准化建设

未来广西农村基础教育学校的办学标准,必须根据自治区义务教育学校基本办学标准,按照"实用、够用、安全、节俭"的原则,加快推进乡村学校达标建设,全面达到国家规定的基本办学条件"20条底线"要求。小规模学校要配齐多媒体教室、音乐教室、美术教室、图书室等功能用房,配齐音、体、美教学设施设备,有篮球场、乒乓球台等相关体育设施,满足音、体、美开课和学生活动需求;建有小学科学教室,并配备相应的教学仪器;图书室生均藏书30册以上,每年新增图书比例不少于藏书标准的1%,学生人数少于30人的,应按不低于30人配备。小规模学校的功能室可以根据需要合并使用,避免浪费。寄宿制学校要全面达到自治区义务教育学校办学基本标准,学生宿舍、食堂要符合卫生管理要求,确保寄宿生每人一个床位;建有符合要求的洗浴室、水冲式无害化卫生厕所;要保障淋浴热水供应,学校教学区、生活区要分别设置饮用水设施;要建立共青团、少先队活动室和各类功能室,满足寄宿生学习、生活、娱乐、运动和社团活动需求。加强两类学校道路、围墙、绿化、给排水设施建设;完善两类学校安全防范设施,确保人防、物防、技防到位,保证学生在校安全。

(五)强化农村师资队伍建设

第一,完善编制岗位核定。对农村学校特别是小规模学校实行编制倾斜政策,按照生师比与班师比相结合的方式核定编制;对寄宿制学校应根据教学、管理实际需要,通过统筹现有编制资源、加大调剂力度等方式适当增加编制。严格落实《广西壮族自治区中小学教职工编制标准实施办法(修订)》,采取政府购买服务方式,为寄宿制学校配备安全协管员、生活管理员、炊事人员等后勤服务人员,满足学校生活服务基本需要。第二,完善教师补充机制。完善中小学教师招聘机制,按照"控制总量、动态平衡、缺额全补"的原则,及时补充乡村教师,通过公开招聘、特岗计划、定向培养、走教支教等多种途径,重点补充英语、音乐、美术、体育等学科教师,解决农村学校教师结构性短缺问题,保障所有班级开齐开足国家规定的课程,保障小规模学校少先队辅导员配备。支持各市、县(市、区)与相关高等学校合作,定向为两类学校培养"一专多能"教师。第三,切实落实乡村教师待遇。进一步落实和完善乡村教师工资待遇政策,核定绩效工资总量时向两类学校适当倾斜。确保中小学教师平均工资收入水平不低于当地公务员平均工资收入水平。按照越往基层、越往艰苦地区补助水平越高的原则,认真落实乡村教师享受乡镇工作补贴、乡村教师生活补助和艰苦边远地区津贴等政策。第四,加强教师住房保障。切实落实将符合条件的乡村学校教师纳入当地政府住房保障体系的政策,并在当地政府住房保障体系中予以优先安排。第五,加强教师培养培训。按照教师工资经费的2%、学校公用经费的5%安排教师培训经费。深入推进县域内义务教育教师、校长交流轮岗,每学年遴选一批两类学校教师到城镇学校交流培训、跟岗锻炼。

第三章

广西农村教育发展的战略保障机制

第一节　广西农村教育发展战略保障机制的政策依据

广西农村教育发展战略保障机制的政策依据主要是习近平总书记关于农村教育的论述,习近平新时代中国特色社会主义思想关于教育发展的主要论断,党的十八大以来党和国家、自治区出台的政策文件或精神。广西农村教育的发展战略保障机制正是基于习近平新时代中国特色社会主义思想和广西教育发展的实际建构并运行的。

2018 年 1 月,中共中央、国务院颁布的《关于全面深化新时代教师队伍建设改革的意见》指出,坚持教育优先发展战略,把教师工作置于教育事业发展的重点支持战略领域,优先谋划教师工作,优先保障教师工作投入,优先满足教师队伍建设需要。而随后自治区出台的《广西壮族自治区人民政府关于全面深化新时代教师队伍建设改革的实施意见》则在组织保障和经费保障上进行了专门论述。

2018 年 2 月印发的《教师教育振兴行动计划(2018—2022 年)》要求从组织实施方面提出保障,主要有:①明确责任主体。要加强组织领导,把振兴教师教育作为全面深化新时代教师队伍建设改革的重大举措列入重要议事日程,切实将计划落到实处。教育行政部门要加强对教师教育工作的统筹管理和指导,发展改革委、财政部、人力资源和社会保障厅、中央编办要密切配合、主动履职尽责,共同为教师教育振兴发展营造良好的法治和政策环境。②加强经费保障。要加大教师教育财政经费投入力度,提升教师教育保障水平。根据教师教育发展及财力状况,适时提高师范生生均拨款标准。教师培训经费要列入财政预算。③开展督导检查。建立教师教育项目实施情况的跟踪、督导机制。

2018年4月,国务院办公厅印发的《关于全面加强乡村小规模学校和乡镇寄宿制学校建设的指导意见》将经费保障和组织保障作为加强乡村小规模学校和乡镇寄宿制学校建设的重要内容。在此基础上,2019年2月自治区人民政府印发的《加强全区乡村小规模学校和乡镇寄宿制学校建设实施方案》对经费保障做了更详细说明,同时强调落实政府责任和加强督导检查。

2019年2月,在南宁召开的广西全区教育大会是对习近平总书记关于农村教育的重要讲话及党的十八大、十九大精神的重要实践。广西全区教育大会对农村教育提出了重要指引,要求统筹推进城乡义务教育一体化改革发展,加强乡村小规模学校和乡镇寄宿制学校建设,着力解决"大班额"等问题,全面推进义务教育学区制管理改革,进一步缩小校际差距,不断提高公办幼儿园的占比,促进基本公共教育服务均等化。要加大教育精准扶贫力度,完善控辍保学机制,保障建档立卡等贫困家庭学生顺利完成义务教育,健全从学前教育到高等教育全程覆盖、无缝衔接的资助体系,让贫困地区群众特别是未升入普通高中和高等学校的青少年都能接受职业教育、掌握一技之长,坚决打赢教育脱贫攻坚战。要保障进城务工人员随迁子女、留守儿童、残疾人等特殊群体受教育的权利,让每个人都有人生出彩的机会。广西全区教育大会同时对实现广西农村教育发展的保障做了论述,要求持续深化教育领域综合改革,健全教育投入保障机制,深化办学体制和教育管理改革,积极推进教育开放,更加注重运用信息化手段推动教育创新发展,不断推进教育治理体系和治理能力现代化,增强教育发展动力和活力。要加强党对教育工作的全面领导,建立健全党委统一领导、党政齐抓共管、部门各负其责的教育领导体制,突出抓好教育系统党的建设,牢牢掌握教育系统意识形态工作主动权,切实加强学校安全工作,为广西教育改革发展提供坚强的保障。

第二节　广西农村教育发展战略保障机制的建构

一、战略保障机制建构的原则

广西农村教育发展战略的保障机制,对整个广西农村教育发展起着至关重要的作用。根据科学的社会建设理论,广西农村教育发展战略的保障机制的建构原则应与农村教育发展的特点相适应。

1.适宜性原则

适宜性原则是指保障机制要符合新时代广西农村教育发展的新特征及农村儿童身心健康发展的需要,促进广西农村教育全面和谐发展。适宜性原则体现在以下几个方面:①从发展的一般特征来看,广西不同阶段教育的发展特点是存在明显差异的。因此,保障机制要根据不同的发展特点提供相应的发展环境。②根据最近发展的层次性和渐进性的原理,为不同阶段的农村教育制定相应的发展目标。③保障机制促进农村教育发展的环境应该是宽松的、自由的、和谐的,并且是安全的和多样的,各阶段教育的发展应相互匹配、同步和协调。

2.实用性原则

实用性原则体现在战略保障机制的中观层面,强调保障机制的针对性。即保障机制要有可行的、明确的支持方案和支持计划,能够直接保障解决广西农村教育发展面临的各种突出问题。

3.有效性原则

有效性原则体现在战略保障机制的微观层面,主要是指保障机制要和农村教育发展特别是教育教学质量的提高联系起来,经得起社会的考验。

二、战略保障机制的构成要素

广西农村教育发展战略目标的保障机制基于科学社会建构理论,既有科学建构理论要素的一般特征,又有其自身的特色。

1.价值观念

价值观念是阐明战略目标保障机制终极目标或存在价值的理论体系,其主要作用是向社会成员表明战略目标保障机制存在的意义,使其在充分理解机制目标的基础上全力依从规范。

2.行为规范

行为规范是广西农村教育发展战略目标保障机制运行过程中起实际作用的要素,是一系列关于发展目标达成的行为模式的规定。行为规范要素对实现广西农村教育发展战略目标具有行为的制约性。需要指出的是,行为规范不是一成不变的,它要随着广西社会经济和教育的发展而变化,不断进行调整以适应教育发展新要求。

3.组织系统

组织系统是广西农村教育发展战略目标保障机制的实体部分,是战略目标实现的载体。行为规范在保障机制中是通过组织活动来实现的,它把一定数量的有关成员集中在一个被赋予特定目标和职能的组织中,通过组织规范其成员的行为,维持秩序和效率。

4.物质支撑

物质支撑是机制运行的基础保障,可以分为实体性物质保障和象征性物质保障两大类,主要包括经费投入的保障机制和宣传。

三、战略保障机制的运行机理

1.科层制的层级关系

科层制是指社会组织内部职位分层、权力分等、分科设层、各司其职的组织结构形式及管理方式,其主要特点是上下级的指导与被指导、指令与服从的关系。自我国进行分税制以来,中央作为科层制体系的顶端,掌握了以经费为主的教育资源分配的最高权力,这也为教育领域的改革提供了坚实的物质保障。广西农村教育发展战略目标的实现,离不开有效的经费和物质支持。因此,由上级行政部门指导下级行政部门有利于战略目标的实现。

2.同级执行主体的利益博弈与制衡

利益博弈是指利益相关者为维护和扩大自身或本集团利益而采取的各种保护行为和扩张行为。[1] 利益博弈的最终目的是促使利益相关者做出合乎理性和利益最优化选择。从利益相关者的角度审视,广西农村教育发展战略目标保障机制的运行过程,在一定程度上是同级执行主体利益博弈与制衡的重要表现。当前,教育发展情况是人民政府和教育行政部门绩效考核的重要内容。战略目标印发至各地后,各级政府为完成上级的任务,会结合所在区域的实际制定合理的实施方案,使自身更加圆满地完成任务,以期在同级部门之间获得良好的考核绩效。这从内驱力方面推

---

① 魏炜,朱武祥,林桂平.基于利益相关者交易结构的商业模式理论[J].管理世界,2012(12):125-131.

动了执行主体主动寻求最优方式实现战略目标。

3.多元执行主体的合作与联动

广西农村教育发展战略目标保障机制要完成其所承担的角色和功能,必须具备一个相对稳定的制度化形式,政府、教育行政部门、学校等主体是完成目标的主体。该保障机制的有效运行,就是要赋予这些主体以功能,通过规约下的角色互动、主体间的合作与联动促进保障机制的运行。在政府和教育行政部门层面,可以建立起相互学习的伙伴关系,分别向对方学习先进的建设经验以帮助自身更好地完成既定的农村教育发展目标。而农村学校作为受益方,应从旁观者或受益者转化成参与者,从边缘人变成中心人。

第三节　广西农村教育发展战略保障机制的实施策略

根据当前有关广西农村教育发展的政策文件,广西农村教育发展的目标是:要实现对标对点建设,实现义务教育阶段学校建设、学校配置、信息化建设、教师配置与收入标准、生均经费等标准统一,加大公共资源和财政投入支持农村义务教育发展的力度,努力缩小城乡和校际的差距,促进城乡义务教育一体化发展,提升全区基本公共教育服务水平。

一、统筹规划,制定保障机制的实施制度

1.明确政府主体的保障体系

制度保障层面强调的是政府作为实施保障的第一责任主体,对保障机制的实施具有全盘管理的重要作用。具体而言,政府作为第一责任主体的保障机制主要包括两个方面:第一,从整体上提供优质教育资源的总量,促进城乡教育融合发展。第二,进一步采取有效措施减少区域、校际的办学水平和办学质量差距,确保一定区域内学校教学水平、教学质量能够根据所提供的教学资源总量实现均衡增长。政府主体作为农村教育发展的第一责任主体,同时是公共管理部门,其实现管理职能的最好形式和载体即为制定并落实相关的农村教育发展政策和制度。基于此,政府和教育行政部门可以通过各类农村教育政策的制定和教育资源的合理配置,从制度层面为广西农村教育发展目标的实现提供保障。

2.建构区域内合作联动机制

由于广西经济发展及城市化进程不断加快,人口大规模流动特别是农村外出务工人员到城市务工成为广西发展的一大特点。因为城市教育发展的容量相对有限,不少地区对外来务工人员子女入学进行了一定的分流,如新建学校、分流至周边区县。考虑到广西农村教育发展的实际和需求,广西可以采取打造城市—农村教育共同体、构建教育发展链、创建教育改革试验点、教师专业发展共同体等方式进行区域层面的统筹管理,确保城乡义务教育的均衡发展。

二、转变观念,优化管理评价职能

1.坚持党的教育方针

必须坚持以习近平新时代中国特色社会主义思想为指导,全面贯彻党的十九大精神,深入贯彻全国教育大会精神,坚持新发展理念,坚持以人民为中心,紧紧围绕实施科教兴桂战略、乡村振兴战略,切实履行法定职责,高度重视农村义务教育,坚持底线思维,实施底部攻坚,统筹推进城乡义务教育一体化改革发展,全面加强农村学校建设和管理,不断提高乡村教育质量,办好人民满意的教育,为全面建成小康社会、建设壮美广西奠定坚实的基础。

2.压实政府责任

各市、县(市、区)要把办好农村教育列入重要工作议事日程,健全协调机制,解决农村学校在规划布局、经费投入、建设运行、教师队伍建设等方面的突出问题。要把办好农村教育纳入市、县两级政府考核体系,完善责任追究机制,确保各项政策措施落实到位、工作目标按期实现。要全面加强党的建设,充分发挥学校党组织把方向、管大局、推落实作用,有效调动各方力量,充分发挥广大校长、教师的积极性和创造性,努力营造促进农村义务教育发展的良好局面。

3.加强督导检查

建立和完善农村教育质量监测和督导评估机制,将乡村小规模学校一并纳入县域义务教育发展基本均衡和优质均衡督导评估的实地督查范围。已通过基本均衡评估认定的县(市、区)在接受督导复查时应包括督查乡村小规模学校。落实中小学责任督学挂牌督导制度,将所有的农村学校全部纳入中小学校责任督学挂牌督导范围,为每所学校配备责任督学,定期开展督导检查,充分发挥督导检查结果公告和限期整改制度的作用,以督促建,切实提升农村学校的办学水平。

三、优化资源配置,确保经费落实到位

自治区在分配中央、自治区义务教育建设专项资金时,应重点考虑农村学校特别是乡村小规模学校和乡镇寄宿制学校。各县(市、区)人民政府要履行法定职责,优化财政支出结构,优先发展义务教育,在具体安排教育建设项目及资金时,要向农村学校倾斜。按基准定额足额核拨生均公用经费,对镇中心学校以下的学校按自治区标准落实公用经费补助政策。鼓励各市、县(市、区)结合实际进一步提高农村学校生均公用经费水平,确保农村学校特别是镇中心学校以下的学校正常运转。要针对乡镇寄宿制学校的实际需要,严格按照政府购买服务的有关规定,将属于政府职责范围且适宜通过市场方式提供的学校安保、生活服务等事项纳入政府购买服务范围,所需资金从地方财政预算中统筹安排,不得挤占学校公用经费。严禁乡镇中心学校挤占下级学校经费。

不断完善农村学校经费使用管理办法,根据实际在镇中心学校下属的学校间合理统筹安排公用经费,实行账目单列、规范管理、合理统筹,确保足额用于小规模学校,不得滞留或挪用。各县(市、区)财政、教育部门要及时下达乡镇中心学校及小规模学校公用经费预算,并提前拨付部分公用经费,保证小规模学校正常运转。要加强乡镇中心学校财务管理,规范会计核算,加强财务审计,保障资金规范使用。

第四章

广西农村义务教育发展战略

第一节　广西农村义务教育现状与问题分析

一、广西农村义务教育的现状

2015 年,全区小学占地 1.02 亿平方米,比上年减少 46.56 万平方米;校舍建筑面积为 3 000.82 万平方米,比上年增加 116.97 万平方米;图书为 5 980.72 万册,比上年增加 353.49 万册;仪器设备资产值为 20.68 亿元,比上年增加 3.92 亿元。全区普通初中占地 5 188.33 万平方米,比上年增加 1.61 万平方米;校舍建筑面积为 1 943.42 万平方米,比上年增加 89.48 万平方米;图书为 3 991.02 万册,比上年增加 333.9 万册;仪器设备资产值为 14.74 亿元,比上年增加 0.91 亿元。2014 年九年义务教育巩固率为90.3%,比上年增加 0.3 个百分点。

2015 年,全区有小学 1.18 万所,比上年减少 1 097 所;教学点 9 138 个,比上年增加 795 个;在校学生 440 万人,比上年增加 8.3 万人;专任教师 22.2 万人,比上年增加 1.13 万人;适龄儿童入学率为 99.39%,比上年减少 0.2 个百分点。全区有普通初中 1 839 所,比上年减少 4 所;在校学生为 196.31 万人,比上年增加 1.2 万人;专任教师11.9万人,比上年增加 1 203 人;毛入学率为 109.2%,比上年增加 0.33 个百分点。到 2013 年底,广西壮族自治区安排在农村中小学校的生均公用经费经过 6 次提高标准后已经达到中西部小学 560 元、初中 760 元的标准。2014 年,标准在原基础上再次提高 40 元。同时根据中央财政要求,对寄宿制学校适当提高了补助标准,并要求地方在分配资金时向寄宿制学校、规模较小的学校和教学点等薄弱学校倾斜。广西出台了《关于进一步加大教育投入加快教育发展的意见》(桂政发〔2014〕11号),进一步明确县级政府义务教育投入责任,促进县域义务教育均衡发展。其中,农村义务教育免杂费和补助公用经费、校舍维修改造资金,由自治区本级财政全额承担;家庭经济困难寄宿生生活补助费,由自治区本级财政和各县按8∶2的比例分担;校舍维修改造长效机制新增部分和薄弱学校改造,由自治区本级财政和各县按6∶4的比例分担。

目前,广西城乡义务教育学校公用经费基准是2014年确定的,具体标准为普通小学每生每年600元、普通初中每生每年为800元。根据《关于进一步完善城乡义务教育经费保障机制的通知》,广西将会在此基础上,对寄宿制学校按照寄宿生年生均200元标准增加公用经费补助,并继续落实好对农村地区不足100人的规模较小学校按100人核定公用经费政策;特殊教育学校和随班就读残疾学生按每生每年6 000元标准补助公用经费。从2016年起,取消对进城务工人员随迁子女接受义务教育的奖补政策,建立城市地区公办义务教育学校校舍安全保障长效机制。2014年,广西农村义务教育阶段在校学生人数2 442 878人(其中小学在校生2 102 559人、初中在校生340 319人),学校总数达10 478所(小学9 929所、初中549所),共拥有微机室185 869间,共拥有计算机87 706台(其中小学59 191台、初中28 515台),教学用计算机57 932台(其中小学35 121台、初中22 811台),校均拥有计算机约8.37台,多媒体教室共29 072间。[①]

2014年,共安排自治区财政拨款2 300万元用于教师信息技术应用能力工程的教师培训和培训平台建设工作。教育厅将搭建相应平台,开发部分培训资源,重点对中小学校长、专兼职培训者和教研员等骨干队伍以及农村教师进行自治区层面的提升培训,各市县分年度、分层、分类组织开展教师信息技术应用能力提升全员培训。2014年组织培训约5万人次,其中"国培"项目专项约4.8万人,自治区本级组织能力提升培训约2 000人。[②]

经过一年多的发展,截至2015年底,《广西壮族自治区2015年全面改薄工作总

① 《中国教育年鉴》编辑部.中国教育年鉴(2014)[M].北京:人民教育出版社,2015:132,468,474,498,510,522,534,578,590.

② 广西壮族自治区教育厅.国务院教育督导组对广西开展教育信息化工作进行专项督导检查[EB/OL].http://jyt.gxzf.gov.cn/Item/2952.aspx.

结》显示,2015年广西统筹农村义务教育学校改造计划、农村中小学校舍维修改造、进城务工人员随迁子女接受义务教育奖励项目资金共69.25亿元,主要用于"全面改薄"工作,其中设备采购类项目规划资金10.5亿元,规划购置教学实验仪器、音体美器材、图书、信息化设备、生活设备等共计1 033万台(件/套/册)。2014年中央"改薄"专项资金用于校舍建设的项目共计4 109个,截至2014年底,设备采购类项目规划资金2.9亿元,规划购置教学实验仪器、音体美器材、图书、信息化设备、生活设备等共计223.4万台(件/套/册)。2015年中央"改薄"专项资金用于校舍建设的项目共计1 889个,设备采购类项目规划资金4.6亿元,规划购置教学实验仪器、音体美器材、图书、信息化设备、生活设备等共计434万台(件/套/册)。

2016年4月12—25日,广西教育厅分4组对17个教育部第一批教育信息化试点项目进行了验收,凝练出一批可复制、可推广的典型模式。17个项目列入第一批教育信息化试点项目,包括1个区域试点项目、8个中小学试点项目、5个职业院校试点项目、2个本科院校试点项目、1个国家教育资源公共服务平台规模化应用试点项目。

(一)农村义务教育均衡发展状况

1.义务教育校际均衡状况

2016年,自治区共有35个县(市、区)通过了自治区义务教育均衡发展督导评估(即"区检")。其中,来宾市通过率为83%,忻城县、象州县、武宣县、金秀瑶族自治县、合山市均已通过"区检"。据了解,在35个县(市、区)中,南宁市的兴宁区、青秀区,柳州市的鹿寨县,桂林市的秀峰区、七星区、雁山区、灵川县、龙胜各族自治县,梧州市的蒙山县,贵港市的覃塘区,来宾市的忻城县、合山市,崇左市的凭祥市13个县(市、区)已经通过了国家督导评估认定(即"国检")。特别是,南宁市的马山县、崇左市的龙州县均为国家级贫困县,提前5年通过"区检",来宾市的武宣县、象州县、金秀瑶族自治县,贵港市的港北区、港南区,百色市的田阳县,贺州市的富川县比《义务教育均衡发展备忘录》提前3—4年通过"区检",将于2016年下半年或2017年上半年迎接国家的督导评估认定。

2.师生队伍人数与结构的变化

为贯彻落实《国家中长期教育改革和发展规划纲要(2010—2020年)》和《国务院关于加强教师队伍建设的意见》,加快农村义务教育教师队伍建设,建立城乡一体化义务教育发展机制,从根本上解决农村教育发展的突出问题,促进教育公平,提高教育质量,推进社会主义新农村建设,由教育部、中央编办、国家发展改革委、财政部、人力资源和社会保障部《关于大力推进农村义务教育教师队伍建设的意见》提出九条意见:"一、扎实推进农村义务教育教师队伍建设;二、探索建立农村义务教育教师补充新机制;三、编制配备切实保证农村学校师资需求;四、多渠道扩充农村优质师资来源;五、大力促进农村教师专业发展;六、建立健全城乡教师校长轮岗交流制度;七、切实保障农村教师待遇;八、大力表彰在农村长期从教的优秀教师;九、建立分工明确协调配合的工作机制。"[①]

在多年招聘特岗教师、免费师范生、公开招聘的基础上,自治区创新实施了定向师范生培养计划,从普通高中、初中应届毕业生中招生,全科培养、免费教育、重点定向补充到村小和教学点,2013 年起已招生 6 500 名,现已有学生毕业并到相应学校任教。通过国家县域义务教育均衡评估认定的 8 个县(市、区)(青秀区、兴宁区、秀峰区、七星区、雁山区、覃塘区、忻城县、凭祥市)2013—2015 年共招聘教师 2 000 多人,其中 40%补充到音、体、美、信息技术等薄弱学科。2014—2015 年,广西通过特岗计划、免费师范生、壮汉双语、全科教师培养等项目补充优质师资 4 万余名,每年选派 2 000 名左右优秀教师到县级及以下薄弱学校支教一年,每年选派 2 000 名左右紧缺学科教师到乡镇及以下学校走教一年,有效缓解了农村学校教师紧缺状况,促进了义务教育均衡发展。

3.义务教育事业财政预算的变化

广西各级财政均将"全面改薄"地方资金纳入财政预算予以保障,并尽最大能力加大投入,全区按不低于中央资金的比例安排资金,2014—2018 年 5 年间筹措资金近 150 亿元,其中自治区本级财政安排资金近 100 亿元。对广西 31 个未纳入国家集中连片特困地区的少数民族聚居县区,除争取国家更大的支持外,还将专设教育发展基金,加大扶持力度,支持义务教育学校建设。"十三五"期间,广西将在每一乡镇政府所在地,至少建设一所寄宿制小学;在人口较多且交通便利的乡镇,同时建设一所寄宿制初中。"十二五"以来,广西统筹中央、自治区各级教育专项资金,先后投入 383 亿元用于中小学校改善办学条件,实施建设项目 3.6 万个,新建校舍面积达

---

① 中华人民共和国教育部.教育部 中央编办 国家发展改革委 财政部 人力资源和社会保障部关于大力推进农村义务教育教师队伍建设的意见(教师〔2012〕9 号)〔EB/OL〕. http://www.moe.gov.cn/srcsite/A10/s3735/201211/t20121108_145538.html.

2 580万平方米,全面消除了 D 级危房校舍,校舍防震抗灾能力得到明显提升,很多地方农村中小学校校舍已经成为当地最漂亮、最安全的建筑,办学条件得到极大改善。①

(二)民族县域义务教育特色发展状况

1.民族县域独特的双语教育发展概况

2016 年 4 月,广西教育厅、民委、财政厅、人力资源和社会保障厅、编办、民语委六部门出台了《广西壮族自治区壮汉双语教育发展规划(2016—2020 年)》,提出到2020 年,全区实施壮汉双语教育的中小学校有 300 所以上,在校学生有 15 万人以上。同时,建设 10 个壮汉双语教学示范基地,打造 6 个壮汉双语教育连片三角区:武鸣、上林、马山三角区,覃塘、武宣、兴宾三角区,环江、宜州、忻城三角区,东兰、天峨、巴马三角区,德保、靖西、那坡三角区,天等、大新、龙州三角区。基本形成壮汉双语教育体系,培养"壮汉兼通"的少数民族人才。据统计,2015 年,广西实施壮汉双语教育教学的县(市、区)共有 35 个,壮汉双语学校 158 所,在校生 92 547 人,分别比2010 年增加了 9 个、69 所、29 278 人,分别增长 34.62%、77.53%、46.28%。"十二五"期间,广西创新双语教学模式,激发活力,调动各地各学校积极性,重点抓住双语教师保障这个关键环节,有效促进壮汉双语教育较快发展。实践证明,在以壮语为主要交际语言的壮族农村地区中小学开展壮汉双语教学,有利于以壮语为母语的壮族学生提高学习成绩,壮汉双语学校的教学质量均高于普通同类学校。②

2.民族县域学校课程体系打造之形

自治区为加快民族教育发展的步伐,提出各级各类学校要持续开展民族团结教育活动,着力根据自身发展的需要和适切性原则,打造国家课程、地方课程和校本课程有机结合的民族团结教育课程体系。通过当下大数据和云时代的契机,充分利用新媒体优势宣传和发扬民族文化知识和民族政策理论。在民族地区以及民族院校、中小学开设民族艺术和民族体育选修课程,开展民族优秀传统文化传承活动。创建一批"民族文化教育示范学校",利用"壮族三月三"这一民族地区的民族特色传统

---

① 广西壮族自治区教育厅.自治区教育厅厅长秦斌在 2016 年全区义务教育均衡发展暨"全面改薄"现场推进会上讲话[EB/OL].http://www.gxedu.gov.cn/Item/14896.aspx.

② 广西壮族自治区教育厅.2020 年壮汉双语学校达 300 所、在校生达 15 万人广西出台壮汉双语教育发展规划(2016—2020 年)[EB/OL].http://jyt.gxzf.gov.cn/Item/13024.aspx.

节日,开展民族文化进校园活动,促进各民族师生交往、交流、交融。

3.双语教师师资提升之计

"十三五"期间,广西壮族自治区继续实施壮汉双语教师定向培养计划,每年招收 1 000 名定向师范生,通过免费培养、定向就业的方式,补充农村小学壮汉双语教师。通过创新培养模式,选派在职教师进行壮汉双语专业培养培训,切实增加双语教师的数量和提升双语教师的教学水平。以广西壮汉双语教师培训基地和有关院校为依托,对壮汉双语学校教师进行分期分类培训,并实施壮汉双语学校校长培训计划、壮汉双语学校教师全员培训计划、百名壮汉双语名师等培养工程。

民族地区义务教育"双师型"人才培养通过完善教师队伍建设长效机制,深化教师教育改革,支持师范院校和师范类专业建设,提高教师培养质量,重点培养双语教师、"双师型"教师和农村中小学英语、音乐、美术、体育等学科紧缺教师,为少数民族聚居区、边境地区和教育基础薄弱地区输送高素质的中小学师资。鼓励支持汉族师生学习少数民族语言文字和各少数民族师生之间相互学习语言文字。自治区还实施边远地区、边境地区和革命老区人才支持计划教师专项计划,每年从首府城市、中心城市幼儿园、中小学、中等职业学校选派 1 000 名优秀教师到边远地区、边境地区和革命老区支教一年。从政策上完善中小学教职工编制政策,研究制定中小学教职工编制、中高级教师岗位向农村中小学校倾斜的政策。加快建设乡镇中小学校教师周转房,并在乡镇建设经济适用住房、公共租赁住房、限价商品房等保障性安居住房,重点安置符合享受政策条件的乡村教师,基本解决教师住房问题,基本消除乡镇教师居住危旧木瓦结构平房的现象。

4.义务教育阶段国民教育与民族教育结合之道

切实加强学校民族团结教育工作,培育引导各族学生牢固树立"汉族离不开少数民族,少数民族离不开汉族,各少数民族之间也相互离不开"的"三个离不开"思想。充分发挥课堂教学主渠道作用,在义务教育学校开设民族团结教育专题课,在普通高中思想政治课程中强化民族团结教育内容,在高等学校和中等职业学校开设党的民族理论与政策课程。这是集国民教育平台与充分发挥民族地域特色优质资源的最大价值体现。为贯彻落实《国务院关于加快发展民族教育的决定》(国发〔2015〕46 号)和第六次全国民族教育工作会议精神,2016 年广西出台了《关于加快发展民族教育的实施意见》。该意见提出,广西民族教育改革发展目标是,到 2020年,广西学前教育基本普及,学前三年毛入园率达到 84%左右;义务教育巩固率达到

95%,实现县域义务教育基本均衡发展;普通高中阶段教育毛入学率达到90%,普通高中和中等职业学校招生规模大体相当;高等教育阶段少数民族在校生规模稳步增长。少数民族人口受教育程度大幅度提高,新增劳动力平均受教育年限基本达到全国平均水平。建成国家民族教育示范区。少数民族聚居县(市、区)的主要教育指标基本达到或接近全区水平。壮汉双语教育取得明显成效,基本形成壮汉双语教育体系和课程体系,创建具有特色的双语教学模式,壮汉双语学校为300所以上。①

二、广西农村义务教育的问题分析

广西农村义务教育发展取得的成就、积累的经验和智慧,既是当前推进广西农村义务教育均衡发展的宝贵资源,也为新时代广西实现农村教育现代化创造了良好的基础。党的十九大报告提出了到2035年基本实现社会主义现代化的目标,这是党的十九大报告描绘的美好蓝图,规划了实现我国社会主义现代化目标的行动纲领和路线步骤。立足于新的历史起点、时代节点和历史方位,我国城乡社会发展呈现出新的特点,农村教育需求呈现出新的特征,农村义务教育发展面临着新的机遇和挑战。为此,我们必须顺势而为、因势而动、应势而谋,分析新问题、应对新挑战、解决新问题、创设新思路,加快农村教育和农村义务教育现代化进程,谱写新时代农村教育新篇章。

首先,要深刻分析在城乡现代化和流动开放社会背景下广西农村义务教育面临的新情况和新问题,明晰新时代广西农村义务教育的新特征与新挑战。当前我国正在进行深刻的社会变迁和教育变迁。这些变迁根植于我国加快实现社会主义现代化的历史进程,依托于实现农村现代化和教育现代化的时代背景。在这种深刻的社会变迁过程中,城镇化、现代化正在成为一种不可逆转的趋势和方向,深刻地影响着我国农村义务教育的改革与发展。这集中体现为:由城乡经济、文化、社会等多方面发展差异形成的城乡社会综合环境和整体生态感受的差别,以及由此引发的农村社会对农村家长、教师和儿童的吸引力降低,这带来了大规模农村人口持续向城市流动的现象。这种时代性的城乡差异和持续性的农村人口向城市流动,既是城镇化的内在特征,也是城镇化带来的新挑战,从以下三个方面影响和制约农村义务教育的

---

① 广西壮族自治区教育厅.广西出台《关于加快发展民族教育的实施意见》重点实施百所民族中小学标准化建设等六大工程[EB/OL].http://jyt.gxzf.gov.cn/Item/13023.aspx.

发展。

一是由农村学校数量减少和规模变小引发的农村儿童新的上学难问题。导致农村学校数量减少和规模变小的直接原因是农村人口持续减少和农村学校就学人数持续减少。农村人口减少主要表现为农村劳动力进城务工,并带来了适龄儿童在农村就学人数的减少;农村学校就学人数减少还包括现有农村适龄儿童离开乡村、离开乡镇到县城读书等更为复杂的情况。农村学校数量减少和规模变小,在农村社会形成了一种农村学校发展的逆向的"马太效应",使得农村学校越来越缺少吸引力,越来越缺少变革的动力,越来越缺少质量保障;也造成了乡镇、县城、郊区的学校越来越膨胀、越来越拥挤、越来越难以管理。其直接的后果是:留在农村就学的孩子常常是家庭经济资本和社会资本等方面的弱势群体,流动到乡镇和县城读书的孩子尽管有更多家庭资源的支持优势,但总体上也增加了就学的困难,提高了就学的成本,加重了家长的经济负担。同时,他们在拥挤、大规模的学校和班集体中,也难以获得好的教育和发展。因此,这种由农村人口向城市流动引发的城乡学校就学规模的结构性变化,成为新时代推进义务教育城乡一体化发展面临的重大挑战。

二是因城乡社会文化环境综合差异引发的农村学校难以吸纳优秀教师的问题。相对于20世纪80年代、90年代农村学校由单一的经济收入差异引发的农村教师流失问题,今天农村学校对优秀教师的吸引力降低的主要因素,已经转化为农村相对落后的社会、文化、经济等综合环境因素和整体性生活体验。如果说20世纪80年代、90年代广大的农村教师在艰苦的农村学校工作的理由之一是对农村学校编制和体制的留恋,那么今天,在开放社会背景下,编制因素已经不是吸引他们留下的重要因素。广大的新生代教师,在关注收入差异的同时,更加看重生活环境的现代性程度、个人发展环境的综合氛围,也包括自己子女更好的学习和生活环境。因此,在城镇化、现代化的背景下,如何更好地应对城乡差异的新特征、新问题,如何更好地吸引优秀教师到农村任教,成为新时代农村教育发展面临的新挑战。

三是因农村家长大规模向城市流动引发的流动儿童与留守儿童教育的新问题。农村家长大规模进城务工,作为中国现代化的伴生现象和主要特征,成为一种不可逆的强劲的时代趋势。在这一过程中,由于家长对子女在城市就学支持能力有限,留在乡村的孩子成为弱势的留守儿童,流入城市读书的孩子成为需要关爱的流动儿童。留守儿童教育最大的问题是缺少家庭的关爱和亲情的支持;流动儿童教育的问题既包括进入公办学校和优质学校享受公平教育的难度,也包括家长在简陋困难的城市生活环境下对子女学习有效支持的局限性。近十年来，针对留守儿童和流动儿童的教育问题，国家采取了一系列有针对性、有效的政策措施，并取得了积极的效果。但总体而言，在新的时代条件下，结合新时代城乡教育制度的综合改革、结合对进城务工人员的整体性社会支持等方面开展总体性的制度设计，从更加综合的意义上设计化解留守儿童与流动儿童就学困难的长效机制，应该成为未来农村义务教育政策调整的优先领域。

第二节　广西城乡义务教育一体化发展模式

自 1986 年《中华人民共和国义务教育法》首次以法律形式将义务教育作为事关国家兴旺发达的大事确定下来，到 20 世纪 90 年代我国基本普及小学教育，再到 2000 年全国九年义务教育的基本普及，最后到 2008 年城乡九年义务教育全免费目标的实现，可以说，我国基础教育长期落后的状况已根本上得到了扭转，从此踏上了教育内涵式发展的新征程。

基础教育发展至今面临着一系列新问题，其中最大的问题是我国城乡之间和区域之间义务教育的普及情况和质量存在较大的差距。在此背景之下，党和政府越来越注重义务教育的均衡发展。例如，2006 年新修订的《中华人民共和国义务教育法》明确规定，国务院和县级以上地方人民政府应当合理配置教育资源，促进义务教育均衡发展。2010 年，教育部发文明确要求"力争在 2012 年实现区域内义务教育初步均衡，到 2020 年实现区域内义务教育基本均衡"。《国家中长期教育改革和发展规划纲要（2010—2020 年）》明确指出，均衡发展是义务教育的战略性任务。而党的十八大报告更是将"均衡发展九年义务教育"由一般的工作导向变为工作任务。由此可见，促进义务教育均衡发展在我国已经成为义务教育最主要的发展目标。除此之外，各地在全面普及九年义务教育的基础上积极探索义务教育均衡发展的问题，取得了一系列实践成果。

广西壮族自治区是全国加快推进义务教育均衡发展的重点区域，自治区党委、政府和教育厅为此始终将义务教育均衡发展作为优先决策咨询事项。然而，广西壮族自治区义务教育发展早已不能仅仅满足于基本均衡的发展目标，应当以义务教育高位均衡发展的实践道路为下一阶段的发展目标，这一切与广西壮族自治区城乡义务教育一体化发展有着紧密的联系。城乡义务教育一体化发展是实现城乡义务教育高位均衡发展的重要途径,只有深入推进城乡之间优质教育资源的共享,才能实现义务教育的高位均衡。

广西借鉴上海等发达地区的城乡义务教育一体化发展先进经验,探索出一条基于广西壮族自治区地方特色的城乡义务教育一体化发展的新路径。

一、优化决策,成立广西壮族自治区教育决策咨询委员会

因地制宜、高效科学的教育决策是上海市在全国率先实现县域义务教育均衡发展的重要保障。为促进各项教育决策的科学化和民主化,上海市专门成立了教育决策咨询委员会,作为城乡义务教育一体化发展决策制定的"总指挥"。教育决策咨询委员会由主任、秘书处、委员组成,主任由上海市教委党委书记和上海市教委主任共同担任,秘书处设在上海市教育科学研究院,委员由教育系统和社会各界知名人士担任。委员一般来源于上海教育系统内的知名专家、上海教育系统外的本地专家(包括市委、市政府、市人大、市政协和上海社科院等的专家)、教育部和香港高校以及中国社科院的专家,每届聘期两年。该委员会有四大基本功能和职责:对上海教育发展工作的重大决策和重要政策进行论证,对上海教育改革与发展、工作规划和战略提供咨询服务,对制约上海教育改革与发展的瓶颈问题和突出问题进行调研,收集国内外教育发展改革信息以便对上海教育工作提出前瞻性的政策建议。其发挥作用的方式主要有三种:每年组织一次全体委员会议,就重大主题进行研讨,针对上海教育重大决策问题及有关难点和热点进行委托调研,根据市委和市政府的需要随时召开专题性会议等。因此,广西首先应当成立教育决策咨询委员会,这是一个广泛集聚海内外专家的平台,为广西城乡义务教育高位均衡发展和一体化发展的政策制定和实践开展提供智力支撑。

二、因地制宜,统筹规划城乡义务教育一体化发展目标

一切教育活动都是围绕教育发展目标展开的,教育发展目标支配着教育实践活动的内在规定性,为教育实践的开展指明了前进的方向。"十二五"期间,上海市在城乡义务教育一体化方面取得了比较突出的成绩,但并未停下继续探索的脚步。上海市意识到郊区优质教育需求的持续大幅增长与其本身优质教育资源严重不足的

矛盾还没有彻底解决，城乡义务教育内建设仍然是摆在城乡义务教育一体化发展道路上的难题。因此，上海市政府于 2010 年、2012 年分别印发了《上海市中长期教育改革和发展规划纲要（2010—2020 年）》《上海市推进城乡一体化发展"十二五"规划的通知》，对上海市城乡基础教育一体化的未来发展目标做了详细规划，即到 2015 年，上海市要基本形成比较完善的市、区两级教育资源均衡配置机制，基本形成基础教育转型发展的良好局面，基本实现教育资源配置与常住人口分布相适应，更好地满足适龄儿童、少年的教育需求，使城乡基础教育整体质量水平得到显著提升以及全面育人在基础教育学校得到较好的落实。[①] 广西壮族自治区城乡义务教育一体化发展应当建立在具体目标的指引下，只有这样才能一步一个脚印地在推进城乡义务教育一体化的道路上走得更远、更稳。

三、加大投入，稳步提升城乡基本公共教育服务均等化水平

上海市基本公共教育服务均等化水平居于全国前列。在城市不断发展和财力不断增强的背景下，基本公共教育投入，尤其是面向远郊区县、农村和不利人群的基本公共教育投入更是增长迅速，对于推进公共教育服务均等化发挥了基础保障和支撑作用。其具体措施为：

第一，建立健全义务教育阶段生均公用经费拨款标准动态调整机制。从 2008 年起，上海市不断提高生均公用经费拨款标准，到 2011 年，上海市义务教育阶段小学和初中生均拨款标准达 1 600 元和 1 800 元[②]，在全国处于领先水平。

第二，大力建设配套商品房基地学校。从 2009 年到 2012 年，上海市 10 个郊区的计划建设项目达 272 个，规划建筑面积共 258 万平方米，计划投入资金约88.7亿元。在这些项目中，有 147 个为教育公建配套项目，配套校舍建筑面积达 138 万平方米，建设资金 42.8 亿元。[③] 这些项目实施后，上海市新城地区与人口高度集聚地区教育资源严重不足的问题得到了有效缓解。

---

① 东方网.沪加快城郊结合部学校建设 实现教育资源适应人口分布[EB/OL].http://sh.eastday.com/m/20120905/u1a6839930.html.

② 沈祖芸.从"上海经验"到"世界财富"——从学生 PISA 夺冠看上海市基础教育优质均衡发展[N].中国教育报,2011-02-18(2).

③ 教育部.上海市启动促进城乡教育一体化发展的七项举措[EB/OL].http://www.jyb.cn/china/gnxw/200902/t20090211_239778.html.

第三，实施全市中小学达标工程。1999年，上海市正式启动中小学标准化建设工程，以学校校舍设施等硬件为抓手，通过迁建等基建改造措施和缩班减生等非基建措施实现了校舍达标。历时3年的达标工程于2002年完成，共计投入资金40余亿元，使全市75%的中小学校得到了全面改造和更新。达标工程的顺利完成不仅增强了上海市基础教育的供给能力，而且优化了教育资源，使中小学校整体办学条件跃上了一个新的台阶。

第四，实施"加强初中建设工程"。为改变初中教育相对滞后于小学和高中的状况，2002年9月上海市启动实施为期三年的"加强初中建设工程"。一方面，加大对初中教育的投入，改善办学条件；另一方面，加强学校的内涵建设，充实初中学校领导班子，实行优质学校与薄弱学校强弱结对。2002—2005年，全市共投入85.65亿元。到2005年，上海市公办初级中学已经全部达到二类以上学校标准，其中一类学校占64.24%。全市形成了一批以内涵发展提高办学水平的初中学校群体，有效缩小了城乡间、区域间、学校间的办学差距，初步形成了初中教育均衡发展的新局面。

充足的资金是发展的保障。为了切实促进广西城乡义务教育一体化发展，资金的投入是必不可少的，城乡义务教育学校的校舍建设、校园建设、学生公费投入以及优质学校与薄弱学校之间的扶持都需要政府对其进行大量的投资，只有这样才能真正保证广西城乡义务教育一体化发展又好又快地进行。

四、提高效率，革新城乡义务教育一体化办学机制

为突破城郊教育资源流动的壁垒和限制，上海市创建了农村义务教育学校委托管理和捆绑办学机制——由上海市教委出资购买专业化的服务，然后委托优质学校或教育中介组织机构对相对薄弱的农村中小学校进行管理，在这些学校"体内"植入先进的教育理念和优良的学校文化，使其办学水平和教学效率得到迅速提升。学校委托管理是指在农村学校公办性质、经费来源、产权隶属关系、收费标准不变的前提下，把管理责任转移给城区学校或教育机构来扩大学校办学自主权。2005年，学校委托管理机制在浦东新区试点，2007年起开始逐步在全市推广，前后历经两轮，到2009年共有43所郊区农村义务教育薄弱学校接受了委托管理。[①] 实践表明，委托

---

① 陈群波,胡惠闵.从优化资源配置走向关注内涵的上海基础教育均衡发展:尹后庆先生访谈[J].全球教育展望,2015(7):3-11,39.

管理突破了现行管理体制下教育资源跨区域流动难的障碍,通过团队契约的方式,明确目标、途径、期限和绩效考核方式,实现了优质教育资源向郊区农村的辐射。除委托管理外,随着上海市城市空间布局的不断优化,入住群众对优质教育资源的需求不断增长。在此背景下,上海市教委组织中心城区甄选出一些品牌学校到新城区和大型居民社区开展捆绑教学。截至 2011 年,赴郊区新城、大型居住社区开展捆绑办学的有 10 所中心城区品牌学校,还有 5 所学校正在协调推进。① 城区品牌学校和新城、大型居住社区公建配套学校实行师资统一调配、课程统一管理、考核统一实施,实现了新城和大型居住社区公建配套学校的高水平起步。

革新城乡义务教育一体化办学机制是促进广西城乡义务教育一体化发展的重要手段。通过革新城乡义务教育一体化办学机制,提高薄弱学校的办学水平和教学效率,突破城郊教育资源流动的壁垒和限制,实现优质教育资源对郊区农村的辐射,从而促进广西义务教育一体化发展。

五、加强辐射,建立区域城乡优质教育资源共享机制

为加快促进城乡义务教育均衡发展,上海市各地区均建立了符合自身实际情况的优质教育资源共享机制,有效扩大了优质教育资源的辐射面。杨浦区以备受家长赞许的优质学校为龙头,携手实力相对薄弱的学校共同组建了 4 个小学集团,在每个集团学校内部实行师资、课程、考评、考核的统一管理和调配。浦东新区实行"一校多分部",即一个法人、若干个分部,倡导由品牌实力学校对新建成的学校进行管理。普陀区以打造优质教育圈为特色,把本区域划分为东西南北四块,每一块区域内皆重点构建一个优质教育资源圈,通过圈与圈的合作,打造优质教育链,最后形成错落有致的优质教育资源群,从而拉动本区域内学校实现"快跑"。青浦区则将精力放到了构建教育发展共同体上,在共同体内实行师资结对、课程共享、教研互助等。奉贤区以组建教育优质资源联盟为重点,在联盟内部支持品牌学校带动农村学校发展,同时鼓励招收随迁务工子女创办民办小学,实现了联盟内部优质资源的自由流动。总之,上海市建立和完善区域优质教育资源共享辐射机制使"办好每所学校"成

---

① 经济日报.上海着力推进基础教育优质均衡发展[EB/OL].http://news.cntv.cn/20110215/103162.shtml.

为老百姓看得见、摸得着的实惠。①

建立区域城乡优质资源共享机制，加强优质学校对薄弱学校的辐射作用，由优质学校带头与薄弱学校组建教育集团，构建优质教育资源圈，通过相互合作，锻造优质教育资源交互链，形成优质教育资源群，从而拉动本区域内的学校共同发展是促进广西城乡义务教育一体化发展的有效方法。

六、以评促改，构建城乡一体化素质教育评价机制

教育评价指向对教育质量的改进和提升会产生直接的影响。2010 年，上海市颁布的《上海市中长期教育改革和发展规划纲要（2010—2020 年）》明确规定，要制定教育质量标准，建立健全科学、多元的教育质量评价体系，形成政府、社会、学校、家长等多元参与的教育质量评价机制。自 2011 年起，上海市实施了中小学生学业质量综合评价办法（又称为"义务教育质量绿色评价指标"），正式建立了城乡一体化的素质教育评价机制。该评价机制的指标体系由 10 项指标构成，包括学生学习动力、学业水平、学业负担、师生关系等指标，其核心价值是追求学生的健康成长。该评价机制的指标体系在内容上由原来的一维评价变为多维评价，在手段上由单一评价变为综合评价，在功能上由结果证明变为过程改进，通过定期对义务教育进行"健康体检"，为学校素质教育的开展和学生身心的健康发展营造了良好的氛围。特别是在各县区的城乡学校，中小学生学业质量绿色指标得到了推广，引导学校科学地管理和评价教学质量，把课程标准实施情况作为考核教学质量的重要依据，同时重点关注对学生学业质量产生重要影响的因素，从而建立起以学校为本的教育质量评价体系，使学校成为让每一个学生都能快乐成长成才的学校。

建立新型的城乡一体化素质教育评价机制，通过创新评价机制的方式促进教育质量的改进与提升，多维度综合性的评价可以为义务教育阶段的学生素质教育的开展和学生身心的健康发展营造良好的氛围。尤其是在城乡学校内，多元化的评价机制可以引导学校进行更科学的管理，更关注学生的学业质量，建立起以学生为本的教育质量评价体系。这对于促进广西城乡义务教育一体化发展具有非常重要的意义。

---

① 上海教育新闻网.尹后庆回应"入园难"等七大教育热点问题[EB/OL].http://www.age06.com/Age06.Web/Detail.aspx？InfoGu-id=bac94215-ee38-4fa8-a736-d63ceaba65d3.

七、内涵提升，深化城乡中小学课程教材改革

2010 年，上海市教委颁布了《提升中小学（幼儿园）课程领导力三年行动计划（2010—2012 年）》，要求实施国家课程要以学生的知识基础和需求差异性作为主要依据，要具有创造性，体现校本化，从而为学生的未来发展打下宽广而坚实的基础。此外，为了确保教育过程的公平，使每位学生都能获得适合自己的教育、得到很好的发展，要大力拓宽学生的学习渠道，特别是通过开展拓展性课程和研究型课程满足学生多样化和个性化的学习需求。因此，上海市大力实施"新优质学校"的项目改革，一批新学校得以涌现。特别是随迁子女比较聚集的低收入群体生活区域内的学校，通过课程改革和教材改革，使学校每一层楼面和区角都有适合学生发展的丰富的教育元素，可供学生选择的课程也非常多，并且全天候对学生开放。这些学校虽然条件比较简陋，但处处散发着人文关怀，无论是校长还是教师无不对学生充满了关爱和理解。通过内涵提升，让弱势学校的办学水平得到了提升，学校有能力给贫困家庭学生提供一个较好的教育环境，这已经超出了学校区域内群众的期望，他们外出择校的意愿显著下降。

城乡义务教育一体化发展也要注意在义务教育阶段所使用教材的内涵提升，深化城乡义务教育课程教材的改革可以确保教育过程的公平，拓宽学生的学习渠道，提升内涵，从而提升弱势学校的办学水平，进一步促进广西城乡义务教育一体化发展。

八、把握关键，提高城乡义务教育阶段师资的专业化水平

提高师资专业化水平是城乡义务教育一体化发展和城乡义务教育高位均衡发展的关键所在。针对此，上海市采取了三大措施：

（1）建立城乡一体化的农村教师补偿与发展制度。一方面，探索并实施绩效工资制度，统一全市教师工资标准，确保在全市教师收入基本均衡的基础上，对赴农村任教的教师在职称评定和岗位选聘上给予优先优惠政策，并实施郊区农村教师津贴和奖励政策；另一方面，建立并完善城乡之间教育对口合作交流机制和教师培训学分互认以及聘任优秀专家共享等制度，并实施郊区教师专业发展培训项目，设立奖

助学金,鼓励上海市高校毕业生到农村中小学任教。[①]

（2）构建全市教师教育资源联盟。一是以上海市的师范大学作为牵头单位,联合其他高校和机构等组建教师教育机构联盟;二是组织相关教育专家成立专门委员会,对教师教育精品课程进行开发和评估;三是联合高校教育学者、各中小学优秀校长和教师成立专家资源库,对教师进行教育培训及定期开展基层巡回指导等;四是加强校园信息平台建设,充分利用数字化网络整合相关信息资源,实现优质教育资源的互联共享。

（3）建立国内外名师、名校长培训基地,制定培养计划。依托区域优势,上海市统筹校长培训、教师培训工作,确定教育部中学校长培训中心、江苏省教育行政干部培训中心、浙江省教育行政干部培训中心为"长三角中小学名师名校长培训基地",共同组织实施培训工作。为开拓基础教育领军人物国际化视野,上海市教委和美国加州学校董事联合会进行合作交流,"上海—加州影子校长"培训项目就是其中一个重要的教育合作项目,是上海、美国加州中小学校长双边交流的一种新形式,也是上海市教委相关部门共同合作为推进上海市中小学"名师名校长培养工程"建设的一项举措。从 2008 年开始,上海市教委已经成功派出 48 位中小学校长远赴美国加州培训。

专业化的师资水平有助于促进城乡义务教育一体化发展,这离不开政府对义务教育的扶持,尤其是对弱势学校的扶持。政府可以通过建立农村教师补偿与发展制度,构建全区教育资源联盟以及制定国内外名师、名校长培养计划等方式来逐步提高城乡义务教育一体化水平,促进广西城乡义务教育一体化发展。

九、抬高底部，实现随迁子女义务教育全部免费

2008 年,上海市启动随迁子女义务教育三年行动计划:一是加快郊区学校建设步伐。由于在沪随迁子女 80%以上集中在城郊结合部和郊区集镇,通过郊区学校建设实现了 33.60 万余人在公办学校就读,占到随迁子女总数的 71.41%。二是鼓励社会力量按照基本办学条件要求建立民办学校,招收随迁子女。2008—2010 年共审批 162 所民办小学,委托其招收随迁子女并给予基本成本补贴,使 13.45 万余名随迁子

---

① 沈祖芸.从"上海经验"到"世界财富"——从学生 PISA 夺冠看上海市基础教育优质均衡发展[N].中国教育报,2011-02-18(2).

女免费就读义务教育的目标得以实现。三是鼓励公办学校放宽班额,吸纳随迁子女进入公办学校就读。到 2010 年,已有 47 万余名随迁子女在公办学校或政府委托的民办学校接受免费义务教育。

随迁子女的义务教育问题决定了城乡义务教育一体化发展的下限。解决随迁子女义务教育的问题,可以提高城乡义务教育一体化发展的下限,从而提高广西城乡义务教育一体化发展的整体水平。

第三节 广西乡村学校建设与发展战略布局

一、乡村学校与乡村社会共生

当前乡村学校与所在的乡村社会是呈断裂式发展的。早在 20 世纪,陶行知就有言,中国乡村教育走错了路,他教人离开乡下向城里跑,他教人羡慕奢华,看不起务农,他教农夫子弟变成书呆子。[①] 陶行知批判的是乡村教育没有为乡村建设服务,甚至排斥和割裂乡村社会,对乡村社会造成破坏。而当前我国乡村教育却还在沿着这种路数发展,这似乎成了一个世纪性的难题。接续陶行知先生的以乡村教育促乡村建设的思想,我们认为乡村社会与学校之间应建立一种共生关系,乡村学校的设立应该促进地方文化与主流文化的共同发展,传承传统的地方文化,保持文化的多样性,而不是隔断地方文化发展,造成乡村儿童失去地方认同。在当前我国社会面临大转型、城市化、迅速变化的背景下,农民对乡村学校这类初等教育机构的期望更多是工具性的——希望学校教给学生基本的知识,并使聪明的孩子获得进入高一级学校的机会,进而为社会地位的提升打下良好基础,而对乡村学校是否传递地方价值观念和地方文化认同并没有要求。因此,他们接受了现在乡村学校的运行机制,甚至因为一定的地域劣势产生自卑心理,倾向于期望学校能够传递那些城市的、见多识广的文化,而对学校是否有利于地方社会与文化的发展则漠不关心,进而不自觉地成为沉默者。从乡村学校发展的历史可以看出,学校在乡村社会的建立和发展经历过冲突、调节、适应的漫长过程。现代意义上的乡村学校是国家和地方施行社会治理的行政力量与社会参与力量综合作用的产物。因此,考察乡村学校的兴衰历

---

① 李锦辉.重建乡村教育的知与行[J].江苏教育研究,2010(9):13-14.

史,必须首先明确其发展是在多种力量综合作用下的发展。新中国成立以来,乡村学校发展经历四次重要转折期:村落小学的体制转型与快速扩张时期(1949—1965),膨胀、混乱、无序时期(1967—1978),调整和优化时期(1978—1996),布局调整和衰亡时期(20世纪90年代中期至今)。国家通过建立"民办公助""分级办学"的办学体制,在乡村社会建立起现代意义的学校,作为最末梢的政权渗透,最明显的生存策略便是深深地扎根地方以及依靠地方自治的力量。从这一过程可以看到地方文化与代表现代社会的主流文化的学校之间的磨合,形成一种和谐的地方认同。最终学校成为乡村社会的一个机构、一种资源,乡村社会也同时成为学校的一种资源。这种互为资源的关系便是一种和谐共生的状态。当今中国社会经济腾飞,人们生活水平日益提高,然而物质的丰裕并不意味着精神生活的丰富,因为空虚的精神世界无法靠物质来填充。当前农村社会在快速的城镇化进程中,新的文明还没有建立,一些旧有的传统却已经被破坏,人们逐渐失去了地方认同感。因此,我们认为"后撤点并校"的乡村学校的重建和发展必须激发农民的文化自觉,将乡村学校视为地方性象征,让农村社会恢复或重建地方性关怀与认同。在这一过程中,乡村学校也要自觉担当起为乡村文化的发展接续血脉、培养农村学生为农村社会建设的责任感以及对乡土文化的自信与认同感的重任。在这种共生的氛围中,乡村学校才能得到良性的发展。

二、乡村学校与城镇学校共生

乡村学校在经历了一度的繁荣发展到"撤点并校"的衰败之后,终于在2012年国务院颁布的《关于规范农村义务教育学校布局调整的意见》规定"坚决制止盲目撤并农村义务教育学校"中迎来了"后撤点并校"时代的发展,"后撤点并校"的乡村学校何去何从?首先,我们必须考察受近十年来"撤点并校"政策直接影响的两类学校,即乡村学校和城镇学校。乡村学校不断被布局、被撤并的同时,农村人口、农村学龄儿童涌入城市,大量的人力物力财力都投入城镇学校,近年来,城镇学校不断地新建、扩建,硬件软件设施也不断更新。然而城镇学校的教育现状不容乐观,随着学生人数的增加,大班额已司空见惯,带来了班级管理和教育质量降低等诸多问题。大量农村学生被安排寄宿,寄宿学生心理健康问题日渐凸显。不仅如此,很多家长选择迁移到城镇陪读,"撤点并校"的改革成本被转移到偏远村落的农民身上,同时农村社会也日渐空虚,农村社会文化日渐衰落。在贵州遵义、重庆酉阳等地,部分农民家长因为子女远离家庭住校学习,较早地过上了"空巢"家庭的生活,再加上农村文化生活极其单调贫乏,他们就把大量精力投入封建迷信、"黄、赌、毒"和非法宗教活动当中。① 农村社会陷入一潭死水的境地。长期以来,我国教育政策的价值取向存在"城市中心论",教育资源在城乡空间投入上存在两极化。城乡义务教育的非均衡发展违背了以人为本、公平正义的原则,引发了各种社会问题,而推进城乡义务教育一体化发展却是大势所趋。《国家中长期教育改革和发展规划纲要(2010—2020年)》提出"加快缩小城乡差距,建立城乡一体化义务教育发展机制",一体化发展对乡村学校发展既是机遇也是危机。城乡教育一体化给乡村学校教育带来了新的机遇,乡村学校不仅要为高校输送合格的人才,为城市选送建设者,为新农村发展培养建设者,而且要继承主流文化,培养合格公民。② 城乡教育一体化是指政府在政策支持、财政投入、师资配备、学校软硬件设施上坚持公平原则,均衡合理地分配教育资源,将城乡学校视为平等的需求—投入的共同主体。但在实际运作过程中,乡村教育无论在物质层面(从学校建筑到学生校服)还是在文化方面(办学体制、管理机制、课程设置、教材、教法)都紧跟和效仿城市教育,这是当前乡村学校教育的生存之需。在这一过程中乡村教育不仅失去自身的发展特色,而且切断了自我生存的道路。乡村教育如何突破这种"囚徒式"的生存困境? 同时,需要反思的是我们真的需要的仅是一种单一的代表现代化的城市教育模式,还是也需要一种城乡教育共生并存的发展模式? 乡村学校在城乡教育一体化营造的良性发展空间里,应紧紧抓住这一发展机遇,不仅要为继承现代主流文化培养合格公民,为城市建设输送人才,而且要担当起为乡村发展培养建设者,为农村文明培养接续者。在这一过程中乡村学校要抛弃原有的以城市教育为模板的模式,走特色化内涵式发展之路。共生性发展并非妥协与依附,而是两个互为主体的单元在发展过程中以一种良性的、相互促进的形式共生并存。如此,乡村教育才能在与城市教育竞争的过程中获取自我发展空间。

---

① 任运昌.西部农村寄宿制学校给农民家长带来了什么——一项质的研究及其现实主义表达[J].当代教育科学,2006(18):17-21.

② 王勇.城乡文化一体化与乡村学校的文化选择[J].中国教育学刊,2012(3):46-48.

第四节 广西民族学校寄宿制教育发展定位

一、广西农村寄宿制学校办学的概况

(一)广西农村寄宿制学校办学的现状分析

2010年,广西启动了全区教育布局调整和学校布局调整试点工作,南宁、柳州两个地级市和12个县(市、区)成为首批学校布局调整综合改革试点。进入21世纪以来,广西结合"普九"、职业教育攻坚、高等教育布局结构调整等工作,长期积极稳妥地推进教育布局调整,取得了一定成效。但是,广西教育布局调整现状与《国家中长期教育改革和发展规划纲要(2010—2020年)》新要求、广西经济社会新发展和人民群众新期盼相比,仍然有不小的差距。2016年,由自治区教育厅支持开展的《关于开展村级小学和教学点基本办学情况调研的通知》进行的统计数字显示,博白县辖28个乡镇、316个行政村、41个社区,全县现有村小学312所,教学点600个,在校学生151 935人。博白县上报的《博白县人民政府关于审定博白县义务教育学校布局专项规划(2011—2015年)的请示》(博政报〔2013〕25号)通过了自治区教育厅的审定并报教育部备案。至此,该县每个行政村都至少设有1所完全小学,村落比较分散的自然村(屯)也都设有小学教学点。

北海市,目前一县三区共有村级小学317所、教学点35个,在校学生63 010人,其中村级小学学生59 642人,教学点学生3 368人,村级小学学生数最少为6人,教学点学生数最少为13人。

2016年,桂平市有中小学校752所,在校学生285 163人。其中:普通小学675所(完全小学429所、小学分校246所,其中民办学校2所)、特殊教育学校1所,在校小学生166 334人(包括市特教学校学生40人);普通初级中学55所(其中民办1所),在校初中生87 112人。

2016年,桂平市在县城、乡镇所在地之外设置的村级小学有392所,小学分校(教学点)246个,共有学生110 514人,分布于26个乡镇430个行政村。村级小学中,人数最多的是寻旺乡南津小学(在校生1 904人),1 000人以上的村级小学还有大洋镇蕉树小学(在校生1 162人)、蒙圩镇官桥小学(在校生1 082人)。同时,不足100人的村级小学有63所,人数最少的是紫荆镇寻蓬小学(在校生3人),其次是

石龙镇思源小学(在校生 5 人)和江口镇山台小学(在校生 9 人)。小学分校(教学点)人数最多的是麻垌镇中心小学智灵分校(在校生 469 人),其次是木乐镇岭村小学岭尾分校(在校生 390 人)和马皮乡雅岭小学水泉分校(在校生 317 人);而不足100 人的小学分校(教学点)有 152 个,其中在校生 20 人以下的有 61 个,在校生不足10 人的有 28 个,主要分布于边远山区的村屯。尽管学校规模较小,教学条件简陋,教师数不足,但是由于历史、地理和社会等因素影响,一些学生人数较少的小学和小学分校(教学点)也必须保留下来。随着城镇化的发展以及中心学区寄宿制小学建设的加快,一些规模较小的村级小学和小学分校(教学点)将逐步退出历史的舞台。学校布局调整进行到 2014 年,义务教育经费投入机制进一步健全,学校办学条件明显改善,教育资源配置不断优化,城乡学校布局更加合理,师资队伍专业水平逐步提高,义务教育质量稳步提升,进一步促进了教育公平,人民群众对教育的满意度不断提高。但同时,农村义务教育学校数减少导致部分学生上学路途变远、交通安全隐患增加,学生家庭经济负担加重,并带来农村寄宿制学校不足、一些城镇学校班额过大等问题。

(二)广西农村寄宿制学校的管理模式

自 2010 年进行全区教育布局调整以来,广西在管理任务上总结出了以下五个方面:一是编制好学校布局调整规划,制定好学校基本建设规划,建立好项目储备库;二是加强农村学校、城镇薄弱学校和寄宿制学校的基础设施建设,改善办学条件,缩小区域内城乡、校际办学差距;三是改善农村学校和城镇薄弱学校的教育技术装备,提高城乡学校信息化水平;四是推进农村教师周转房建设,稳定农村教师队伍;五是深化教育教学改革,提高教育教学质量等。

广西民族地区的寄宿制办学与管理有其独特的模式,如 2015 年广西壮族自治区通过的《广西壮族自治区寄宿制民族班管理办法》制定了相关管理要求。寄宿制民族班主要在少数民族边远山区和经济不发达地区设立,主要面向老少边山穷地区学生设置民族班,有小学、初中、高中、中职等办学层次,国家在经费、师资、设备等方面给予特殊照顾。寄宿制民族班以公办学校为主并由政府提供相应的助学金,中小学实行全日制中小学教学计划;以农村、边远山区、家庭贫困的少数民族学生为主要生源对象,各地、校要结合实际,按照小学就近入学,初中、高中相对集中的原则制定具体招生办法。小学寄宿制民族班办在乡(镇)中心完全小学,在全乡范围内招收小学五、六年级父母双方均在农村且家庭贫困的少数民族学生，每班班额为45人左右。寄宿制民族班小学每生每月补助50元，初中、高中每生每月补助60元（中职学生可参考初中生、高中生的补助标准，每生每月补助60元），全年按10个月计算，所需经费由自治区财政负担50%，市财政负担50%。寄宿制民族班学生补助经费，80%以上主要用于学生的生活补助，并根据家庭经济状况和学习情况以及平时表现分甲、乙、丙三等评定发放，每个等级的差额控制在每月5—10元；20%以内用于书本费、衣被补助和学校为寄宿制学生购买常用药品。

二、广西民族学校寄宿制教育的发展路径

寄宿制学校办学中主要存在的问题包括寄宿制学校建设资金问题、人员管理规范化问题、布局调整和基础设施建设标准化问题。国家"工程"项目虽然投入了大量的资金，但国家资金下拨后地方政府没有做好及时的配套工作，专项资金也没有专门的渠道来管理使用，寄宿制学校建设资金被挪用现象依然存在。现在运行的很多寄宿制学校的岗位设置很混乱，没有统一的标准，绝对性超标和结构性缺编现象共存，缺乏规范化管理。

学校布局和基础设施建设方面也是由于缺少统一的可操作性的建设标准，才产生了很多不必要的困难。所以，我国寄宿制学校需要进行标准化建设，这不是教育的最终价值诉求，但它是当前农村现实教育情况下，尤其是生源分布稀疏的民族农村地区可以做出的最为理性的现实价值诉求，是实现教育和谐的现实途径。寄宿制学校标准化建设的具体实施办法有以下几个方面。

（一）明确寄宿制学校建设的标准体系

寄宿制学校标准化建设的基本标准的制定，对于规范寄宿制学校、保障寄宿制学生的利益、真正提高农村教育质量具有重要意义。本卷只是对寄宿制学校标准化建设所涉及的几个主要方面做简单探索，具体量化标准的出台还需广大专家学者进行更深入的研究。

1.资金投入标准

寄宿制学校的建设，先决条件就是充足的资金，特别是在各地教育经费严重不足的情况下，如何在保证正常的教育支出的情况下，拿出大笔经费来完善寄宿制学

校标准化建设成为困扰寄宿制学校标准化发展的最大难题。明确各级政府在寄宿制学校标准化建设中的责任和所投入经费的比例显得尤为重要。在"两基"工程覆盖的地方,国家每年都会投入大量的资金用于寄宿制学校加大学生补助力度,避免增加农民负担。

2.学校布局标准

寄宿制学校的建设必须配合国家布局调整,寄宿制学校的建设必须考虑当地的经济基础、人口基数、学龄人口数量、人口分布、风俗习惯等因素,这些因素在布局调整中所占的参考比例都应该设立明确的标准化体系。应设置不同的参数,通过系统的分析工具和方法来量化分析,确定在何地设置寄宿制学校才能最高效地提高当地的教育质量。例如,不能僵硬地将一所学校的服务半径定为2.5千米,在分析的时候我们还应考虑学生上学的路程,学校所处位置是否是山区,是否有公路交通等参数。只有都通过一定的标准来量化分析,才能真正地找到最适合的位置设立标准化的寄宿制学校,才能合理确定办学的规模,提高办学质量和效益。

3.学校建设标准

在学校的建设方面我们主要考虑的是学生学习设施的建设和生活设施的建设。学习设施的建设首先要保证学校的正常运转,还要考虑到由于寄宿制学校学生需要长时间居住在学校,丰富他们的课余生活对其健康成长有益,因此多大面积、多少学生分配多大的活动空间,分享多少活动器材都需要一定的标准。在生活设施的建设上,主要考虑的是食堂和宿舍的建设。食堂的建设可以参考国家《学校食堂与学生集体用餐卫生管理制度》《餐饮业和学生集体用餐配送单位卫生规范》等相关文件,可以结合当地的经济基础和学生的生活习惯确定食堂大小、菜系种类和费用标准。宿舍的建设也是如此,统一的标准首先要考虑当地的经济条件和生活习惯,根据新的统一标准来计算建设宿舍的面积、床位的大小、住宿费用等。厕所、热水等一些辅助设施的建设也需要制定明确的标准,确认其数量和费用。

4.人员配备标准

要保证寄宿制学校师资队伍的专业化、岗位的规范化,针对不同性质的学校人员也要制定一定的标准。学校人员可分为教学管理人员和后勤服务人员。教学管理人员的标准,可根据国家的政策要求和标准来统一安排,而需要重点规范的是后勤服务人员。后勤服务人员包括食堂管理员、宿舍管理员、卫生员和生活教师,他们的聘用必须制定严格的专业资格标准,坚持达标上岗。学校或乡镇可统一聘用后勤服务人员,统一培训,杜绝非专业的村民或教学人员兼职。这是寄宿制学校标准化建设中尤为重要的一个部分,也是维护校园安全所必须遵守的标准。

5.学校管理标准

寄宿制学校管理标准主要包括学生的食堂就餐管理、寝室休息管理、课余时间管理、往返学校交通管理等方面。针对这些方面都应根据实际情况,制定相应的规章制度和学生行为标准。这些管理标准的制定要充分考虑全校教师的能力和学生生活的需要,必须从学校和学生实际情况和需求出发,力求保障学校和寄宿生的共同利益。学校管理标准的实施要纳入班级纪律管理体系,依靠班集体落实这些日常管理规范。

(二)寄宿制学校标准化建设的基本原则

在推行寄宿制学校标准化建设的同时,也必须坚持政府投入为主、多渠道筹措资金的原则,沟通协调为主、不强制拆迁合并的原则,加大学生补助力度、避免增加农民负担的原则。只有做到有原则地推行标准化建设,我国的寄宿制才能得到确实的发展,民族地区的教育才能确实得到实惠,民族地区的教育质量才能真正地得到提高。

1.政府投入为主,多渠道筹措资金

寄宿制学校标准化建设需要大量的资金作为保障,虽然在国家"两基"工程的支持下部分地区的建设经费的困境得到了缓解,但还有很多地区由于经济基础薄弱,地方财政压力巨大,建设经费不足已经成为阻碍寄宿制学校标准化建设的最大障碍。为了弥补寄宿制建设经费的不足,多渠道筹措教育经费已成为寄宿制学校继续发展必须考虑的筹资方式,这也是国家教育经费政策的重要内容。由于国家对"三农"问题的关注和对农民生活的支持,停止了征收农村教育附加费,因此农村学校的经费来源更加少。学校为了更好地发展必须增加融资渠道,通过接受社会资助、对外招租合作开办食堂、澡堂等设施来弥补学校经费的不足,缓解学校和当地政府的压力。多渠道筹措教育资金,已经成为寄宿制学校继续发展必须遵循的原则。

2.沟通协调为主,不强制拆迁合并

很多地方的学校布局调整都遇到了较大的阻力,其根本原因是政府没有协调好学校和村民的关系,没有让村民真正了解到布局调整、校舍合并为他们带来的好处。为了落实国家教育布局调整的整体规划,发展寄宿制学校,需要取消一些乡村学校,但不能强制拆迁合并学校。要做好村民的思想工作,积极地向村民介绍寄宿制学校所带来的好处,要让村民了解新建寄宿制学校有利于他们孩子的教育,有利于当地教育质量的提高,政府也会加大补助力度,制定补助标准,真正地做到减轻农民的家庭负担。

3.加大学生补助力度,避免增加农民负担

学生改为寄宿后,农村家庭必须为其子女准备寄宿费和生活费,这对于本就不富裕的家庭来说是一笔很大的开支,如果国家不给予一定的补助,农民必然会产生抵触情绪,这违背了国家发展农村、富裕农民的初衷。所以,在民族贫困地区建设寄宿制学校,考虑到当地农民的利益,当地政府必须加大投入,资助民族贫困地区的寄宿制学生,保证寄宿制学生可以得到必需的补助,避免增加农民负担,保障寄宿制学校的正常运行。

4.优化农村教育资源配置,促进城乡教育均衡发展

2001年,《国务院关于基础教育改革与发展的决定》是我国首次推行在农村实施寄宿制的开始。教育部推行此政策的初衷是针对我国农村义务教育资源布局分散、教职员工水平参差不齐、教学质量难以提升的现实,采取因地制宜的办法解决问题。运行寄宿制虽存在一定的消极影响,但是辩证地看,这对扩大"两基"攻坚县义务教育规模,保证西部地区学龄儿童正常入学,并完成义务教育起到了促进作用。特别是在民族地区,这种管理模式不仅缓解了民族贫困地区优秀学生上高中难的问题,而且成为民族地区培养经济建设和社会发展人才的有效途径,集中农村有限的资源并充分利用,实现资源因地制宜的配置和利用。

5.贫困助学与防止辍学双管齐下

"两免一补"政策的倾斜首先从关爱农村贫困家庭学生开始,还对贫困寄宿生进行生活补助,因此寄宿制有针对性地资助和关爱义务教育阶段的贫困学生、偏远地区少数民族学生等弱势群体。这对于身处偏远地区、贫困山区的孩子来说是一股暖流,也解决了贫困家庭以及留守儿童无法接送的问题。在实施寄宿制过程中,还通过建立救助资金保障机制,拓宽社会帮扶资金渠道,精准摸底,确定贫困学生的实况,加强监督和确保资助金的发放。教育资源配置不断优化,城乡学校布局更加合理,师资队伍专业水平逐步提高,义务教育质量稳步提升,进一步促进教育公平,人民群众对教育的满意度不断提高。但同时,农村义务教育学校减少导致部分学生上学路途变远、交通安全隐患增加,学生家庭经济负担加重,并带来农村寄宿制学校不

足、一些城镇学校班额过大等问题。有的地方在学校撤并过程中,规划方案不完善,操作程序不规范,保障措施不到位,影响了农村义务教育的健康发展。根据《广西壮族自治区人民政府办公厅关于进一步规范农村义务教育学校布局调整的实施意见》(桂政办发〔2014〕53号)要求,严格落实《广西壮族自治区寄宿制中小学校管理办法(暂行)》,"加强寄宿制学校安全教育和管理,有针对性地开展预防火灾和应急疏散等安全演练;从2012年开始,广西对全区各地义务教育巩固率情况进行通报,要求建立'控辍保学'监测点,加强学籍管理,杜绝未完成义务教育的适龄儿童少年务工和经商,特别是禁止组织初三学生分流到中职学校就读、动员学生放弃中考"。

6.优化农村教师队伍与促进学生身心健康发展

根据《广西壮族自治区人民政府办公厅关于进一步规范农村义务教育学校布局调整的实施意见》(桂政办发〔2014〕53号)的文件要求,切实办好农村小学和教学点需要加强教师队伍的建设,教师编制核定向村小学和教学点倾斜,加强英语、体育、音乐、美术等紧缺学科教师配备,确保村小学和教学点开齐课程、开足课时。建立和完善乡镇中心小学教师到村小学和教学点开展集中备课、巡回教学制度,开展连片教研,推动优质教学资源共享,提高村小学和教学点教学质量。有条件的地方应为学校配备校医和心理健康教师,学生规模在200人以上的中小学,原则上每校要配备1名专职心理健康教师,学生规模在600人以上的中小学或实行寄宿制的学校,原则上每校至少配备1名专职卫生专业技术人员,并根据学生数每增加1 000名至少增配1名专职卫生专业技术人员。

第五节　广西普及农村高中教育的战略设计

一、广西普通高中教育发展的总体情况

普通高中教育是衔接义务教育和高等教育的重要阶段,是促进我国从人口大国向人力资源大国转型的关键环节。下面将从普通高中学校数量、普通高中教育普及状况、普通高中教师队伍的发展状况、普通高中教育经费的投入情况、办学条件五个方面进行描述和判断。

（一）普通高中学校数量

在国家政策和经费等多方面的共同支持下,近几年广西普通高中教育改革和布局调整继续推进。总体上,普通高中学校数量保持相对稳定,保持在450所左右,其中2012—2014年分别为450所、453所和445所。(图4-1)目前,广西普通高中仍然以公办高中为主,办学体制多样化有所发展。

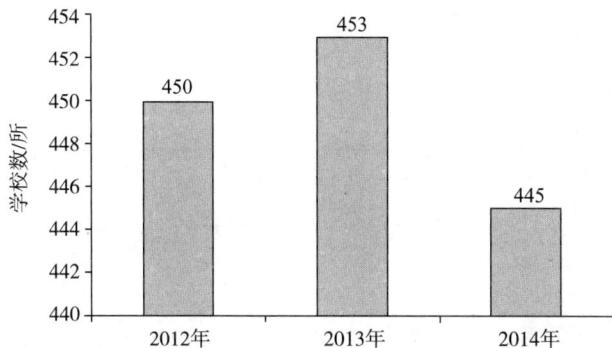

图4-1　2012—2014年广西普通高中学校数量

（二）普通高中教育的普及状况

广西普通高中教育的普及状况主要从普通高中招生人数、在校生人数、毕业生人数、每十万人口学校平均在校生人数等几个方面进行描述和分析。

1.广西普通高中教育普及率平稳

2012—2014年广西普通高中招生规模持续增长,如图4-2所示。从2012—2014年招生人数从292 818人增加到304 639人,增长了4%。从2012—2014年在校生人数和毕业生人数变化情况来看(如图4-3、图4-4),2009—2011年期间,广西普通高中招生规模也在连续增长。因此,广西普通高中教育普及状况良好。

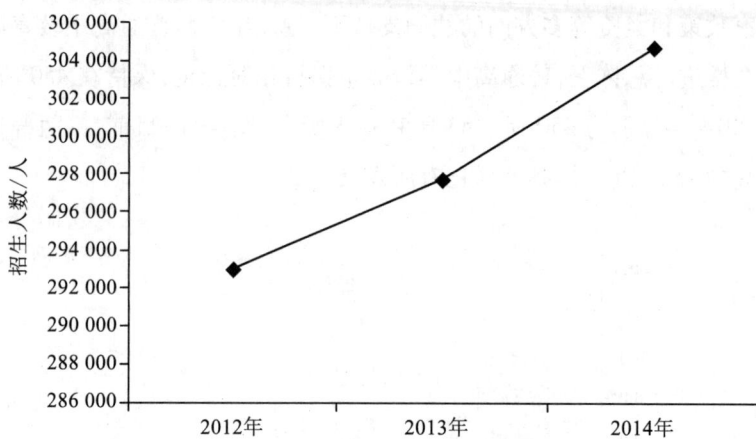

图 4-2　2012—2014 年广西普通高中招生人数

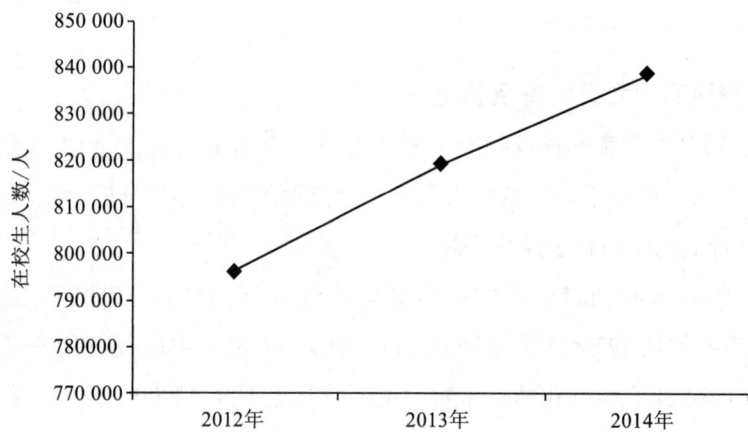

图 4-3　2012—2014 年广西普通高中在校生人数

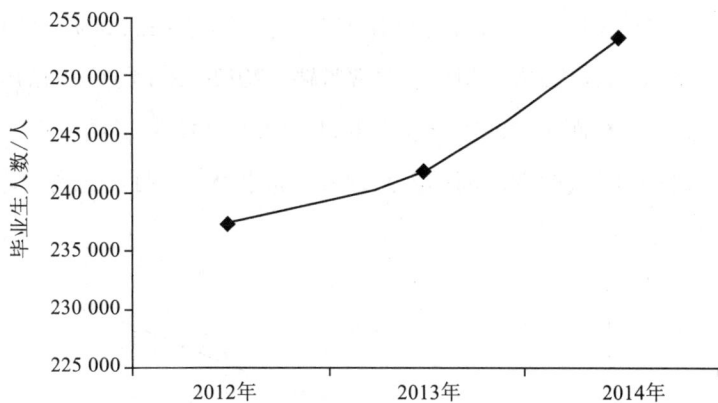

图 4-4　2012—2014 年广西普通高中毕业生人数

2.广西普通高中招生规模将保持稳定增长状态

如图 4-5 所示,2012—2014 年每十万人口学校平均在校生人数逐年下降,反映了普通高中在校生人数占广西总人口的比例在下降,但另一方面,广西普通高中招生规模持续增长,表明普通高中教育以下各年龄段的人数正在不断增长。因此,广西普通高中招生规模将保持稳定增长并有望创新高。

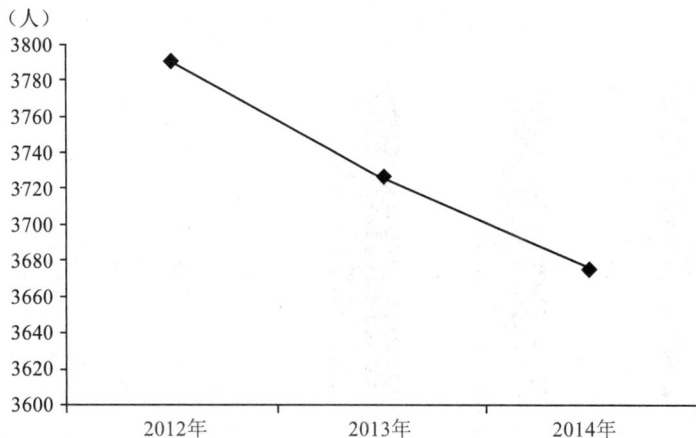

图 4-5　2012—2014 年广西普通高中每十万人口学校平均在校生人数

（三）普通高中教师队伍的发展状况

教师队伍建设是普通高中发展的关键。下面将从普通高中专业教师人数、生师比两个方面对普通高中教师队伍发展状况进行描述和分析。

2012—2014 年,广西普通高中专业教师人数持续上升,分别为 44 557 人、46 752

人和 48 357 人。2013 年和 2014 年分别比上年增长了 4.9% 和 3.4%。(图 4-6)虽然专业教师人数在增加,但高中教师仍然非常紧缺。2012—2014 年广西的生师比分别为 17.86、17.52、17.33,而全国的则分别为 15.47、14.95、14.44。(图 4-7)广西生师比明显高于全国平均水平,两者之间的差距还在不断扩大,广西普通高中教师队伍发展面临着巨大的挑战。

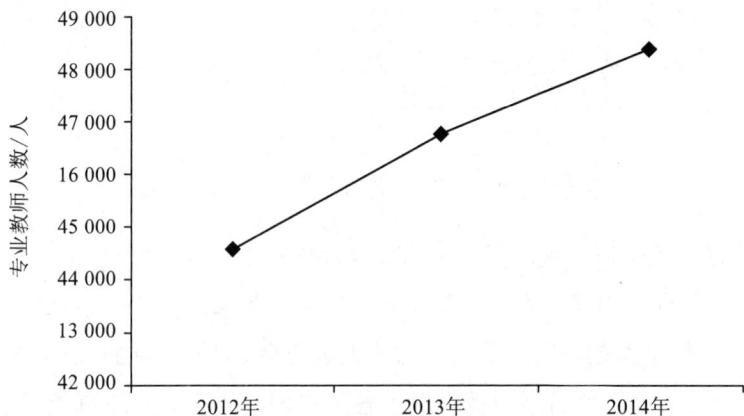

图 4-6 2012—2014 年广西普通高中专业教师人数

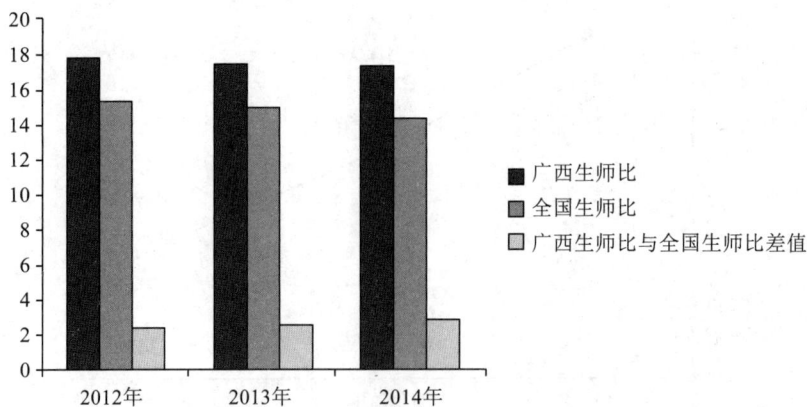

图 4-7 2012—2014 年全国生师比和广西生师比的比较

面对挑战,全国和广西纷纷提出新对策。例如,2015 年"国培计划"已培训 600 多万名中西部农村教师。据不完全统计,2014 年,各地农村中小学补充教师 35.8 万人,近两年全国招聘的 13.2 万名特岗教师中,有 95% 到乡镇以下学校任教。2015 年 4 月 2 日,教育部发布的《2014 年全国义务教育均衡发展督导评估报告》指出,通过督导评估,各地创新教师队伍建设机制,从教师补充、交流、培训和待遇等方面入手,合理配置教师资源,提高队伍整体素质,努力推进城乡间和校际均衡发展。

(四)普通高中教育经费的投入情况

2014 年,广西普通高中教育投入共 7 794 092 万元,其中,国家财政性教育经费 6 540 555 万元,占 83.9%;社会捐赠经费 8 898 万元,占 0.1%;民办学校中举办者投入 17 551 万元,占 0.2%;事业收入 1 136 774 万元,占 14.6%;其他教育经费90 314万元,占 1.2%。(图 4-8)目前,教育投入以国家财政性教育经费和事业收入为主。

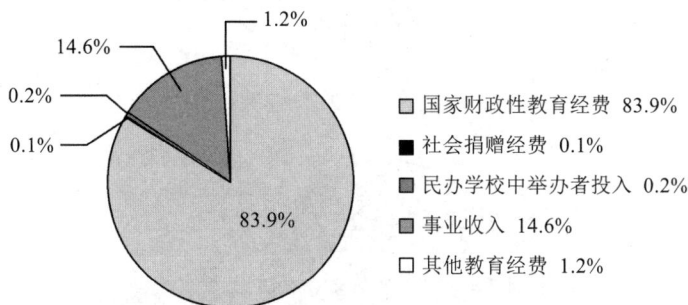

国家财政性教育经费 83.9%
社会捐赠经费 0.1%
民办学校中举办者投入 0.2%
事业收入 14.6%
其他教育经费 1.2%

图 4-8 2014 年广西普通高中教育经费投入情况

从 2015 年春季学期起,中等职业学校和普通高中国家助学金标准由生均每年 1 500元提高到 2 000 元。据了解,现行的中等职业学校国家助学金和普通高中国家助学金政策实施以来,我国已分别投入 962 亿元、327 亿元,其中,资助普通高中学生 2 436 万人次。截至 2015 年 4 月底,广西已筹措并下达年度奖补资金 16 亿元,启动新建(迁建)中小学、幼儿园 372 所,是年度规划建设任务的 119%。其中,普通高中 6 所,奖补资金 0.3 亿元。为鼓励各地新建学校,广西实行资金奖励机制,按照"启动建设一所,奖补一所"的原则,对新建(迁建)中小学予以一次性奖励补助。其中,高中每所奖补 500 万—1 000 万元。

(五)普通高中的办学条件

办学条件是实现教育现代化、推进教育改革和发展的基本保障。图 4-9 和图 4-10分别描述了教学用地(教室、实验室、图书室、微机室、语音室、体育馆、教师办公室)和绿化用地、运动场地的面积状况。如图 4-9 所示,教室占地面积最大,有 3 098 346平方米,占 60%;实验室(645 777 平方米)和教师办公室(538 791 平方米)占地面积都在 10%以上;语音室(56 398 平方米)占地面积则最小,仅占 1%。如图

4-10所示,绿化用地面积和运动场地面积分别为 7 714 085 平方米和 5 933 750 平方米。此外,2014 年全区普通高中共拥有图书22 430 360册。

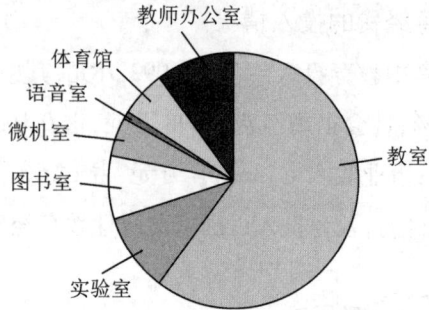

图 4-9　2014 年广西普通高中教学用地面积的比例

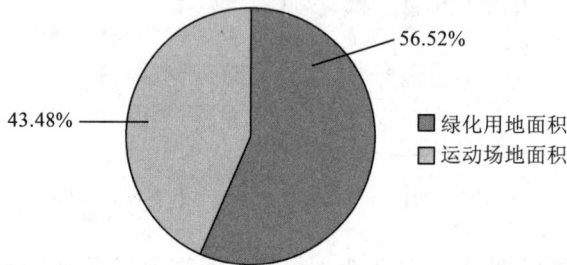

图 4-10　2014 年广西普通高中绿化用地面积与运动场地面积的比例

2015 年,我国基本完成全国中小学互联网接入,基本实现了各级各类学校互联网全覆盖,其中宽带接入 50%以上,拥有网络教学和学习环境。2015 年,师生网络学习空间的开通数量达到 4 500 万,使 50%的教师和 30%的初中以上的学生拥有实名网络学习空间,并在教育教学中深入应用。同时,还完善了教育资源云服务体系,提升了国家教育资源公共服务平台技术水平和服务能力,建立了健全的国家平台运行、资源汇聚与服务的政策机制,实现了与 20 个以上省级平台以及若干地区平台、企业平台的互联互通。

二、广西农村普通高中的基本发展态势

《国家中长期教育改革和发展规划纲要(2010—2020 年)》提出:"推动普通高中多样化发展。促进办学体制多样化,扩大优质资源。推进培养模式多样化,满足不

同潜质学生的发展需要。探索发现和培养创新人才的途径。鼓励普通高中办出特色。"①国家统计局公开的数据显示,2014年全国人均国内生产总值为4.66万元,广西人均地区生产总值为3.31万元。作为西部省区,相对于全国平均水平,广西经济整体上依然存在不小的差距,和发达省份的差距就更加明显。在经济条件落后的前提下,广西教育发展面临的困难也更大、更难。我们应该看到广西普通高中教育的发展现状与困难,尽管广西普通高中整体上发展的态势良好,在升学率、师生比例、办学条件上不断改善与提升,但广西教育事业整体处于全国落后位置的局面依然没有改变,特别是区域间发展的不均衡。近年来,农村普通高中面临着办学条件与城市普通高中的差异增大、生源数量下降、优质教师流失的严峻形势。

(一)农村普通高中升学率

农村人口占多数是我国当前的社会现实,大学生中农村学生的比例自20世纪90年代起不断下降。以2011年清华大学人文学院社科2010级王斯敏等同学在清华2010级学生中做的抽样调查为例,农村生源仅占生源总数的17%,令人惊讶的是在那年高考的全国考生人数中,农村考生的比例则高达62%。而据来自北大招生办的信息,2010年北大在某省招收的70名文理科学生中,有60名考生是通过自主招生加分、政策性加分、保送的途径迈入北大。这些考生绝大多数来自省市重点高中,而农村普通高中和这些省市重点高中在教育经费投入和教学培养模式上有较大的差距。特别是在自主招生上,省市重点高中本身就具有优势,再加上学生家庭环境优越,往往挤占掉大多数的大学招生名额。可以说,农村考生考大学面临的问题更加突出和棘手。我国区域间发展不平衡这一客观现实问题的存在,造成农村学生面临的升学压力巨大。2014年6月,自治区人民政府制定并下发的《广西壮族自治区人民政府关于开展教育精准扶贫扶持贫困家庭子女上学就业的实施意见》(桂政发〔2014〕32号)要求,全区共有4.91万人优先享受普通高中国家助学金,受助金额共0.74亿元。2015年10月17日,广西教育扶贫全覆盖行动启动仪式在南宁举行。根据自治区党委、政府精准扶贫工作的目标要求,广西要实现贫困地区教育发展整体水平到2017年接近全区平均水平,到2020年与全区同步基本实现教育现代化。其中,结对帮扶将作为教育扶贫的重要任务,下一步,自治区将建立各级教育结对帮扶

---

① 中华人民共和国教育部.国家中长期教育改革和发展规划纲要(2010—2020年)[EB/OL].http://www.moe.gov.cn/jyb_xwfb/s6052/moe_838/201008/t20100802_93704.html.

关系和学生结对帮扶关系,全面覆盖贫困地区每一所学校、每一位教师、每一名学生及每一个建档立卡的贫困家庭。改善农村普通高中办学条件,让普通家庭负担得起普通高中教育,使普通农家子弟能够有更多上大学的机会。

教育天然具有社会调节的重要功能。高考作为一种人才选拔制度的指向标,对于普通高中人才培养具有导向作用。但是,我国长期实行的高考招生政策存在一些社会反映强烈的问题,主要是唯分数论使学校培养人才的手段带着功利性质,不利于学生全面发展,并且一考定终身在人才选拔上显然不够科学。当前城乡入学机会存在差距,农村高中升学率不高普遍存在。农村高中升学率不高的原因集中体现在农村高中师资力量薄弱、农村学生学习环境不佳、城乡结构失调等因素上。其实,普通高中教育与中职教育在农村地区先天就与城市存在不同。读高中,对于大多数农村家庭来说本身就是充满着不确定性的"投资"行为。再加上近年来大学生扩招导致农村大学生较之掌握较好社会人脉资源的城市大学生就业更加困难。结果就是很大一部分农村学生在中考后已经被迫选择了中职教育,而剩下的一部分幸运儿,不仅要面对高中教育投入大的压力,而且经过三年的高中学习还要面对农村考生升学率非常低的残酷现实。

党的十八届五中全会第一次提出普及高中阶段教育。2014 年 3 月,在十二届全国人大二次会议上,李克强总理代表国务院向大会做政府工作报告,报告中指出要使贫困地区农村学生上重点高校人数增长 10%以上。2016 年 3 月,在十二届全国人大四次会议上,李克强总理再次强调农村学子的升学问题,强调要加快改善贫困地区义务教育薄弱学校办学条件,重点高校招收贫困地区农村学生人数同比增长10.5%。符合专项计划招生资格的广西考生则可以按照政策享受高考优惠。这一政策的实施显然是当前我国促进农村普通高中教育改革的一个重要措施。教育资源向中西部倾斜、向农村倾斜的做法显然是为了我国教育事业整体健康发展。广西在实施过程中采取"三坚持三强化"的办法解决广西普通高中所面临的问题。做好农村普通高中建设,要正视农村普通高中发展,改善城乡区域二元结构发展不均衡问题,特别是改善农村普遍面临的教育资源分配不平衡、优质教育资源少等突出问题。农村高中生存压力相对更大,特别是随着课程改革的深入推进,农村普通高中普遍面临的将不仅仅是财政上的压力,还有优质生源、优质师资流失问题。从近几年的高考录取情况可以看出,农村普通高中缺乏自身发展的改革定位及社会支持,这些都进一步凸显当前农村普通高中发展的困顿局面。

（二）农村普通高中人才培养模式

2014年9月，国务院颁布了《国务院关于深化考试招生制度改革的实施意见》（国发〔2014〕35号），提出"探索基于统一高考和高中学业水平考试成绩、参考综合素质评价的多元录取机制"[①]。2014年11月，教育部出台了《教育部关于加强和改进普通高中学生综合素质评价的意见》（教基二〔2014〕11号），对综合素质评价的要求、内容、方法和流程等做了原则性的规定，还要求各省（区、市）提出高中学生综合素质评价基本要求，制定具体办法。[②] 为适应普通高中教育改革发展新的需要，进一步加强学校人才培养、办学体制、教学管理、学校制度等方面的改革，规范普通高中办学行为，广西壮族自治区教育厅2014年出台了《广西壮族自治区普通高中学校常规管理规定》，规定主要体现在：①学校班级设置均衡，班级规模上限要尽量缩小为55人标准。②学校健全学生学籍管理，建立各项规章管理细则。③完善教师评价体系，科学评估，奖惩合理。早在2012年1月9日，广西壮族自治区人民政府办公厅就颁布了《广西普通高中课程改革实施方案》，方案中明确于2012年开始实施普通高中课程改革。课程由选修课程和必修课程共同组成，此次课程改革的内容涉及三个层次，即学习领域、学科科目和模块。其中学习领域包括语言与文学等八个领域，新开设通用技术和艺术两门学科，每一学科又由若干模块组成。普通高中教育是义务教育与高等教育的衔接部分，普通高中的定位就是要培养每一个学生的自由个性，促进高中学生素质的全面提升，不仅要为学生将来读大学打下良好的能力、素养基础，而且要为学生走向社会做好准备。广西课程改革的目的是加快提升人口素质和综合竞争能力，通过普及普通高中阶段教育，进一步改善经济与社会发展的条件，深化教育体制改革，提升普通高中教育水平。

为推动普通高中多样化、特色化发展，2014年底，广西示范性普通高中验收评估专家组完成了对河池市天峨高中、来宾市合山高中的验收评估。这两所县域普通高中被授予"广西壮族自治区示范性普通高中"称号。至此，广西实现自治区示范性普通高中县县全覆盖，正式确定了全区145所示范性普通高中全覆盖工程顺利完

---

① 中华人民共和国教育部.国务院关于深化考试招生制度改革的实施意见[EB/OL]. http://www.moe.gov.cn/jyb_xxgk/moe_1777/moe_1778/201409/t20140904_174543.html.

② 中华人民共和国教育部.教育部关于加强和改进普通高中学生综合素质评价的意见[EB/OL]. http://www.moe.gov.cn/srcsite/A06/s3732/201808/t20180807_344612.html.

成,对于实施特色学校发展计划,推进普通高中多样化、特色化办学起到举足轻重的作用。2015年3月2日,广西招生考试院对外公布普通高考方案。2015年是广西进行高中新课程改革后的第一次高考,在确保公平实施、平稳过渡的前提下,重点在实行学业水平考试和综合素质评价、录取批次和录取志愿设置改革、高职院校分类考试和多元录取试点、减少和规范照顾加分项目等方面进行改革,进一步促进教育公平,提高选拔水平。与此同时,2015年10月,广西出台《广西壮族自治区特色普通高中验收评估、复查评估标准(试行)》,根据此标准,评估验收分为三个星级,实行动态管理,实施新的评价体系。① 从新的评价体系可以看出:其一,更加重视综合素质评价;其二,测评内容涉及学生的思想品德、学业水平、身心健康、艺术素养、社会实践五个方面;其三,具体评价操作根据学生发展的年龄特征结合本校发展特色。评价既作为高考招生工作的重要参考,又能对学生全面发展状况进行观察、记录、分析,深入推进素质教育。广西普通高中课程改革的目的是改变以往课程设置单一、沉闷,教学机械的现状,注重学生的兴趣与经验。三个层次的内容设定,倡导课程内容与学生生活和社会发展相关。培养学生主动参与的发现精神,为学生创新能力与思考能力的发展提供条件,从促进学生德智体美全面发展的大前提出发,培养学生的个性特长。新的综合素质评价体系首先强调的是全面贯彻党的教育方针,传承和弘扬中华优秀传统文化,践行社会主义核心价值观,坚持立德树人。其次,帮助学生认识自我、规划人生,使学生在平常的学习过程中能够发展自己的特长、潜能,能够开放思维,观察周围世界,走出教室,走向开放的社会,把自己所学的知识运用到实践中,在实践中全面提升综合素质,促进普通高中学校人才培养方法的完善。最后,将有助于扭转单纯用考试分数评价学生的做法,使人才选拔标准更加全面,方式更加科学。人才选拔从只看分数到关注培养人,实现知行合一,改变高校人才选拔模式。此外,关注学生综合素质评价,兼顾学生的兴趣与需求,探索完善在校学生多元评价机制,将学生在校期间的表现,如参与学生军训、志愿服务等纳入学生综合素质评价体系,并作为学生档案的重要参考资料。

---

① 广西壮族自治区教育厅.《广西壮族自治区特色普通高中验收评估、复查评估标准(试行)》政策解读[EB/OL]. http://jyt.gxzf.gov.cn/Item/11471.aspx.

（三）农村普通高中师资建设

2015年，广西普通高中教师学历结构中，研究生学历的有3 000人，与2014年相比增加了176人；本科学历的有46 416人，与2014年相比增加了2 330人；专科学历的有1 298人，与2014年相比减少了134人；高中学历的有19人，与2014年相比增加了4人。从数据上看，教师人数总体呈上升趋势，本科学历的教师仍然占大部分，研究生学历的教师数量有所上升，专科学历的教师数量在减少。（图4-11）

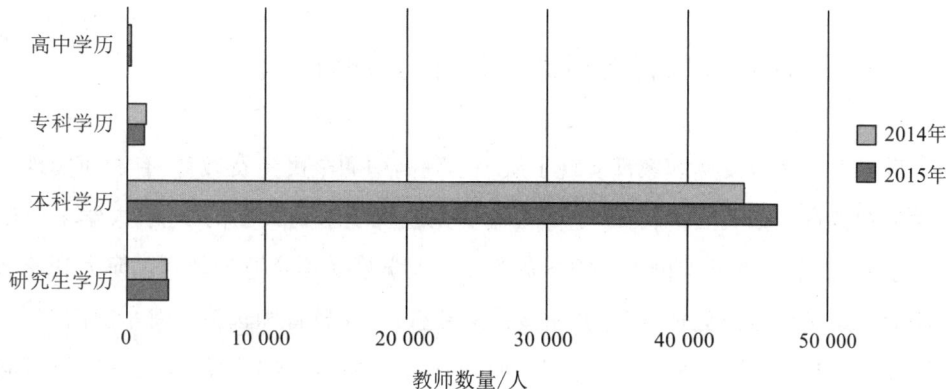

图4-11　2014—2015年广西普通高中教师学历结构

农村普通高中经费投入长期不足是一个客观现实问题，究其原因，主要在于农村普通高中的服务定位本身就是经济相对落后的县城、乡镇区域，而对于大部分县级财政来说，教育经费偏向义务教育投入也是无可奈何之举。另外，由于缺乏普通高中公用经费保障机制，城乡普通高中在学校设施、师资力量等方面存在巨大的差异。作为非义务教育的高中阶段，一部分市区高中教育由于自身条件较优，除了高额的学费，还可以通过择校费用创收。而反观农村普通高中，往往学费较低，公用经费捉襟见肘的现象普遍存在。后果之一就是农村普通高中优质师资的流失。化解这一问题的根本在于教师相关利益决策充分体现公平，建立合理的教师聘用制度。第一，增强农村普通高中的岗位吸引力。例如在教师福利、政策上向农村地区倾斜，给予那些学校位置偏僻的教师合理的补偿。这就需要建立合理的政策决策机制，以便出台合理的、具体的补偿标准。第二，在职称晋升方面同样需要向农村普通高中倾斜，使农村普通高中教师入职后的发展前景能够对入职教师产生吸引力。第三，提升普通农村高中教师的教育教学水平。促进农村普通高中教师专业化发展，为他们提供教学指导、教研合作等。发挥高校、科协等机构在高中教师培训中的作用，建立地方高校和普通中学联手培训在职教师的长效机制。丰富教师教育培训内容,提升优质学校与薄弱学校之间的对口帮扶运作效果。第四,改革农村普通高中教师管理制度。明确农村普通高中的办学主体责任,建立相关法律制度,确保学校坚持的正确办学方向。确定政府、社会、学校承担高中教育经费的合理比重,建立统一的高中教师管理系统,对普通高中校长实施统一管理,从办学理念、专业素质等方面给予专业培训。

三、广西普及农村普通高中教育的战略措施

世界上大多数发达国家都实现了从小学到高中的全民免费教育,有的还实现了大学免费教育。如美国,所有学生都可免费完成从小学到大学的学业,大学采取申请入学方式,学生也可支付较高的学费到私立大学接受更合意的教育。澳大利亚从法律上规定实行全民免费教育,儿童接受义务教育,在教育和选拔上有平等的权利。长期以来,澳大利亚从小学到大学都不收取任何学费,大学生和研究生每年只需向政府交纳 200 澳元左右的"高等教育管理费"。现在我国发达地区已在逐步推行普及高中教育,大中城市的适龄学生基本上都能接受良好的高中教育,如苏州市 2000 年初中毕业生升学率已达 95%(城区在 99% 以上)。我国普及高中教育的主要难点是农村。农村普及高中教育有以下几个问题亟须解决:一是需要国家加大基本教育的投入力度,重点是农村基础教育;二是进一步缩小城乡差别,大力发展农村经济,使农村学生可以自由选择学校;三是大力加强农村高中的基础设施建设,稳定师资队伍,逐步提高农村普通高中的教育质量。各级政府要坚决执行教育经费逐年增长的战略决策,筹集资金投入中小学基础教育,培养师资,添置设备,使基础教育有一个可靠的保障,使中华民族未来的素质和发展有可靠的保证。广西农村人口众多,素质偏低,实行科教兴省,最重要的是在普及九年义务教育的基础上逐步普及农村高中教育,从而从根本上促进农村经济的发展。发展农村普通高中是广西经济建设和社会发展的必然要求,也是发展农村教育的必然结果。当前,农业、农村、农民"三农"问题已成为我国社会发展的特大难题,要解决好"三农"问题,完成农业人口的转移,教育是最可靠的出路和希望。在我国农村人口多、城乡差别短期难以消除的情况下,发展农村普通高中教育也是历史的必然。

《国家中长期教育改革和发展规划纲要(2010—2020 年)》第五章高中阶段教育

第 11 条规定,"加快普及高中阶段教育","到 2020 年,普及高中阶段教育,满足初中毕业生接受高中阶段教育需求"。普及高中阶段教育是我国基础教育发展的必然趋势。普通高中是我国教育体系中承上启下的一个主要学段,它上衔义务教育,是在义务教育基础上的延伸和发展;下接高等教育,是各专业人才培养的前提和基础。因此,普及高中阶段教育具有十分重要的意义。

政府介入教育,推动教育发展,是近代以来教育国家化进程的必然要求。完整而系统的教育体系则是政府介入教育、推动教育发展的必然结果。教育的社会公共事业属性决定了政府在教育事业发展中所应该承担的角色和义务。对普及高中教育而言,接受高中教育的权利也是国家赋予公民的一项法律权利,表明国家在保障学生接受高中教育方面负有一定的责任。政府必须确保每个初中生都有条件接受一定程度和质量的高中教育。但目前西部地区农村高中规模化、城镇化,则使农村偏远地区学生的上学成本增加,而且县城高中学校招生名额有限,初中升高中比考大学还难,导致部分学生难以完成高中学业,这与国家普及高中教育的愿景是相背离的。因此,政府应加大对农村普通高中教育的投入,科学制定区域教育发展规划,加强农村普通高中标准化建设,为以后普及高中教育打好坚实的基础。

1.政府应增加对农村普通高中教育的投入

农村高中教育资源供不应求的首要原因是我国经济发展水平不高,政府对高中教育的投入不足。世界各国无一不是主要依靠政府的财政拨款来解决教育经费问题的。否则,就会出现教育经费短缺问题。因此,要普及高中教育,首先应该保证城乡教育资源的均衡配置,将教育资源公平地分配给每所学校和每个学生,面向全体学生,办好每一所学校。高中教育也是一项公益性事业,作为公共服务者,政府首先应该提供充足的教育资源,以确保教育事业的优先发展。同时,各级政府应制定高中教育的发展规划,扩建和新建高中学校,扩大招生能力,以确保每个初中生享有公平接受高中教育的权利和机会。教育资源的配置政策还应更多地向农村高中学校倾斜,使农村教育得到充足的经费保障,使农村孩子公平地接受高中教育,并对高中教育改革和发展中利益受损的群体给予必要的经济补偿。

2.加强农村普通高中标准化建设

高中标准化建设是普及高中教育的关键。因此,教育行政部门应把推进高中教育和学校标准化建设放在首要位置,实行城乡统一的标准,以改变过去根据城乡的不同发展水平,实行不同标准、分等级操作的办法,使同一地区的不同学校办学条件基本相同。农村普通高中布局调整最重要的目的就是优化教育资源配置,提高办学效益和质量。要实现这一目标,首先要大力加强农村普通高中学校标准化建设。农村普通高中布局调整不能仅仅简单地撤并、减缩高中学校,还应加强薄弱高中学校的建设。凡是被确定为定点学校但不符合办学条件标准的高中学校,政府应主导投资建设,使其达到标准要求,如进行师资力量的合理配置、危房改造,使学校拥有良好的办学条件。因此,要将农村普通高中布局调整与薄弱学校建设结合起来。广西某些地区将农村薄弱高中全部撤并集中到县城,形成了巨型高中学校,其实质是一种将农村普通高中教育全部集中到县城的策略,是一种以城市教育替代农村教育的做法。一般来说,薄弱高中学校基础设施、师资水平、教育质量等明显低于国家办学条件标准的最低要求,而且这些薄弱学校都是农村普通高中。因而薄弱高中学校影响了部分农民子女平等接受教育的权利,违背了基础教育的公平性、公共性和平等性的要求。如果要普及高中教育,首先必须改造和消除薄弱学校,促进城乡高中教育的一体化和均衡发展。目前,广西某些地区高中教育资源配置向县城示范性高中倾斜的情况比较严重,一些地方甚至把建设"巨型高中"作为地方政府的政绩工程。因此,政府应对城乡高中学校实行公平的财政政策,从根本上改变教育资源配置向名校、强校倾斜的不公平做法。

3.科学制定区域教育发展规划

广西高中布局调整一定要科学地制定区域教育发展规划,要坚持因地制宜原则,树立超前性、合理性和效益性相统一的观念;既要坚持教育面向未来,又要从实际出发;既要有近期目标,又要有远期目标;要处理好需求与可能、当前与长远的关系。为此,要深入调研当地社会、经济、教育等实际情况,充分考量当地人口变动的情况、学生上学的距离、学校规模大小等因素,根据人口、地理、经济等因素,着眼长远,统筹规划,科学制定布局调整的总体规划。要处理好办学效益与教育公平之间的关系,坚持把扩大办学规模与兼顾学生就近入学结合起来;坚持把广大农民及其子女的根本利益与受教育权利放在第一位;坚持全局、发展、效益和质量相统一的观点;坚持因地制宜、实事求是的原则,科学、合理、积极、稳妥地做好布局调整工作,以提高农村普通高中教育教学质量,有效促进城乡高中教育均衡发展,为以后普及高中教育打好基础。在重视整体效益和资源优化的前提下,要根据农村偏远山区人口分散的特点,结合现有高中学校的条件和容量、城市建设规划、未来人口分布变迁的趋势等因素,制定未来高中校点分布规划,要确定保留学校和新建学校规模及其改建、扩建、新建学校的分步建设的具体实施方案。

4.大力发展农村职业教育是部分农村高中的现实发展之路

农村高中教育的发展当务之急是积极建构农村职业高中教育体系,培养既能留得住又能走得出的中高级实用技术人才,为农村地方经济转型培养所需人才。

近年来,广西已有部分地区进行农村中学结构调整,将一批农村高中调整为只进行初中阶段教育的不完全中学和进行职业教育的职高。笔者认为这个思路是可行的。中学应该有多种模式,中学要从自身的位置条件、历史特点出发,确定合适的模式。要想国家大量投入、建设好所有的农村中学,是不现实的。部分农村中学应从实际出发,转为职业中学,通过职业教育来盘活学校。这不是说职业中学需要的教学设施少,而是说职业中学有其自身的生存特点,符合农村教育的发展方向,是未来农村教育的发展趋势。

从世界教育发展趋势看,职业技术教育一直是各国教育的重要组成部分,在全民教育中占有重要位置。职业技术教育以技术应用为特点实施教育,获得了崭新的发展空间。职业技术教育分两个层次:一是高中阶段教育,二是大学阶段教育。高中阶段进行职业教育后,学生实行二次分流,部分学生直接就业,也可在工作中再逐步接受大学教育;另一部分学生可进入职业技术学院学习,毕业后成为技术员、工程师等。

在职业迅速分化的现代社会,人们对高等教育怀有强烈的职业动机,同时,新的行业领域的开拓和发展也迫切需要具有专业知识和职业技能的人才。职业高中及职业技术学院就是为了适应这一趋势而产生的。从世界各国看,高中阶段教育都有非常丰富的职教内容。如德国,特别重视中等职业教育。在联邦德国时期,实行的是12年义务教育,小学生毕业后就可选择到三种不同类型的中学(国民中学、实科中学和完全中学)中的一种学习。国民中学的学制为5—6年,毕业后(相当于我国初中毕业生)进入职业教育,这类中学培养的人才是专业技术工人的主要来源;实科中学学制为6年,学生毕业后(略高于我国初中毕业生)进入培养中级人才的职业学校、专业高中以及专科完全中学等,为学生从事多种职业创造条件,优秀毕业生也可进入完全中学学习;完全中学毕业生主要是进入大学学习。再如印度,在20世纪60年代前,高中阶段主要致力于普通教育。但是,普通高中毕业的学生如果不能进大学而是直接就业,职业技能很差,与没上中学相差无几。由此印度政府着力改革中等教育结构,逐步扩大职业教育,使职业教育成为"向经济增长输送人力"的基础。

到 20 世纪 70 年代,印度高中全面设置职业课程。

　　从以往调查的情况看,广西的职业高中比较多的是培养服务行业的技术人才,职业教育门类太少,技术也只是停留在一般水平上,深度不够,尤其是没有结合农村地区的实际,农业生产、农业管理、高效农业、规模农业等职业技术教育涉及不多。技术含量高、就业率比较高的职业技术教育还很少。因此,建构农村职业教育体系,提高职业教育的技术含量,扩大适应面,尤其是在具有广西地方特色的职业教育上做文章,是广西职业高中发展的主要方向。这也是广西普及高中阶段教育的重要途径和必然举措。

第五章

—————

广西农村学前教育发展战略

第一节　广西农村学前教育现状与问题分析

一、广西农村学前教育发展现状

近年来,全国农村学前教育事业各个方面在党中央、国务院的决策部署下取得了新的发展。在这一背景下,广西农村学前教育事业也得到了蓬勃发展。为更好地了解和把握广西农村学前教育事业发展的情况,本卷着重分析广西农村学前教育2013—2016 年各个方面的发展情况,力求更好地把握广西农村学前教育发展的态势。

（一）广西农村学前教育的普及情况

1.学前教育发展较快,普及率不断提高

2017 年,广西第三期学前教育行动计划启动实施,并通过增加学前教育发展资金投入、新建公办幼儿园、落实多元普惠幼儿园奖补资金推进多元普惠幼儿园发展等方式,有效增加学前教育资源。2017 年,据自治区教育厅公布的数据,广西共有幼儿园 11 787 所,比 2016 年增加 774 所,共认定多元普惠幼儿园 4 270 所。在全区幼儿园中,有城市幼儿园 2 584 所,其中公办幼儿园 244 所,比 2016 年分别增加 236 所、12 所;有农村幼儿园 9 203 所,其中公办幼儿园 1 569 所,比 2016 年分别增加 538 所、22 所。全区在园幼儿 214 万人,比 2016 年增加 4.4 万人,学前三年毛入园率突破 80%,达到 82.7%,比 2016 年提高 3.1 个百分点,进一步缓解了幼儿"入园难"的问题。[①] 广西 2013—2017 年学前教育基本情况见表 5-1、图 5-1 和图 5-2 所示。广西学前教育的普及率逐年提高,幼儿园数逐年增多,年增长率均超过 5%,在园幼儿数也逐年增加。

表 5-1　2013—2017 年广西学前教育基本情况

年份	幼儿园数/所		班数/个	入园(班)人数/人	在园(班)人数/人	离园(班)人数/人
	合计	少数民族幼儿园				
2017	11 787	14	73 153	1 094 606	2 139 862	811 151
2016	11 013	14	70 772	1 151 089	2 096 356	835 943
2015	10 397	14	74 475	1 199 990	2 069 015	823 078
2014	9 734	13	71 682	1 192 230	1 973 352	858 017
2013	8 886	28	63 868	1 171 140	1 817 105	786 590

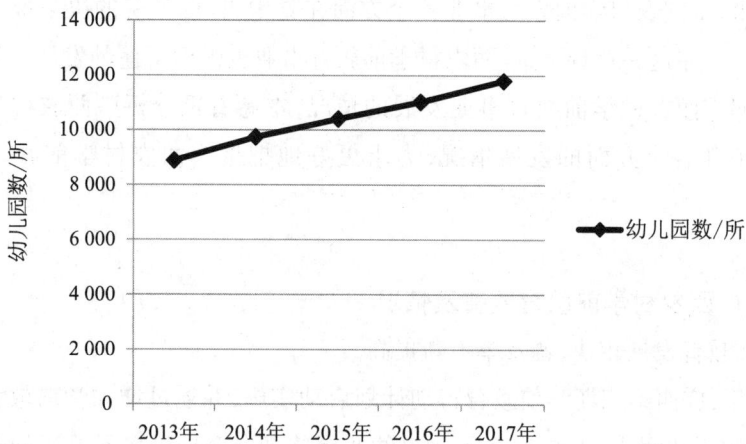

图 5-1　2013—2017 年广西幼儿园数变化情况

---

　　① 广西壮族自治区统计局.2017 年广西儿童发展规划统计监测报告[EB/OL].http://www.gxzf.gov.cn/gxsj/sjyw/20180906-713237.shtml.

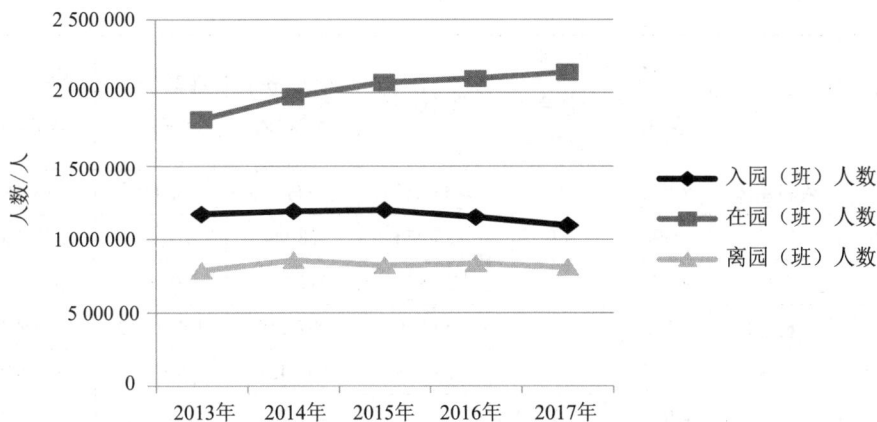

图 5-2　2013—2017 年广西学前教育幼儿数变化情况

2.农村学前教育普及率逐年提高

经过第一期与第二期学前教育三年行动计划的顺利实施,广西农村学前教育的普及情况得到了很大的改善,普及率逐年提升。2017 年广西共有农村幼儿园 9 203 所,比 2016 年增加 538 所,增长率为 6.2%;2016 年广西共有农村幼儿园 8 665 所,比 2015 年增加 292 所,增长率为 3.5%;2015 年广西共有农村幼儿园 8 373 所,比 2014 年增加 551 所,增长率为 7.0%;2014 年广西共有农村幼儿园 7 822 所,比 2013 年增加 645 所,增长率为 9.0%。2016 年广西农村在园幼儿数为 160.06 万人,比 2015 年减少 2.72 万人;2015 年广西农村在园幼儿数为 162.78 万人,比 2014 年增加 6.68 万人;2014 年广西农村在园幼儿数为 156.10 万人,比 2013 年增加 10.5 万人。广西 2013—2016 年农村学前教育基本情况见表 5-2、图 5-3 所示。

表 5-2　2013—2016 年广西农村学前教育基本情况

| 年份 | 分区 | 幼儿园数/所 | | 班数/个 | 入园（班）人数/人 | 在园（班）人数/人 | 离园（班）人数/人 |
		合计	少数民族幼儿园				
2013	农村总体	7 177	22	50 920	1 013 287	1 455 971	668 084
	镇区	3 692	1	24 072	492 880	768 254	307 898
	乡村	3 485	21	26 848	520 407	687 717	360 186

年份	分区	幼儿园数/所		班数/个	入园(班)人数/人	在园(班)人数/人	离园(班)人数/人
		合计	少数民族幼儿园				
2014	农村总体	7 822	11	56 854	1 006 205	1 560 961	715 912
	镇区	3 996	4	25 875	488 950	821 086	338 726
	乡村	3 826	7	30 979	517 255	739 875	377 186
2015	农村总体	8 373	12	59 060	997 215	1 627 812	672 850
	镇区	4 345	3	28 788	508 422	890 480	329 575
	乡村	4 028	9	30 272	488 793	737 332	353 175
2016	农村总体	8 665	12	54 178	940 072	1 600 633	678 226
	镇区	4 517	4	27 901	484 469	894 822	337 545
	乡村	4 148	9	26 277	455 603	705 811	340 681

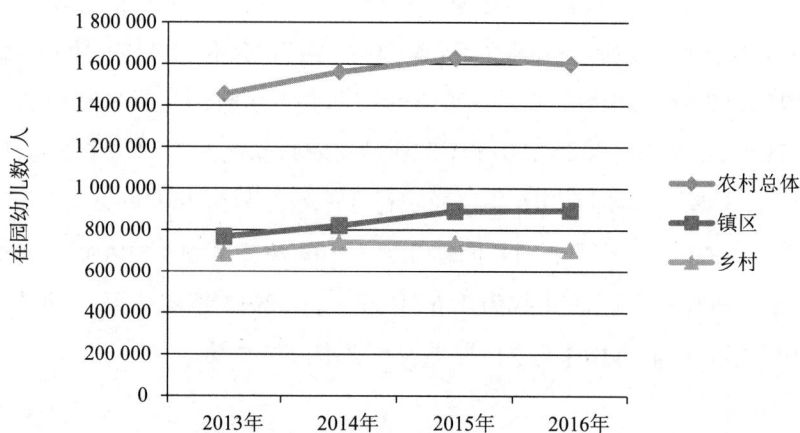

图 5-3　2013—2016 年广西农村在园幼儿数变化情况

由图 5-3 可知,广西农村在园幼儿数呈波浪形增长,2013—2015 年逐年增加,但在 2016 年有所下降;镇区在园幼儿数呈逐年增长,而乡村在园幼儿数在 2013—2014 年呈增长趋势,但在 2015 年以后有所下降。

3.农村幼儿园数量逐年增加,但增长幅度逐年下降

由表 5-3 可见,广西农村幼儿园数逐年增加,但年增长幅度却逐年降低。不管是镇区园还是乡村园都逐年增加,但相对而言,镇区园的增长幅度大于乡村园的增长幅度,但整体上镇区园与乡村园的年增长幅度都呈下降趋势。

表 5-3　2013—2016 年广西农村幼儿园数量变化情况

年份	分区	幼儿园数合计/所	年增长率/%
2013 年	农村总体	7 177	—
	镇区	3 692	—
	乡村	3 485	—
2014 年	农村总体	7 822	8.99
	镇区	3 996	8.23
	乡村	3 826	9.78
2015 年	农村总体	8 373	7.04
	镇区	4 345	8.73
	乡村	4 028	5.28
2016 年	农村总体	8 665	3.49
	镇区	4 517	3.96
	乡村	4 148	2.98

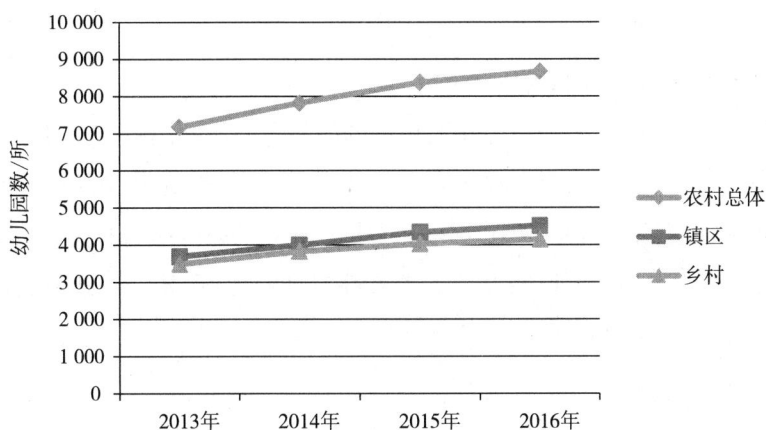

图 5-4　2013—2016 年广西农村幼儿园数变化情况

4.农村幼儿园班级数增加明显,班均幼儿数变化不大

第一、第二期学前教育三年行动计划实施以来,广西农村幼儿园的班级数总体上呈不断增长的趋势,幼儿园规模在逐渐扩大,但幼儿园的班均幼儿数基本保持稳定。2013—2016 年,广西农村幼儿园班级数虽然在 2016 年有所减少,但总体趋势是逐渐增多的,其中镇区园的班级数逐年增加,增幅较明显,而乡村园的班级数则呈现

出时增时减的波浪趋势。总体来看,广西2013—2016年农村幼儿园班均幼儿数基本保持不变,在27.5—29.5人间浮动,其中2016年班均幼儿数最多,为29.5人,2014年最少,为27.5人。镇区园的班均幼儿数在30.9—32.1人间浮动,乡村园的班均幼儿数在23.9—26.9人间浮动。可见,相对而言,乡村园的班均幼儿数更少。从幼儿园班级数和班均幼儿数的变化来看,广西农村幼儿园通过盘活内部资源与增加建设资源,使更多的孩子能够进入幼儿园。从班级容量即班均幼儿数来看,不管是从整体看还是从镇区园或乡村园看,广西农村幼儿园的班均规模仍在合理的范围内。对实际走访调研却发现,有部分村的公办幼儿园却存在超大班额现象,如在容县的某些村公办幼儿园的班额在70人以上。

(二)广西农村幼儿园的格局与发展状况

根据不同的办园体制,我国幼儿园有不同的类型,但在广西农村幼儿园中,主要是教育部门办园和民办园两种类型,其他类型只有少数。因此,以下重点分析广西农村幼儿园中教育部门办园与民办园的比例变化,特别是教育部门办园和民办园的数量与容量变化的趋势与现状,从而反映广西农村学前教育公共服务体系的特点与现状。

1.广西农村幼儿园格局的整体情况

在广西农村幼儿园的办园体制中,民办园与教育部门办园是主体,地方企业、事业单位、部队和集体办园以及其他部门办园都是极少数的,尤其是部队办园仅有一两所。表5-4展示了2013—2016年广西农村幼儿园的办园体制的构成情况。从表5-4可知,广西农村幼儿园以民办园与教育部门办园为主,其中民办园数量占广西农村幼儿园总数的85%以上。

表5-4 2013—2016年广西农村幼儿园构成情况

分区	年份	合计	教育部门办园	其他部门办园	地方企业办园	事业单位办园	部队办园	集体办园	民办园
农村总体		7 177	725	2	10	16	1	26	6 397
镇区	2013年	3 692	385	2	9	12	1	14	3 269
乡村		3 485	340	—	1	4	—	12	3 128

分区	年份	合计	教育部门办园	其他部门办园	地方企业办园	事业单位办园	部队办园	集体办园	民办园
农村总体	2014年	7 822	994	6	10	29	1	24	6 758
镇区	2014年	3 996	488	2	9	5	1	12	3 479
乡村	2014年	3 826	506	4	1	24	—	12	3 279
农村总体	2015年	8 373	1 122	5	10	30	2	23	7 181
镇区	2015年	4 345	567	2	9	5		13	3 748
乡村	2015年	4 028	555	3	1	25	1	10	3 433
农村总体	2016年	8 665	1 221	2	6	36	2	10	7 388
镇区	2016年	4 517	601	2	5	5		7	3 896
乡村	2016年	4 148	620	—	1	31	1	3	3 492

2.教育部门办园与民办园数量持续增长,但两者增幅存在差异

随着第二期学前教育三年行动计划的实施,广西农村幼儿园的数量不断增加,不管是教育部门办园还是民办园都在持续增长,但这两者的增幅存在较大差异。

2013—2016年,教育部门办园数量增速较快,但增长率呈下降趋势,2014年比2013年增加了269所教育部门办园,增长率为37.10%,但从2015年起,教育部门办园的增幅下降,2015年比2014年增加了128所教育部门办园,增长率为12.88%,此后教育部门办园的增幅进一步降低,但增长率仍然大于8%。此外,对比镇区园与乡村园的增幅发现,镇区园在2013—2016年的教育部门办园增长率除了2015年大于乡村园,其他年份的增长率都小于乡村园。这说明广西在2013—2016年投入了大量的资源来建设镇中心幼儿园,大大扩大了镇区幼儿园的规模。

相对于教育部门办园,广西农村地区的民办园在2013—2016年增长较为缓慢,年最高增长率仅有6.26%,远低于教育部门办园的增长幅度。但从增加的数量看,民办园的年增加数量却远大于教育部门办园的年增加数量。此外,对比镇区园与乡村园的增量发现,2013—2016年镇区园中民办园的增长幅度均大于乡村园的增长幅度,且从增加的数量上看,也是镇区园的增加量更大。

表 5-5　2013—2016 年广西农村民办园和教育部门办园数量情况

年份	分区	教育部门办园		民办园	
		数量/所	年增长率/%	数量/所	年增长率/%
2013 年	农村总体	725	—	6 397	—
	镇区	385	—	3 269	—
	乡村	340	—	3 128	—
2014 年	农村总体	994	37.10	6 758	5.64
	镇区	488	26.75	3 479	6.42
	乡村	506	48.82	3 279	4.83
2015 年	农村总体	1 122	12.88	7 181	6.26
	镇区	567	16.19	3 748	7.73
	乡村	555	9.68	3 433	4.70
2016 年	农村总体	1 221	8.82	7 388	2.88
	镇区	601	6.00	3 896	3.95
	乡村	620	11.71	3 492	1.72

3.民办园班级数急剧增加,教育部门办园班级数急剧下降,其他园班级数变化趋势有所不同

从表 5-6 可以看出,2013—2016 年广西农村教育部门办园、民办园、集体办园和事业单位办园的班级数变化趋势各不相同。其中,教育部门办园的班级数逐年减少,2016 年较 2013 年减少了 5 843 班,降幅达 21.62%;民办园的班级数总体呈增长趋势,但个别年份有所减少,2016 年较 2013 年增加了 7 253 所,增幅达 28.46%;集体办园的班级数总体上呈下降趋势,但个别年份有所增加;事业单位办园呈波浪形增长趋势。此外,对比镇区与乡村的情况可知,镇区教育部门办园的班级数总体呈下降趋势,但乡村教育部门办园的班级数有增有减,总体也呈下降趋势。不管是镇区还是乡村,民办园的班级数在 2013—2015 年均逐年增多,但在 2016 年均有所下降。

表 5-6　2013—2016 年广西农村四种类型幼儿园的班级数

年份	分区	教育部门办园/班	民办园/班	集体办园/班	事业单位办园/班
2013 年	农村总体	27 021	25 481	176	85
	镇区	10 393	15 373	104	66
	乡村	16 628	10 108	72	19
2014 年	农村总体	26 262	30 144	180	152
	镇区	8 141	17 520	107	24
	乡村	18 121	12 624	73	128
2015 年	农村总体	24 840	33 867	143	113
	镇区	8 186	20 391	113	26
	乡村	16 654	13 476	30	87
2016 年	农村总体	21 178	32 734	62	133
	镇区	7 577	20 182	53	27
	乡村	13 601	12 552	9	106

4.四种类型幼儿园的园均在园幼儿数呈现出不同变化趋势,班级规模略有增减

下面主要通过园均在园幼儿数和班均幼儿数两个指标来考察广西农村幼儿园的办园规模。从表 5-7 可知,四种类型幼儿园园均在园幼儿数呈现出不同发展趋势,教育部门办园、集体办园和事业单位办园的园均在园幼儿数在 2013—2016 年呈下降趋势,事业单位办园的降幅最大,其次是教育部门办园,最后是集体办园。教育部门办园 2016 年的园均在园幼儿数较 2013 年的减少了 479.74 人,降幅达 46.34%;集体办园 2016 年的园均在园幼儿数较 2013 年的减少了 22.97 人,降幅为 9.31%;事业单位办园 2016 年的园均在园幼儿数较 2013 年的减少了 122.31,降幅达 58.59%。民办园园均在园幼儿数呈缓慢增长趋势,2016 年较 2013 年增加了 14.17 人,增幅为 12.93%。从整体上看,教育部门办园的园均在园幼儿数显著大于其他类型幼儿园的园均在园幼儿数,民办园与事业单位办园的园均在园幼儿数都比较少。

对比镇区与乡村这四类幼儿园的园均在园幼儿数则发现,不管是镇区还是乡村,教育部门办园的园均在园幼儿数都呈下降趋势;民办园的园均在园幼儿数总体则呈缓慢增长的趋势;而集体办园则是镇区呈现波浪形增长趋势并有所波动,乡村呈现下降趋势;镇区和乡村的事业单位办园的园均在园幼儿数总体呈下降趋势,但镇区的下降有所波动。

在班均幼儿数这一指标方面,教育部门办园的班均幼儿数呈缓慢增长趋势;民办园的班均幼儿数较为稳定,保持在 27 人左右;集体办园的班均幼儿数有一定的起伏,在 30—37 人间浮动;事业单位办园的班均幼儿数则呈现较大的下降趋势,2013年为 39.29 人,到 2016 年则下降到了 23.40 人。对比镇区幼儿园与乡村幼儿园发现,镇区的事业单位办园的班均幼儿数总体呈下降趋势,乡村的总体也呈下降趋势,并且镇区事业单位办园的班均幼儿数明显大于乡村的;镇区与乡村的民办园的班均幼儿数都较为稳定,但乡村民办园的班均幼儿数小于镇区的;镇区集体办园的班均幼儿数呈现缓慢下降趋势,乡村集体办园的班均幼儿数除了 2014 年较为特殊,其他年份的班均幼儿数都较为稳定,并且镇区集体办园的班均幼儿数大于乡村的;不管是镇区还是乡村,事业单位办园的班均幼儿数总体均呈下降趋势,但有一定起伏,且镇区事业单位办园的班均幼儿数明显大于乡村的。从整体看,集体办园的班均幼儿数都较大,明显大于教育部门办园和民办园的数量。

表5-7 2013—2016 年广西四种类型幼儿园园均在园幼儿数、班均幼儿数

| 年份 | 分类 | 教育部门办园 | | 民办园 | | 集体办园 | | 事业单位办园 | |
		园均在园幼儿数/人	班均幼儿数/人	园均在园幼儿数/人	班均幼儿数/人	园均在园幼儿数/人	班均幼儿数/人	园均在园幼儿数/人	班均幼儿数/人
2013年	农村总体	1 035.29	27.78	109.59	27.51	246.77	36.45	208.75	39.29
	镇区	830.83	30.78	134.11	28.52	311.29	41.90	223.33	40.61
	乡村	1266.81	25.90	83.95	25.98	171.50	28.58	165.00	34.74
2014年	农村总体	738.66	27.90	120.75	27.07	232.00	30.93	95.31	18.18
	镇区	618.93	37.10	146.90	29.17	355.33	39.85	154.80	32.25
	乡村	851.22	23.77	93.01	24.16	108.67	17.86	82.92	15.55
2015年	农村总体	636.87	28.77	125.57	26.63	232.13	37.34	93.40	24.80
	镇区	537.82	37.25	154.08	28.32	344.77	39.66	161.80	31.12
	乡村	738.05	24.60	94.45	24.06	85.70	28.57	79.72	22.91
2016年	农村总体	555.55	32.03	123.76	27.93	223.80	36.10	86.44	23.40
	镇区	494.09	39.19	152.13	29.37	281.71	37.21	171.40	31.74
	乡村	615.13	28.04	92.10	25.62	88.67	29.56	72.74	21.27

（三）广西农村学前教育师资队伍状况

1.幼儿教师总体情况

2016 年底,广西共有幼儿园专任教师 74 163 人,其中城区园 27 377 人,镇区园 32 357 人,乡村园 14 429 人。另外,从表 5-8 可知,2013—2016 年间,广西幼儿园的教师数量每年均有增加,呈不断增长趋势。

表5-8　2013—2016 年广西幼儿教师数量情况

年份	教师总体数量/人	城区园		镇区园		乡村园	
		教师数量/人	百分比/%	教师数量/人	百分比/%	教师数量/人	百分比/%
2013 年	52 159	18 092	34.69	22 968	44.03	11 099	21.28
2014 年	61 256	21 112	34.47	27 006	44.09	13 138	21.44
2015 年	69 018	23 572	34.15	30 926	44.81	14 520	21.04
2016 年	74 163	27 377	36.91	32 357	43.63	14 429	19.46

2.学前教育生师比情况

2016 年底,广西学前教育阶段总体生师比为 28.27,城区园生师比为 18.11,镇区园生师比为 27.65,乡村园生师比为 48.92。在全区范围内,学前教育阶段生师比高于 28.27 的共有 61 个县(市、区),其中总体生师比最高的是隆林各族自治县,为 114.32,最低的是崇左市直属代管的为 13.23;城区园生师比高于 18.11 的共有 30 个区,最高的是覃塘区,为 53.67,最低是合山市,为 11.41;镇区园生师比高于 27.65 的共有 54 个县(市、区),最高的是钦州市钦南区,为 151,最低的是桂林市七星区,为 14.70;乡村园生师比高于 48.92 的共有 44 个县(市、区)。综上所述,广西学前教育阶段生师比很高,乡村园生师比不仅远高于全区总体水平,而且远高于城区园与镇区园的总体水平。

对广西 2013—2016 年学前教育生师比的数据进行对比分析发现,广西学前教育生师比不管是在总体上还是城区园、镇区园、乡村园都逐年变小,呈下降趋势。（表5-9）

表 5-9　2013—2016 年广西学前教育生师比情况

年份	生师比			
	总体	城区园	镇区园	乡村园
2013 年	34.84	19.96	33.45	61.96
2014 年	32.21	19.53	30.40	56.32
2015 年	29.98	18.72	28.79	50.78
2016 年	28.27	18.11	27.65	48.92

3.学前教育专任教师性别结构

2016 年,广西学前教育专任教师中共有女教师 73 273 人,男教师 890 人,女男教师性别比为 82.33;城区园共有女教师 27 065 人,男教师 312 人,女男教师性别比 86.75;镇区园共有女教师 32 023 人,男教师 334 人,女男教师性别比为 95.88;乡村园共有女教师 14 185 人,男教师 244 人,女男教师性别比为 58.14。在全区范围内,学前教育专任教师性别比最大的是柳州市柳南区,最小的是来宾市直属代管的;城区园教师性别比最大的是柳州市柳南区,最小的是来宾市直属代管的;镇区园教师性别比最大的是兴业县,最小的是北海市铁山港区;乡村园教师性别比最大的是兴业县,最小的是资源县。

对广西 2013—2016 年学前教育教师的性别比(女∶男)进行对比分析发现,不管是整体上还是城区园、镇区园和乡村园,广西学前教育阶段教师性别比均远远大于 1,这说明广西学前教育阶段专任教师中女教师远多于男教师。另外,性别比(女∶男)除 2015 年外,其他年份的性别比逐年变小,总体呈下降趋势;城区园的性别比逐年变小,呈下降趋势;镇区园 2014 年最小,2013 年最大;乡村园 2014 年最小,2015 年最大。(表 5-10)

表 5-10　2013—2016 年广西学前教育专任教师性别比(女∶男)情况

年份	生师比			
	总体	城区园	镇区园	乡村园
2013 年	92.89	109.00	115.00	56.51
2014 年	83.26	99.53	92.77	56.37
2015 年	88.42	91.36	102.1	66.03
2016 年	82.33	86.75	95.88	58.14

4.学前教育专任教师年龄结构

2016 年,广西学前教育专任教师中,24 岁及以下教师共有 18 078 人,占总体的 24.38%,25—29 岁的有 22 863 人,占总体的 30.83%,30—34 岁的有 17 138 人,占总体的 23.11%,35—39 岁的有 8 939 人,占总体的 12.05%,40—44 岁的有 4 166 人,占总体的 5.62%,45—49 岁的有 1 843 人,占总体的 2.49%,50—54 岁的有 978 人,占总体的 1.32%,55—59 岁的有 126 人,占总体的 0.17%,60 岁及以上的有 32 人,占总体的 0.04%,50 岁及以上的仅有 1 136 人,占总体的 1.53%。整体上学前教育专任教师队伍趋向年轻化。(表 5-11)

表5-11　2013—2016 年广西学前教育专任教师年龄分布情况　　　　百分比/%

年份	区域	24 岁及以下	25—29 岁	30—34 岁	35—39 岁	40—44 岁	45—49 岁	50—54 岁	55—59 岁	60 岁及以上	50 岁及以上
2013 年	总体	24.36	33.30	22.45	11.03	4.91	2.44	1.25	0.23	0.03	1.51
	城区	30.63	33.60	18.30	9.018	4.43	2.42	1.43	0.14	0.02	1.60
	镇区	21.39	31.90	24.52	12.26	5.63	2.73	1.29	0.25	0.03	1.57
	乡村	20.30	35.71	24.91	11.75	4.22	1.87	0.88	0.32	0.04	1.24
2014 年	总体	23.96	32.63	22.68	11.62	5.14	2.38	1.32	0.24	0.03	1.60
	城区	31.29	32.79	18.07	9.12	4.76	2.40	1.41	0.14	0.02	1.57
	镇区	20.63	31.46	24.62	13.37	5.68	2.55	1.39	0.29	0.02	1.69
	乡村	19.02	34.76	26.10	12.02	4.64	2.00	1.04	0.33	0.09	1.45
2015 年	总体	24.40	31.82	22.91	11.74	5.20	2.44	1.23	0.24	0.03	1.50
	城区	31.99	31.30	19.47	8.95	4.51	2.47	1.13	0.16	0.02	1.31
	镇区	21.04	31.49	23.98	13.46	5.78	2.67	1.34	0.21	0.03	1.58
	乡村	19.29	33.34	26.17	12.60	5.09	1.87	1.17	0.40	0.06	1.63
2016 年	总体	24.38	30.83	23.11	12.05	5.62	2.49	1.32	0.17	0.04	1.53
	城区	32.61	30.51	18.94	9.36	4.68	2.61	1.20	0.08	0.02	1.30
	镇区	21.02	30.59	18.94	13.32	6.20	2.62	1.57	0.18	0.03	1.78
	乡村	16.29	31.96	27.97	14.33	6.09	1.93	1.00	0.31	0.11	1.42

5.学前教育专任教师职称结构

对 2013—2016 年广西学前教育专任教师的职称情况进行分析发现,在 2013—2016 年间,广西有大部分学前教育专任教师的职称都是"未定职级",具有"中学高级"职称的专任教师不足 0.4%,具有"小学高级"和"小学一级"职称的专任教师均不足 8%。在乡村园中,90% 左右的专任教师都是"未定职级",具有"中学高级"职称的专任教师不足 0.15%,具有"小学高级"职称的专任教师不足 3%,具有"小学一级"职称的专任教师不足 4%,远低于全区整体水平,也远低于城区园与镇区园水平。综上所述,广西学前教育专任教师的职称结构极其不合理,大部分专任教师属于未定职级,只有极少数教师具有中学高级职称,在乡村园中这种情况更甚。

表 5-12 2013—2016 年广西学前教育专任教师职称结构分布情况 百分比/%

年份	区域	中学高级	小学高级	小学一级	小学二级	小学三级	未定职级
2013 年	总体	0.16	7.64	7.34	4.59	1.93	78.34
	城区	0.17	8.50	9.80	6.43	2.13	72.97
	镇区	0.18	9.29	7.15	3.75	2.17	77.46
	乡村	0.13	2.82	3.72	3.32	1.09	88.92
2014 年	总体	0.25	6.79	6.59	3.84	1.45	81.09
	城区	0.50	7.27	8.59	5.11	1.67	76.87
	镇区	0.11	8.56	6.68	3.37	1.54	79.75
	乡村	0.13	2.37	3.18	2.78	0.89	90.65
2015 年	总体	0.30	6.01	6.18	3.62	1.21	82.68
	城区	0.36	6.31	8.21	4.59	1.34	79.19
	镇区	0.35	7.58	6.19	3.22	1.37	81.28
	乡村	0.09	2.17	2.89	2.89	0.65	91.31
2016 年	总体	0.15	5.58	5.72	3.31	0.97	84.27
	城区	0.15	6.05	7.07	4.31	1.11	81.31
	镇区	0.16	6.99	5.94	2.91	0.87	83.13
	乡村	0.10	1.55	2.63	2.32	0.93	92.47

6.学前教育专任教师学历结构

对2013—2016年广西学前教育专任教师总体学历情况进行分析发现,在2013—2016年间,广西学前教育专任教师中研究生学历教师的比例在0.06%—0.10%之间;本科学历教师的比例在9.03%—12.26%之间,比例逐年增加;专科学历教师的比例在52.75%—56.73%之间,比例逐年增加;高中学历教师的比例在25.00%—32.35%之间,比例逐年下降;高中以下学历教师的比例在5.80%—6.13%之间。

对比城区园、镇区园与乡村园专任教师的学历结构情况发现,城区园拥有研究生、本科、专科学历教师的比例基本大于镇区园与乡村园,镇区园大于乡村园(2016年与2015年,乡村园拥有研究生学历教师比例稍大于镇区园);而高中及高中以下学历教师的比例则是乡村园大于镇区园,镇区园大于城区园。(表5-13)

综上所述,广西学前教育阶段专任教师的学历多为专科,本科及以上学历教师比例不足13%,乡村园专任教师中本科及以上学历教师比例不足5%。

表5-13　2013—2016年广西学前教育专任教师学历结构分布情况

年份	区域	研究生		本科		专科		高中		高中以下	
		人数/人	百分比/%	人数/人	百分比/%	人数/人	百分比/%	人数/人	百分比/%	人数/人	百分比/%
2013年	总体	37	0.07	4 708	9.03	27 514	52.75	16 873	32.35	3 027	5.80
	城区	30	0.17	2 414	13.34	11 169	61.73	4 165	23.02	314	1.74
	镇区	7	0.03	1 971	8.58	11 452	49.86	8 086	35.21	1 452	6.32
	乡村	0	0	323	2.91	4 893	44.09	4 622	41.64	1 261	11.40
2014年	总体	60	0.10	5 994	9.79	32 845	53.62	18 605	30.37	3 752	6.13
	城区	25	0.12	3 109	14.73	13 077	61.94	4 467	21.16	434	2.06
	镇区	34	0.13	2431	9.00	14 158	52.43	8 659	32.06	1 724	6.38
	乡村	1	0.01	454	3.46	5 610	42.70	5 479	41.70	1 594	12.10
2015年	总体	44	0.06	7 525	11.00	38 201	55.84	18 617	27.22	4 020	5.88
	城区	21	0.09	3 856	16.57	14 682	63.08	4 323	18.57	393	1.69
	镇区	12	0.04	3 071	10.00	16 977	55.26	8 868	28.87	1 793	5.84
	乡村	11	0.08	598	4.15	6 542	45.40	5 426	37.65	1 834	12.70

年份	区域	研究生		本科		专科		高中		高中以下	
		人数/人	百分比/%	人数/人	百分比/%	人数/人	百分比/%	人数/人	百分比/%	人数/人	百分比/%
2016年	总体	54	0.07	9 096	12.26	42 072	56.73	18 541	25.00	4 400	5.93
	城区	37	0.14	5 015	18.32	17 364	63.43	4 538	16.58	423	1.55
	镇区	11	0.03	3 510	10.85	18 322	56.62	8 604	26.59	1 910	5.90
	乡村	6	0.04	571	3.96	6 386	44.26	5 399	37.42	2 067	14.30

7.学前教育专任教师培训情况

对 2013—2016 年广西学前教育教师接受培训的总体情况进行分析,结果见表 5-14、表 5-15 所示。从表 5-14 可知,不管是哪一年,学前教育教师的培训均以校级培训为主,其次是县级培训,国家级培训不足 3%,省级培训不足 3.5%,地市级培训不足 10%,国(境)外培训不足 0.3%;除了校级培训,其他级别培训的比例总体呈下降趋势。另外,分析还发现,除了县级培训,乡村园教师人均接受国家级、省级、地市级与校级的培训次数大部分低于城区园与镇区园的人均水平。从表 5-15 可知,不管是哪一年,学前教育教师的培训均以时长为一个月以内的培训为主,其次是一个月至三个月以内,比例最小的是时长为一年及以上的培训;时长为一个月以内的培训所占的比例逐年增加,一个月至三个月以内的培训所占的比例总体呈增长趋势,其他时长类别的培训所占的比例则总体呈下降趋势。

表 5-14　2013—2016 年广西学前教育教师培训(级别)情况　　　　百分比/%

年份	区域	国家级	省级	地市级	县级	校级	国(境)外
2013年	总体	2.64	2.83	9.57	15.40	69.53	0.025
	城区	2.08	3.07	11.20	9.37	74.19	0.046
	镇区	3.86	2.68	7.91	21.80	63.72	0
	乡村	1.95	2.27	6.99	23.60	65.19	0
2014年	总体	1.87	3.18	8.37	15.00	71.61	0.014
	城区	1.36	3.09	8.41	10.20	76.96	0.023
	镇区	2.60	3.48	8.06	20.30	65.60	0.004
	乡村	2.43	2.87	8.95	24.80	60.97	0

年份	区域	国家级	省级	地市级	县级	校级	国(境)外
2015 年	总体	1.94	2.87	7.75	13.70	73.51	0.247
	城区	2.01	3.02	7.72	8.88	78.30	0.070
	镇区	1.97	2.91	8.22	19.40	66.96	0.561
	乡村	1.58	2.14	6.71	19.80	69.54	0.213
2016 年	总体	1.91	2.17	7.13	14.80	74.04	0.003
	城区	1.63	1.99	6.95	9.52	79.91	0.003
	镇区	2.41	2.57	7.44	20.60	66.95	0.002
	乡村	1.85	1.91	7.14	23.50	65.56	0.002

表 5-15 2013—2016 年广西学前教育教师培训（时长）情况   百分比/%

年份	区域	一个月以内	一个月至三个月以内	三个月至半年以内	半年至一年以内	一年及以上
2013 年	总体	61.58	11.07	6.99	11.00	9.37
	城区	49.04	11.19	9.35	16.2	14.20
	镇区	75.82	10.51	4.13	4.96	4.58
	乡村	76.59	11.96	4.60	4.93	1.93
2014 年	总体	63.98	10.72	6.84	10.10	8.33
	城区	54.39	11.23	8.55	13.50	12.30
	镇区	77.97	9.064	4.29	5.43	3.24
	乡村	74.72	12.44	5.09	5.79	1.97
2015 年	总体	65.10	11.64	5.92	10.30	7.08
	城区	56.77	12.35	7.02	13.60	10.20
	镇区	75.66	10.77	4.65	5.74	3.18
	乡村	74.08	10.81	4.42	7.23	3.46
2016 年	总体	68.43	14.49	5.74	8.95	2.39
	城区	64.05	17.50	5.74	10.00	2.67
	镇区	76.30	9.85	5.47	6.27	2.12
	乡村	68.12	12.72	6.48	10.90	1.83

对广西 2016 年学前教育教师接受培训的情况进行分析,结果如表 5-16、表 5-17 所示。从表 5-16 可知,整体上,城区园接受培训的比例大于镇区园,镇区园大于

乡村园,但有的地市是镇区园最多,城区园最小,如贵港和来宾。从表5-17可知,从人均接受培训次数看,乡村园专任教师人均接受培训的次数远低于全区人均水平,更远远低于城区园教师的人均水平;不管是城区园、镇区园还是乡村园,男教师人均接受培训的次数远高于女教师的人均水平。

表5-16 2016年广西学前教育教师培训情况

地区	合计/次	城区		镇区		乡村	
		次数/次	百分比/%	次数/次	百分比/%	次数/次	百分比/%
自治区	537 614	301 355	56.05	170 184	31.66	66 075	12.29
南宁	147 749	104 099	70.46	33 181	22.46	10 469	7.09
柳州	58 438	40 519	69.34	14 895	25.49	3 024	5.18
桂林	102 991	70 140	68.10	21 727	21.10	11 124	10.80
梧州	19 713	13 616	69.07	4 369	22.16	1 728	8.77
北海	23 343	7 334	31.42	11 378	48.74	4 631	19.84
防城港	9 634	8 119	84.27	1 107	11.49	408	4.24
钦州	10 804	3 476	32.17	6 517	60.32	811	7.51
贵港	26 500	5 571	21.02	10 999	41.51	9 930	37.47
玉林	56 571	26 808	47.39	20 777	36.73	8 986	15.88
百色	29 338	6 752	23.01	17 683	60.27	4 903	16.71
贺州	9 663	5 831	60.34	2 601	26.92	1 231	12.74
河池	21 831	3 700	16.95	13 924	63.78	4 207	19.27
来宾	9 551	1 415	14.82	4 894	51.24	3 242	33.94
崇左	11 488	3 975	34.60	6 132	53.38	1 381	12.02

表5-17 2016年广西学前教育教师人均培训次数情况

地区	人均培训次数/次				男教师人均培训次数/次				女教师人均培训次数/次			
	总体	城区	镇区	乡村	总体	城区	镇区	乡村	总体	城区	镇区	乡村
自治区	7.25	11.01	5.26	4.58	111.50	216.80	64.52	41.08	5.98	8.64	4.64	3.95
南宁	11.40	14.65	8.64	5.14	169.30	241.60	88.47	25.30	8.67	10.40	7.65	4.74
柳州	9.84	12.90	6.83	4.87	215.00	573.20	28.04	36.20	8.09	9.85	6.61	4.36
桂林	14.20	28.23	5.81	11.00	304.00	680.70	99.47	260.50	11.60	23.20	5.00	7.47
梧州	4.99	7.21	2.83	3.32	122.40	154.60	153.40	43.00	4.15	6.19	2.14	2.70

地区	人均培训次数/次				男教师人均培训次数/次				女教师人均培训次数/次			
	总体	城区	镇区	乡村	总体	城区	镇区	乡村	总体	城区	镇区	乡村
北海	7.33	5.05	9.58	8.48	39.94	62.20	33.33	13.18	7.00	4.46	9.46	8.39
防城港	5.40	6.86	2.43	2.79	48.54	42.67	60.80	93.00	4.81	6.31	1.78	2.17
钦州	4.33	3.82	4.78	3.69	16.58	32.11	5.63	17.00	4.09	3.21	4.76	3.56
贵港	4.26	3.12	4.52	4.98	108.80	492.70	68.74	89.75	3.62	2.29	3.91	4.47
玉林	5.31	8.89	3.94	3.82	68.42	158.10	40.48	53.65	4.79	7.95	3.57	3.46
百色	4.73	5.39	5.08	3.33	69.47	97.33	126.40	13.56	4.01	4.72	4.13	3.10
贺州	3.27	5.93	1.74	2.62	67.96	350.70	30.41	26.00	2.72	4.88	1.41	2.37
河池	4.57	3.93	5.34	3.42	41.84	47.06	62.00	23.40	3.83	3.14	4.59	2.72
来宾	3.34	2.29	4.40	2.88	37.92	23.61	105.00	19.67	2.60	1.64	3.30	2.42
崇左	3.92	6.51	3.74	2.03	42.81	111.60	38.59	13.05	3.22	4.76	3.26	1.70

（四）广西农村幼儿园的办园条件

幼儿园的办园条件直接影响着幼儿的生活、学习和成长，改善办园条件是加快推进教育现代化的必然要求，是促进教育公平、办人民满意的教育的重要举措。本卷通过幼儿园占地面积和建筑面积、各种用房面积、户外活动场所面积以及拥有图书量等指标来分析广西农村幼儿园的办学条件。

1.幼儿园各种用房面积逐年增长

从表5-18以及图5-5至图5-8可知，广西农村幼儿园的校舍用房整体面积、教学及辅助用房、行政办公用房、生活用房等各种用房面积均逐年增加。对比镇区园与乡村园的情况发现，镇区园的校舍用房整体面积以及教学及辅助用房、行政办公用房、生活用房的面积均大于乡村园的面积，并且这些用房面积增加的幅度也大于乡村园增加的幅度。

表 5-18　2013—2016 年广西农村幼儿园校舍情况　　　　　　　　单位：m²

分类	2013 年			2014 年			2015 年			2016 年		
	镇区园	乡村园	农村总体	镇区园	乡村园	农村总体	镇区园	乡村园	农村总体	镇区园	乡村园	农村总体
总计	2 751 829	1 519 367	4 271 196	3 343 127	1 844 293	5 187 420	3 960 628	2 111 258	6 071 886	4 498 439	2 242 806	6741 245
一、教学及辅助用房	2 028 658	1 101 506	3 130 164	2 475 507	1 338 631	3 814 138	2 942 623	1 541 681	4 484 304	3 340 979	1 629 121	4 970 100
活动室	1 104 809	593 497	1 698 306	1 358 324	701 920	2 060 244	1 611 354	814 599	2 425 953	1 815 945	863 768	2 679 713
洗手间	161 309	88 311	249 620	207 645	115 447	323 092	254 883	133 950	388 833	301 956	146 756	448 711
睡眠室	623 047	335 501	958 548	745 633	420 863	1 166 496	887 913	479 097	1 367 010	1 018 545	493 741	1 512 286
保健室	65 491	40 917	106 408	74 918	46 828	121 746	86 513	52 390	138 902	90 696	58 015	148 711
图书室	74 002	43 280	117 282	88 987	53 573	142 560	101 960	61 645	163 606	113 837	66 842	180 679
二、行政办公用房	138 405	81 618	220 023	166 158	101 129	267 287	195 287	113 305	308 592	220 761	119 396	340 157
其中：教师办公室	97 381	62 776	160 157	119 160	76 789	195 949	135 520	86 155	221 675	149 738	90 375	240 113
三、生活用房	329 908	210 635	540 543	376 083	247 274	623 357	432 526	278 317	710 844	486 416	289 798	776 214
其中：厨房	162 921	115 554	278 475	198 100	145 059	343 159	237 358	165 922	403 280	264 567	175 327	439 893
四、其他用房	254 858	125 608	380 466	325 379	157 259	482 638	390 191	177 955	568 146	450 283	204 490	654 774

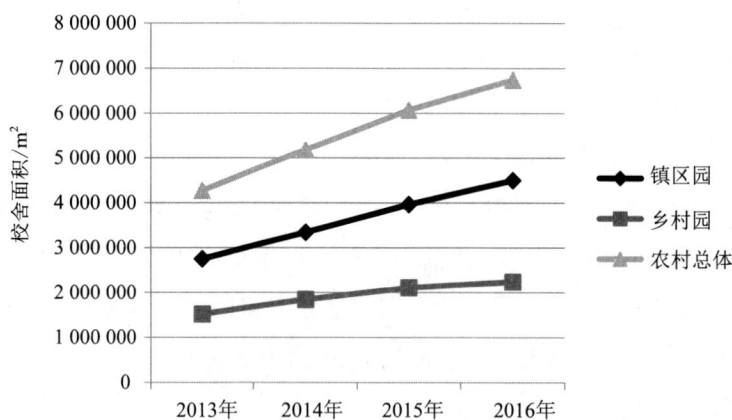

图 5-5　2013—2016 年广西农村幼儿园校舍面积变化情况

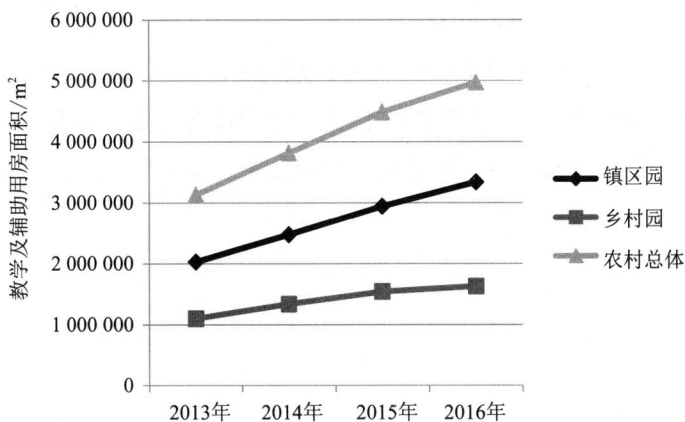

图 5-6　2013—2016 年广西农村幼儿园教学及辅助用房面积变化情况

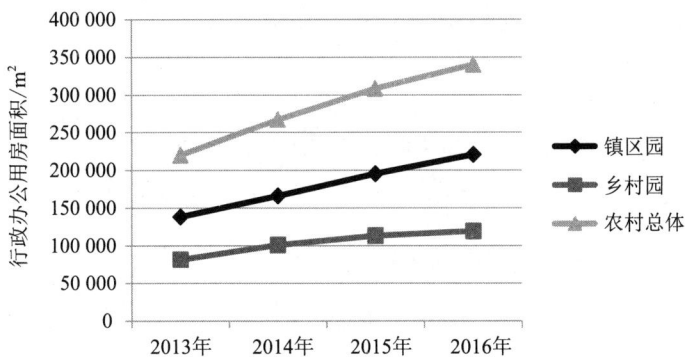

图 5-7　2013—2016 年广西农村幼儿园行政办公用房面积变化情况

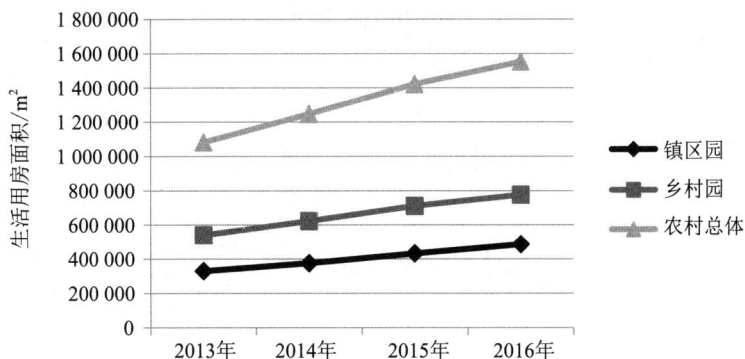

图 5-8　2013—2016 年广西农村幼儿园生活用房面积变化情况

2.农村幼儿园危房面积不断减少

从图 5-9 可知,2013—2016 年间,广西农村幼儿园的危房面积逐年减少,且降幅较大。但对比镇区园与乡村园则发现,镇区园的危房面积总体呈下降趋势,但在 2015—2016 年间有所反弹;乡村园的危房面积总体也呈下降趋势,但在 2015 年间有所上升,但在 2016 年大幅下降。

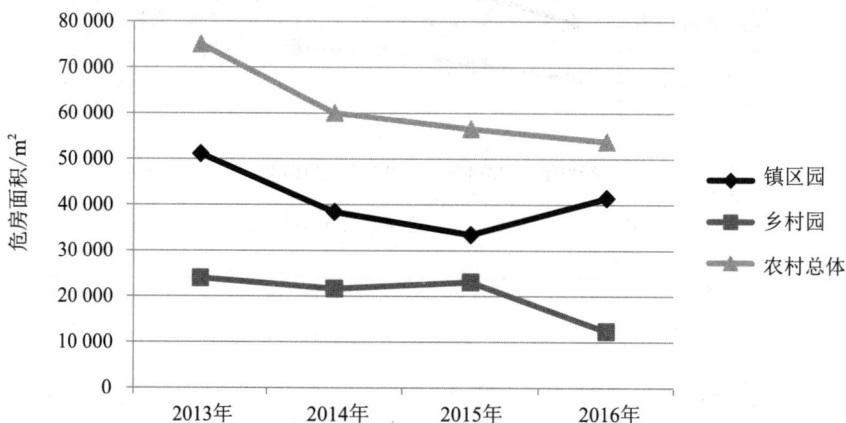

图 5-9　2013—2016 年广西农村幼儿园危房面积变化情况

3.农村幼儿园当年新增校舍面积持续增加

从图 5-10 可知,广西农村幼儿园当年新增校舍面积在 2013—2016 年间总体呈增长趋势,2013—2014 年增长较快,2014 年后有较大波动,在 2015 年还有所下降。对比镇区园与乡村园发现,镇区园当年新增校舍面积在 2013—2016 年间总体呈增长趋势,2013—2014 年增长较快,2014 年后增幅有所波动;乡村园在 2014 年快速增长,但 2014 年后的年增幅几乎保持不变。

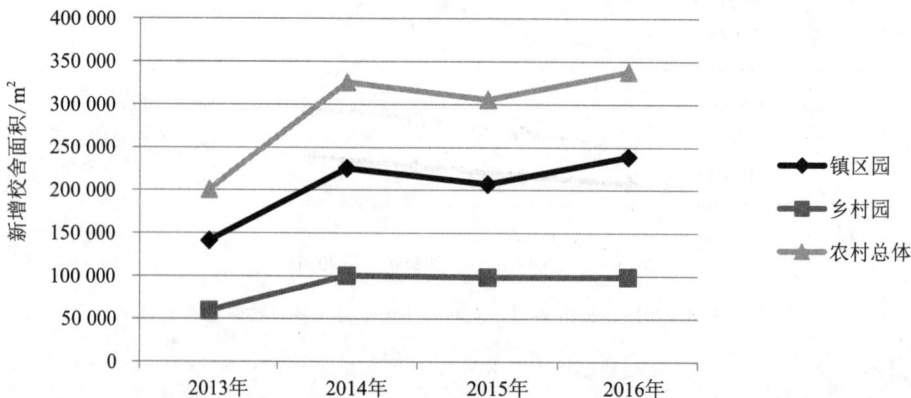

图 5-10　2013—2016 年广西农村幼儿园当年新增校舍面积变化情况

4.农村幼儿园生均用房面积逐年增加

从图 5-11 可知,2013—2016 年间,广西农村幼儿园的生均用房面积逐年增加。对比镇区园与乡村园的情况发现,镇区园的生均用房面积明显大于乡村园的生均用房面积,且大于农村总体的生均用房面积。镇区园的生均用房面积的年增长率也高于乡村园。

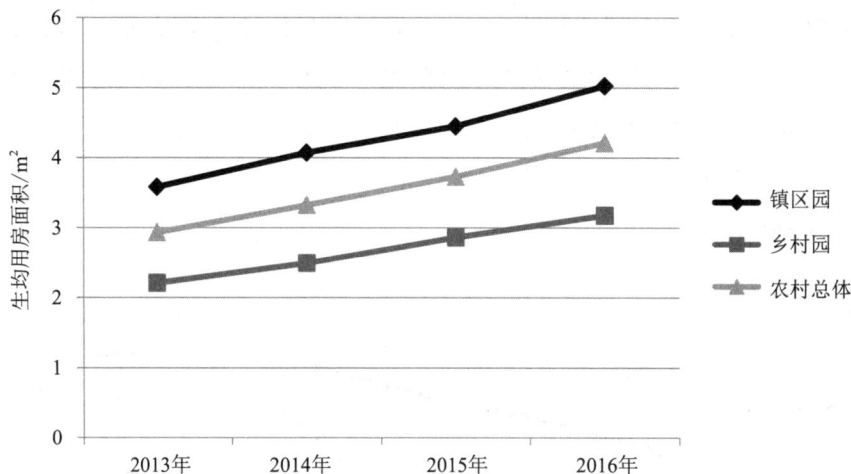

图 5-11 2013—2016 年广西农村幼儿园生均用房面积变化情况

5.农村幼儿园的占地面积逐年增加

从图 5-12 可知,2013—2016 年间,广西农村幼儿园的占地面积逐年增加,2016 年较 2013 年增加了 271.08 m²。对比镇区园与乡村园发现,镇区园与乡村园的占地面积均呈增长趋势,但镇区园的增幅相对较大。

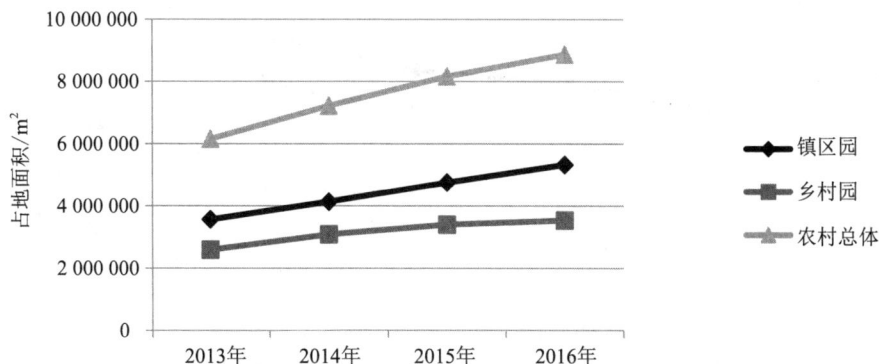

图 5-12 2013—2016 年广西农村幼儿园占地面积变化情况

6.农村幼儿园户外活动场所面积和生均面积逐年增加

从图5-13可知,2013—2016年间,广西农村幼儿园户外活动场所面积逐年增加,且增幅较大,2016年较2013年增加了110.99万平方米,增幅达55.83%。对比镇区园与乡村园发现,镇区园和乡村园的户外活动场所面积均呈现增长趋势,但镇区园的增幅更大一些。从图5-14可知,2013—2016年间,广西农村幼儿园户外活动场所生均面积逐年增加,但增幅较小。对比镇区园与乡村园发现,镇区园和乡村园的户外活动场所生均面积均呈现增长趋势,但镇区园的增幅更大一些,镇区园的户外活动场所生均面积不但高于乡村园,且高于农村总体。

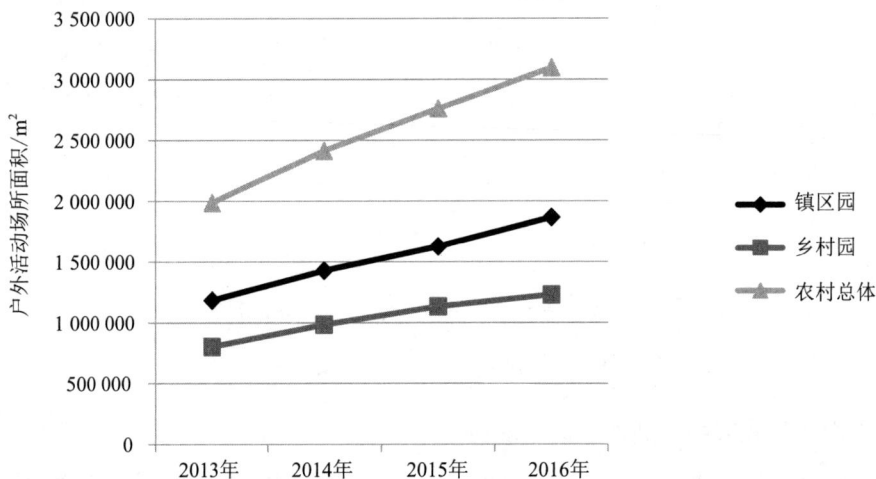

图5-13　2013—2016年广西农村幼儿园户外活动场所面积变化情况

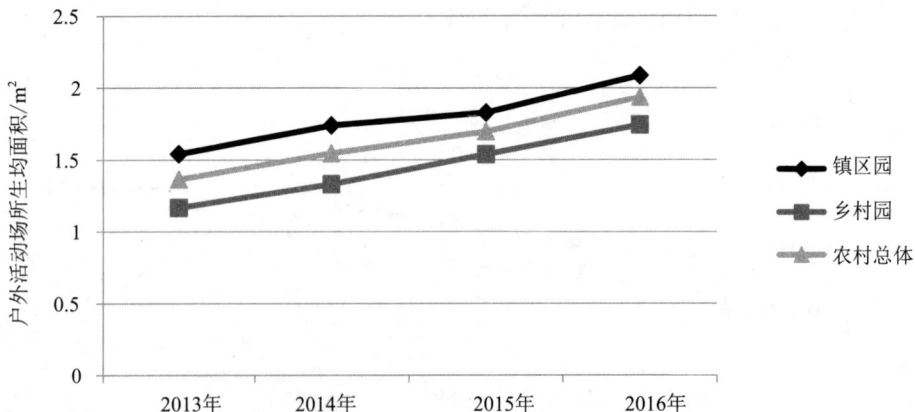

图5-14　2013—2016年广西农村幼儿园户外活动场所生均面积变化情况

7.农村幼儿园图书总量和生均图书量逐年增长

从图 5-15 可知,2013—2016 年间,广西农村幼儿园的图书总量逐年增长,且增幅较大,2016 年较 2013 年增加了图书 221.51 万册,增幅达 71.65%。对比镇区园与乡村园发现,镇区园和乡村园的图书总量总体均呈现增长趋势,但镇区园的增幅更大一些,乡村园的增幅较小。2013—2016 年间,广西农村幼儿园生均图书量逐年增加,且增幅较大。对比镇区园与乡村园发现,镇区园和乡村园的生均图书量均呈现增长趋势,但镇区园的增幅更大一些,乡村园的增幅较小。

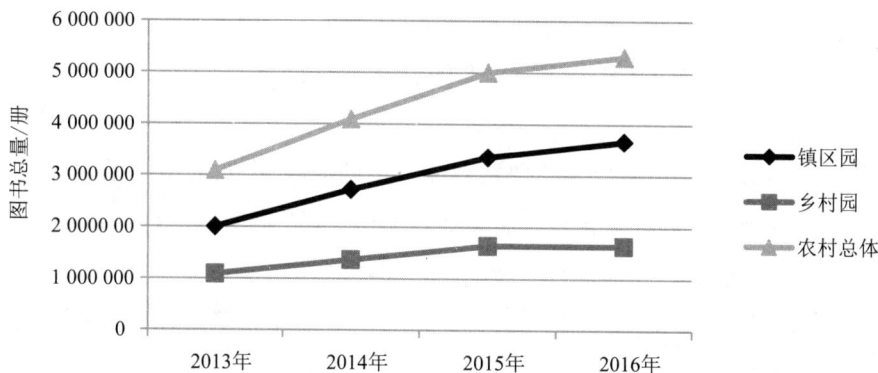

图 5-15　2013—2016 年广西农村幼儿园图书总量变化情况

8.农村幼儿园数字资源总量与生均数字资源逐年增加

从图 5-16、图 5-17 可知,2013—2016 年间,广西农村幼儿园数字资源总量和生均数字资源均逐年增长,但在 2013—2015 年增幅较小,2016 年急速增加。对比镇区园与乡村园发现,镇区园的数字资源基本保持不变,乡村园在 2013—2015 年基本保持不变,在 2016 年却急速增加。

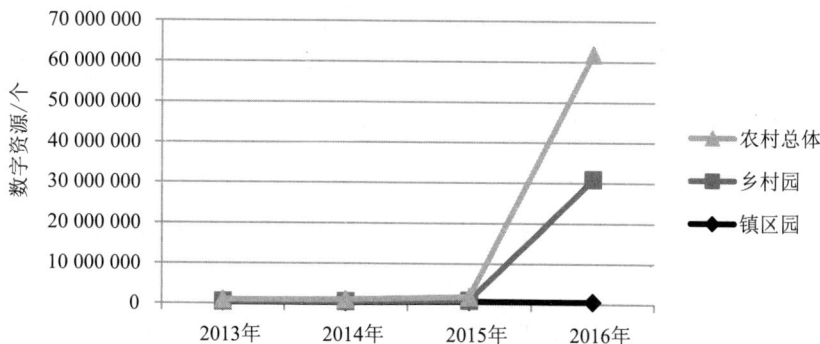

图 5-16　2013—2016 年广西农村幼儿园数字资源总量变化情况

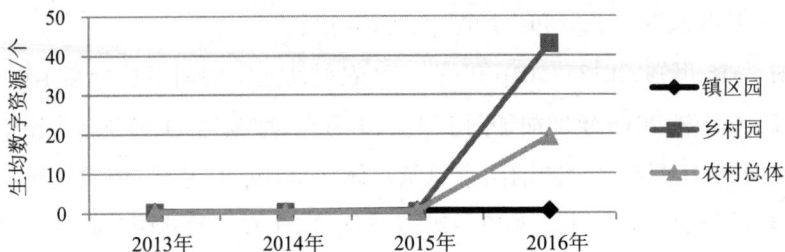

图 5-17　2013—2016 年广西农村幼儿园生均数字资源变化情况

二、广西农村学前教育发展存在的问题

从总体上看,学前教育仍是广西教育体系中的薄弱环节,农村学前教育尤为突出。广西学前教育总体存在着资源总量不足,普惠性资源供给不足,公办幼儿园占比偏低;城乡幼儿园布局不够合理,城区配套建设幼儿园不到位,农村公办幼儿园、普惠性民办幼儿园基础设施薄弱;教师数量不足、专业化水平不高、待遇偏低;学前教育成本分担和运行保障机制尚不健全,幼儿园运转困难;幼儿园保教质量参差不齐等问题。还存在"小学化"现象等影响学前教育总体发展质量的障碍。广西学前教育仍处于爬坡过坎的关键期,仍存在以下比较突出的问题:一是优质园集中在城区,广大农村幼儿园教育质量还有较大提升空间,幼儿园布局有待进一步优化。二是学前教育投入不足,公办幼儿园和多元普惠幼儿园比例偏低。三是学前教育保障机制不完善,学前教育成本分担不合理,幼儿园主要靠收费维持,运转困难。四是学前教育管理不到位,学前教育保教质量不高。五是学前教育资源同时存在着短缺、不均衡及浪费的现象。部分农村幼儿园缺乏配套的教育教学资源,优质的教育教学资源分布不均衡,部分教育教学资源因教师不会正确使用而闲置浪费。六是学前教育教师队伍不稳定,专任教师数量不足,专业水平有待进一步提升。

第二节　广西农村学前教育的师资队伍建设

2010 年,《国家中长期教育改革和发展规划纲要(2010—2020 年)》提出建设高素质教师队伍,对教师队伍结构、师德修养和业务水平提出了全面要求,提出"努力造就一支师德高尚、业务精湛、结构合理、充满活力的高素质专业化教师队伍"。近年来,为贯彻实施《国家中长期教育改革和发展规划纲要(2010—2020年)》对教师队伍建设的要求,国务院、教育部以及相关部门出台了一系列针对幼儿园教师队伍建设的重要文件。针对现实存在的问题,广西进行了多方面的探索,但编制待遇、队伍素质等仍然是制约广西农村学前教育教师队伍建设的关键因素。

一、2010年以来学前教育师资队伍建设的重大政策分析

(一)关于全面深化新时代教师队伍建设改革的实施意见

为深入贯彻落实《中共中央 国务院关于全面深化新时代教师队伍建设改革的意见》精神,提高广西教师队伍质量,结合广西实际,2018年7月30日,中共广西壮族自治区委员会办公厅印发了《中共广西壮族自治区委员会 广西壮族自治区人民政府关于全面深化新时代教师队伍建设改革的实施意见》(桂发〔2018〕14号)(以下简称《实施意见》)。《实施意见》对广西在新时代教师队伍建设的各个方面提出了要求与建议,提出要全面提高幼儿园教师质量,建设高素质善保教的教师队伍。建议多渠道培养幼儿教师,扩大本科、专科层次学前教育师资培养规模,大力培养初中毕业起点的五年制专科层次幼儿园教师。建立幼儿园教师全员培训制度,重点加强幼儿园园长、乡村幼儿园教师、普惠性民办幼儿园教师的培训力度。公办幼儿园每3—5年定期核定教职工编制要求。完善公办幼儿园教职工补充机制,引导、监督民办幼儿园按"两教一保"标准补足配齐教职工。提高公办幼儿园非在编教师工资待遇,缩小其与在编教师的工资差距,逐步实现同工同酬。

(二)新时代幼儿园教师职业行为十项准则

为深入贯彻习近平新时代中国特色社会主义思想和党的十九大精神,深入贯彻落实全国教育大会精神,扎实推进《中共中央 国务院关于全面深化新时代教师队伍建设改革的意见》的实施,进一步加强师德师风建设,教育部研究制定了《新时代幼儿园教师职业行为十项准则》(教师〔2018〕16号)等准则。该十项准则从坚定政治方向、自觉爱国守法、传播优秀文化、潜心培幼育人、加强安全防范、关心爱护幼儿、遵循幼教规律、秉持公平诚信、坚守廉洁自律和规范保教行为十个方面对新时代幼儿园教师的职业行为提出了具体要求,每一条既提出正面倡导又划定师德底线。

(三)幼儿园教师违反职业道德行为处理办法

为深入贯彻习近平新时代中国特色社会主义思想和党的十九大精神,深入贯彻落实全国教育大会精神,扎实推进《中共中央 国务院关于全面深化新时代教师队伍建设改革的意见》的实施,进一步加强师德师风建设,教育部研究制定了《幼儿园教师违反职业道德行为处理办法》(教师〔2018〕19 号)。该处理办法明确将对幼儿园教师违反职业道德的 11 种行为进行处理。这 11 种行为包括体罚和变相体罚幼儿、采用学校教育方式提前教授小学内容,索要、收受幼儿家长财物或参加由家长付费的宴请、旅游、娱乐休闲等活动,等等。

(四)广西中小学(幼儿园)特级教师工作坊项目管理办法

为规范管理广西中小学(幼儿园)特级教师工作坊项目,切实提升特级教师工作坊的示范引领和辐射带动作用,并为特级教师工作坊的活动开展提供政策保障和便利条件,广西教育厅印发了《广西中小学(幼儿园)特级教师工作坊项目管理办法》(桂教规范〔2016〕2 号)。该管理办法对广西中小学(幼儿园)特级教师工作坊的师资培训、经费管理、评估考核、工作任务等十个方面提出了具体规定。

(五)广西壮族自治区人民政府办公厅关于创新体制机制加快学前教育发展的若干意见

为进一步创新体制机制,加快广西学前教育改革发展,全面提升保教质量,着力解决"入园难"问题,广西人民政府发布了《广西壮族自治区人民政府办公厅关于创新体制机制加快学前教育发展的若干意见》(桂政办发〔2014〕34 号)。该意见指出,要创新广西幼儿教师队伍建设机制,并从完善学前教育机构编制和岗位设置管理、实行持证上岗制度、分类开展教师培训、保障幼儿园教师合法权益四大方面对广西学前教育教师队伍建设提出了详细要求。该意见明确提出,公办幼儿园教师实行统一的岗位绩效工资制度,享受规定的工资倾斜政策;多元普惠幼儿园教师的工资由举办者依法保障。公办幼儿园在规定员额内聘用编外教师和多元普惠幼儿园工作人员的工资福利待遇,依据幼儿园举办者和聘用人员双方签订的劳动合同执行。幼儿园及其职工应依法参加社会保险并履行缴纳社会保险义务。对长期在农村基层和艰苦边远地区工作的幼儿园教师,在教师职称评聘方面实行政策倾斜。

二、广西农村学前教育师资队伍现状及存在的主要问题

(一)广西农村学前教育师资队伍总体情况

2016年广西农村幼儿园共有教职工89 379人,比2015年增加5 602人。其中专任教师46 786人,比2015年增长1 654人。专任教师中镇区园32 357人,比2015年增加1 431人;乡村园14 429人,比2015年增加223人。近年来,广西农村幼儿园中镇区园专任教师数量每年均有增加,而乡村园专任教师数量逐年增长至2015年,2016年乡村园的专任教师数量有所减少。

另外,2016年广西农村幼儿园教职工中包含园长9 361人,比2015年增加273人;保健医生1 612人,比2015年增加66人;保育员18 839人,比2015年增加2 157人;其他教职工12 781人,比2015年增加1 452人。2016年广西农村教职工中包含2 691名代课教师,2 184名兼任教师。2015—2016年,广西农村幼儿园教职工数总体呈增长趋势。广西农村幼儿园教职工中园长、专任教师、保育员及其他教职工数量逐年持续增多且增长的量较大;代课教师和兼任教师数量则有所波动呈现不稳定性。(表5-19)

近年来,广西农村幼儿园教职工队伍不断注入新鲜血液以促进农村幼儿园保教质量的提升,是农村幼儿园教育质量得到有效保障的重要举措。但从统计的数据中仍能看到代课教师及兼任教师的数量较大且不稳定,说明了广西农村幼儿园教职工队伍发展中依然存在一些问题和困难,在未来的发展中需要继续扩充专任教师队伍以促进其稳定发展。

表5-19 2015—2016年广西农村幼儿园教职工数(总计) 单位:人

年度	教职工						代课教师	兼任教师
	合计	园长	专任教师	保健医生	保育员	其他		
2015年	83 777	9 088	45 132	1 546	16 682	11 329	2 376	1 548
2016年	89 379	9 361	46 786	1 612	18 839	12 781	2 691	2 184

(二)广西农村学前教育师资队伍存在的问题

1.农村学前教育师资严重不足

近年来,广西农村幼儿园数量和在园幼儿数均逐年增加,对幼儿园教师的需求

量巨大,但培养培训教师需要一定的时间周期。尽管广西农村幼儿园教师的数量也在不断增长,但仍然不能满足广西农村学前教育事业发展的需要。2016年底,广西学前教育阶段总体生师比为28.27,城区园生师比为18.11,镇区园生师比为27.65,乡村园生师比为48.92。在全区范围内,镇区园生师比高于27.65的共有54个县(市、区),最高的是钦州市钦南区,为151,最低的是桂林市七星区,为14.70;乡村园生师比高于48.92的共有44个县(市、区)。综上所述,广西学前教育阶段生师比很高,乡村园生师比不仅远高于全区总体水平,而且远高于城区园与镇区园的总体水平,农村幼儿教师仍然严重不足。

2.农村学前教育师资专业素质偏低

当前广西农村学前教育的教师整体专业素质偏低,已严重影响广西农村学前教育的健康发展。这主要体现在文化程度和业务能力方面。第一,广西农村学前教育师资学历整体偏低。广西学前教育阶段专任教师的学历多为专科,本科及以上学历教师比例不足13%,乡村园教师中本科及以上学历教师比例不足5%,高中及以下学历教师比例大于50%。农村幼儿园中尤其是乡村园,其教师大多是初中或高中毕业生,有的甚至是小学毕业生。他们文化水平低,专业知识缺乏,知识储备不足,专业素养和专业技能低下,大多时候只是扮演一个"看护者"的角色,而不是一个合格教师的角色。此外,农村幼儿园园长的学历也偏低。统计发现,广西农村幼儿园专任教师的学历结构总体集中在专科及以下,本科及以上学历的占比只有两成多一点。第二,农村学前教育师资业务能力低下。学历不合格的教师大多没有经过系统的幼儿教育教学理论的培训和实践,即使是学历合格的教师中也有不少是通过二次进修或培训获得的学历,其教育教学业务知识和能力还远远不能满足当前学前教育发展的需要。

3.农村学前教育师资结构不合理

广西农村学前教育师资结构不合理主要表现为教师队伍年龄结构和职称结构的不合理以及性别结构的不协调。2016年,广西镇区园中女男教师的性别比为95.88,乡村园的女男教师的性别比为58.14,由此可见,广西农村学前教育阶段专任教师中女教师远远多于男教师,男教师极少。从年龄结构来看,2016年广西农村学前教育专任教师中24岁及以下教师占总体的19.56%,25—29岁的占总体的31.02%,30—34岁的占总体的25.55%,35—39岁的占总体的13.63%,40—44岁的占总体的19.99%,45—49岁的占总体的7.82%,50—54岁的占总体的1.39%,55—

59 岁的占总体的 0.22%,60 岁及以上的占总体的 0.06%。可见,广西农村幼儿园专任教师年龄主要集中在 45 岁以下,整个教师队伍年龄趋向年轻化。从专业技术职务来看,广西农村学前教育师资队伍中具有中学高级职称的专任教师占总体的0.15%,具有小学高级职称的占总体的 5.31%,具有小学一级职称的占总体的4.92%,具有小学二级职称的占总体的2.73%,具有小学三级职称的占总体的0.89%,未定职级教师占总体的 86.01%。由此可见,广西农村学前教育专任教师的职称结构极其不合理,大部分专任教师属于未定职级,只有极少数教师具有高级职称,在乡村园这种情况更甚。

4.农村学前教育师资流失现象严重

由于广西农村幼儿园中民办园占主体,民办幼儿教师的收入低且不稳定,大多数没有医疗和养老保险。收入和福利上的巨大差距严重影响着幼儿教师从教的积极性。此外,由于农村幼儿教师的工资低、社会地位低、工作环境单调艰苦,抑制了学历和专业合格的年轻幼儿教师向农村流动,这也导致了农村幼儿教师队伍的不稳定。再者,由于待遇差、社会地位低等原因,大多数农村幼儿教师对自身的职业认同度低,对幼儿园的忠诚度也低,一有机会就想离开。

5.农村幼儿教师待遇低

我国相关法律和政策明确规定,幼儿教师享有应有的地位和合法权益。《中共中央 国务院关于全面深化新时代教师队伍建设改革的意见》中也明确提出,提高公办幼儿园非在编教师工资待遇,缩小其与在编教师的工资差距,逐步实现同工同酬。但现实中,在广西农村幼儿园中,非在编教师与在编教师的工资与福利均存在巨大差距。即使是在编教师,其待遇也偏低,还比不上一个普通外出务工者的收入。而民办园中教师的待遇就更差了,不少民办园的教师反馈,其月工资不足 2 000 元,且园方不为其购买医疗和养老保险。此外,在寒暑假期间,不少民办园的教师都是没有任何工资收入的。待遇低大大降低了幼儿教师的工作积极性,也大大降低了农村幼儿教师这一职业的吸引力。

6.农村幼儿教师的发展需求得不到满足

幼儿教师的专业发展对提高乡村幼儿教师的素质具有重要作用,但当前广西农村幼儿教师的个人发展需求很大程度上得不到满足,影响了整体师资水平。对广西2015—2016 年农村学前教育教师接受培训的情况进行分析,发现广西农村学前教育教师的培训均以校级培训为主,其次是县级培训,国家级培训不足 2%,省级培训不足 3%,地市级培训不足 8%,国(境)外培训不足 0.3%。从人均接受培训次数看,乡村园专任教师人均接受培训的次数远低于全区人均水平,更远远低于城区园的人均水平。另外,分析还发现,乡村园教师人均接受省级的培训次数均少于城区园与镇区园的人均水平。

三、农村学前教育师资队伍问题的原因分析

(一)现实困境:基础发展滞后

在我国,广大农村的经济发展水平普遍落后于城市,农村经济基础薄弱直接导致各方面发展迟缓,教育事业投入不足,使各乡镇学前教育的可持续发展缺乏坚实的经济基础,从而使农村幼儿园的教师工作环境非常简陋,教师待遇低。广西农村幼儿园中民办园占多数,而目前普惠性幼儿园不足,民办园绝大多数以营利为目的,因此不少民办园为降低成本,聘用学历不符合要求的教师。此外,由于农村幼儿教师的待遇一直提不上去,难以吸引学前专业的本科生、专科生,因此不少幼儿园为解决师资问题,只好聘用从小学分流出来的教师,这些教师大多为初、高中毕业生,无学前教育专业背景,幼儿教育的知识与技能都相当缺乏。经济落后是广西农村学前教育发展的巨大障碍。

(二)理论困境:思想认识误区

长期以来,农村对学前教育存在较大的认识误区。首先,农村基层领导对学前教育不够重视。目前,学前教育尚未纳入义务教育,学前教育的经费就无法列入县、乡(镇)财政预算,有关工作成效的考核指标也不明确,因此,幼教工作要开展到什么程度,很大程度上取决于基层领导对学前教育的认识和态度。其次,农村中的大部分家长由于知识水平有限,教育观念相对落后,大多认为孩子去幼儿园就是要读书认字、算术。而很多农村幼儿园教师为迎合家长,一味地以知识为教学目标。此外,由于待遇低、工作环境差、社会地位低,不少农村幼儿教师对自身的职业认同度低,对学前教育的认同度也不高。再次,农村家长对学前教育的价值的认识也存在误区。一些家长认为幼儿园和学前班只是孩子的托管所,除此之外没有其他的意义。受这种观念的影响,部分农村幼儿教师也认为他们的职责就是看管好孩子,孩子不出什么安全问题就可以了。

（三）实践困境：实际操作乏力

师范专业学前教育专业设置不够合理、教师在职培训机制不健全是导致当前农村学前教育师资在数量上和质量上跟不上，以及保教质量低下的直接原因。虽然国家启动了"国培计划"，自治区也启动了"区培计划"，但农村中大多数民办园教师很少有机会参加这些计划的培训，甚至连县级培训的机会都极少，而民办园为节约成本，又很少会出资培训教师。完善的教师在职培训机制和准入制度在农村学前教育中尚未建立起来。

四、加强广西农村学前教育师资队伍建设的政策建议

农村学前教师队伍的建设直接关系到农村学前教育的质量，关系到农村学前教育的长远发展。加强师资队伍建设已经成为农村学前教育的核心环节，是工作的重中之重。针对广西农村学前教育师资队伍存在的问题与原因，我们认为应该从充实农村幼儿教师队伍、保障农村幼儿教师权益、加强农村幼儿教师培训、加强政府服务等方面采取切实可行的积极措施，尽快建立起一支与广西农村学前教育发展相适应的师资队伍，逐步提升广西农村学前教育的质量，实现农村学前教育的跨越式发展和城乡学前教育的均衡发展。

（一）充实农村学前教育师资队伍

目前，广西农村幼儿园教师严重缺乏，没有足够的教师数量做保障，农村学前教育就难以发展。因此，首先是要通过多种渠道充实农村学前教育师资队伍。要充实农村学前教育师资队伍可以从以下几个方面努力：

1.稳定农村学前教育师资来源

目前，我国对幼儿教师的培养主要由师范院校承担，培养的规格有本科、专科，但也有不少中专培养幼师。但由于目前幼师供不应求，大多通过专业培养的学前教育专业毕业生在找工作时都优先考虑城市学校，较少有毕业生愿意到农村任教。因此，有必要加强就业教育，增强学前教育专业学生投身农村学前教育的使命感。此外，扩大本科、专科层次学前教育师资培养规模，大力培养初中毕业起点的五年制专科层次幼儿园教师。目前，广西大力培养农村小学全科教师，一定程度上缓解了广

西农村小学优质师资不足的情况。因此,农村学前教育也可以通过此途径来增加师资来源。

2.积极补充农村学前教育师资

有计划公开招聘具备幼师资格的全日制学前教育专业专科及以上学历的毕业生。在制定招聘方案时可以适当降低招录标准,如普通话的标准要求可以比城区学校的要求降低一个级别。各地教育部门要尽快制定出适合当地农村学前教育发展的近2—3年的农村学前教育教师招录方案。此外,也可以尝试采用"特岗计划"为农村的公办幼儿园补充师资。或者对农村小学中的学历和教育背景进行摸底调查,将学前教育专业毕业的农村小学教师转岗到农村幼儿园任教。

3.增强农村学前教育师资队伍的稳定性

当前广西农村学前教育师资流失严重,尤其是乡村的民办园教师的流动性很大。而教师队伍的不稳定不仅不利于幼儿园的管理和幼儿园的系统化教学,而且利于幼儿的健康成长。要稳定农村学前教育师资队伍,可以从以下几个方面努力:一是努力提高农村幼儿教师的薪酬待遇和福利水平。二是完善农村幼儿教师的专业技术职称评聘机制。三是努力改善农村幼儿园的环境,这关系到幼儿教师的工作与生活。四是提高农村幼儿教师对自身职业的认同感,提高其工作满意度。

（二）保障农村幼儿教师的合法权益

依法保障农村幼儿教师的合法权益,逐步提高农村幼儿教师的工作待遇,吸引一批高素质的专业人才加入农村学前教育事业。

1.明确农村幼儿教师的身份和地位

教师的社会地位在一定程度上反映了社会成员对教师这份职业的认可度。农村幼儿教师作为广西农村学前教育发展的主力军,他们的社会地位直接影响他们的工作积极性与职业的认同度。调查发现,由于受传统观念及农村广大人民群众对学前教育的认识不充分的影响,广西农村幼儿教师存在身份不够明确、社会地位不高的现象。这严重影响了农村幼儿教师的工作积极性与工作稳定性。基于社会分层理论,可以从三个维度(经济资本、社会声望、权利资本)来建立教师社会地位的指标体系。因此,要提高农村幼儿教师的身份与地位,可以从这三个指标体系入手,努力提高农村幼儿教师的工资待遇,提高他们的社会声望,并依法保障他们的合法权利。

2.提高农村幼儿教师的工资待遇

工资收入水平决定着基本生活水平和社会地位,是反映生存状态的一个重要指标。虽然《广西壮族自治区人民政府办公厅关于创新体制机制加快学前教育发展的若干意见》(桂政办发〔2014〕34号)明确提出,公办幼儿园教师实行统一的岗位绩效工资制度,享受规定的工资倾斜政策;多元普惠幼儿园教师的工资由举办者依法保障。公办幼儿园在规定员额内聘用的编外教师和多元普惠幼儿园工作人员的工资福利待遇,由幼儿园举办者和聘用人员双方签订劳动合同决定。但目前广西农村幼儿教师的工作待遇仍然十分低,民办园中大部分幼儿教师的工资不足2 000元,并且幼儿园不为教师购买社会保险的现象比比皆是。各地教育局应通过多渠道切实提高农村幼儿教师的工资待遇水平。

3.落实农村幼儿教师的编制和职称

目前,广西农村幼儿教师中大部分教师都是非在编人员,即使是在公办园,也有不少教师属于非在编人员,而在民办园,几乎所有的教师都是非在编人员。在职称方面,我国农村幼儿园园长中有超过75%的园长属于未定职级,在乡村园中有超过78%的园长属于未定职级;而超过86%的农村幼儿教师属于未定职级,在乡村园中有超过92%的教师属于未定职级。因此,广西应采取有效激励措施,逐步解决农村幼儿教师长期积压的严重缺编问题,要建立行之有效的农村幼儿教师职称评审的条件和办法,积极保护农村幼儿教师的合法权益。

(三)加强农村幼儿教师的培养与培训

在一定程度上,学前教育的质量取决于学前教育教师专业文化水平,因此只有不断改善农村幼儿教师的专业发展途径和方式,才能更有效地促进教师的专业发展,确保农村学前教育的质量。目前,广西农村学前教育中大部分园长与教师并非学前教育专业出身,并且大部分农村幼儿教师没有幼师资格证。因此,必须加强对广西农村幼儿教师的培养与培训。一是要加强农村幼儿教师的学历提高培训。广西农村幼儿教师中有超过一半的教师学历为高中或高中以下,因此地方教育部门应促使这些学历不合格的教师、无证上岗的教师尽快到正规师范院校进行长期学习或短期培训。另外,在加大培训力度的同时,还应出台相关的法规和从业规范,力争完成广西农村幼儿教师的全员培训。二是要加强园长培训。农村幼儿园园长必须接受国家规定的园长岗位培训,全面提升自身素质和业务水平,并考取园长证。在"国培计划""区培计划"中应适当增加乡村幼儿园园长培训的名额,并且还应积极组织乡村幼儿园园长到城区优秀园、示范园进行观摩学习。三是要加强骨干教师培训。农村幼儿教师和保育员要积极参加业务培训和上级主管部门组织的岗位培训。各级教育部门要高度重视乡村骨干幼儿教师的培训工作,把骨干教师的培训工作放在重要位置,积极为骨干教师提供各级各类专业培训。

(四)促进农村幼儿教师个体成长

教师的成长是教育的力量之源。学前教育保育质量和水平取决于教师,取决于教师整体素质和教学技能水平。没有教师的成长,就没有高质量的教育。农村幼儿教师只有不断学习,善于实践、积极反思并坚持不懈,才能成为一名符合现代学前教育需要的教师,更好更快地发挥自己的聪明才智。促进农村幼儿教师成长,可以从以下几个方面努力:一是要严把农村幼儿教师的资格准入关。严格执行上岗准入制度,把好教师质量关。无论是公办园还是民办园,在岗幼儿教师必须取得幼师资格证书,持证上岗,其他工作人员也应具备相关的岗位资质。二是开展"以老带新促幼师成长"活动。采取"以老带新,以优带新,以学促新"的传帮带方式,促进农村幼儿教师快速成长。对工作经验不足三年的新教师,应指派骨干教师与其结对子,一对一进行帮扶;根据新老教师的个人特点组合分班,便于取长补短,共同进步。三是采用集体带教和个别帮教相结合的培训模式,形成良好的带教氛围。

第三节　广西农村幼儿园建设与发展设计

一、广西农村学前教育三年行动计划实施成效与问题分析

长期以来,学前教育一直是广西基础教育发展的一块短板,农村学前教育更是短板中的短板。学前教育公共服务体系不完善,资源总量不足,发展不均衡,公办幼儿园数量偏少,农村公办幼儿园严重不足。

(一)广西学前教育三年行动计划简述

为加快发展广西学前教育事业,满足人民群众日益增长的学前教育需求,根据《国家中长期教育改革和发展规划纲要(2010—2020年)》《国务院关于当前发展学

前教育的若干意见》（国发〔2010〕41 号）和《广西壮族自治区中长期教育改革和发展规划纲要（2010—2020 年）》《广西壮族自治区人民政府关于当前促进学前教育发展的若干意见》（桂政发〔2011〕20 号），结合广西实际，广西壮族自治区人民政府制定了《广西壮族自治区学前教育三年行动计划（2011—2013 年）》《广西壮族自治区第二期学前教育三年行动计划（2014—2016 年）》和《广西壮族自治区第三期学前教育行动计划（2017—2020 年）》三期行动计划。

为实施好广西学前教育三年行动计划，从 2011 年起，广西启动实施一系列重大工程项目，重点支持农村学前教育的发展。一是幼儿园建设项目。按照《国务院关于当前发展学前教育的若干意见》要求，将学前教育纳入广西教育惠民工程，分步组织实施。自治区每年安排专项资金，各市、县（市、区）人民政府安排专门资金，重点建设农村公办幼儿园。二是县域农村学前教育发展机制改革项目。结合中小学布局结构调整规划，开展幼儿园管理机制、园舍建设运作机制、经费筹措机制等机制创新，以"以奖代补"方式对学前教育改革力度大、专项经费投入多、工作有基础、有公办乡镇中心幼儿园立项项目的市、县（市、区）进行重点扶持，改善其办园条件，加强乡镇中心幼儿园基础设施建设和人员队伍建设，提高乡（镇）幼儿园服务水平和管理能力，促进广西乡镇学前教育的普及化、规范化、均衡化和优质化。三是启动乡镇中心幼儿园建设年。制定与颁布《广西壮族自治区乡镇中心幼儿园建设指南》和《广西壮族自治区乡镇中心幼儿园办园基本条件》，按"一镇一园"的建设要求，新建、改建和扩建一批乡镇中心幼儿园。在全区农村基本形成以乡镇中心幼儿园为主体，以其他不同类型幼儿园为辅助的农村幼儿教育新格局。四是继续实施示范性幼儿园建设工程。修订和完善《广西壮族自治区示范幼儿园评估验收标准（修订）》，制定《广西壮族自治区示范性乡镇中心幼儿园评估验收标准》和《广西壮族自治区示范幼儿园评估验收工作指导手册》，成立自治区示范性幼儿园评估验收专家指导工作组，对申报自治区级示范幼儿园和示范性乡镇中心幼儿园的单位进行过程性指导，对获得示范性幼儿园的单位进行复评前的督导。五是幼儿教师队伍素质提高工程。建立和完善幼儿园园长和教师培训体系，通过青年骨干教师培养计划、幼儿园特级教师工作坊、园际交流、园本教研等多种培训，努力提升幼儿教师整体素质。六是学前教育质量提升工程。完善幼儿园课程指导体系，创新农村学前教育保教模式，健全城乡一体化的学前教育教科研指导网络和保教质量评估监管体系。

（二）广西第一、第二期学前教育三年行动计划发展成效

1.全区农村学前教育资源快速增加，"入园难"问题得以缓解

2014—2017 年，全区新增、改建幼儿园 8 000 余所，幼儿"入园难"问题得到缓解。2017 年，广西有农村幼儿园 9 203 所，其中公办幼儿园 1 569 所，分别比 2016 年增加 538 所、22 所。

2.在园幼儿规模迅速扩大

广西 2013—2017 年学前教育基本情况见表 5-1、图 5-1 和图 5-2 所示。从表 5-1、图 5-1 和图 5-2 可见，广西学前教育的普及率逐年提高，幼儿园数逐年增多，年增长率均超过 5%，在园幼儿数也在逐年增加。

3.毛入园率显著提高

全区在园幼儿 214 万人，比 2016 年增加 4.4 万人，学前三年毛入园率突破 80%，达到 82.7%，比 2016 年提高 3.1 个百分点，进一步缓解了幼儿"入园难"的问题。[①]

4.学前教育投入大幅增长

2011—2013 年，广西累计筹措学前教育专项资金 40.18 亿元，用于支持新建、改建幼儿园和在农村小学或教学点增设附属幼儿园，以及扶持民办幼儿园、城市幼儿园建设和发展。[②] 2014 年，在全区学前教育体制机制改革推进会上，广西提出实施学前教育发展工程，推进学前教育多元办学体制改革，建成"广覆盖、保基本、多形式、有质量"的学前教育公共服务体系，以破解"入园难"问题。2014—2016 年广西共投入 38.7 亿元支持学前教育加快发展。从 2014 年起要求各市、县把学前教育工作列为年度为民办实事项目。[③]

5.学前教育师资队伍建设不断加强

一是加强幼儿教师培养培训，2011—2012 年广西共投入 0.9 亿元提升高等师范学校学前教育专业办学能力。仅 2012 年就新批准 35 所师范高等专科学校、中等师范学校、高等职业院校、中等职业学校招收学前教育专业学生 1 万余人。此外，广西批准广西师范大学、玉林师范学院等 5 所高校设立幼教师资培训基地。二是印发《幼儿园园长任职资格培训管理办法》，进一步规范幼儿园园长任职资格及能力提高

---

① 广西壮族自治区统计局.2017 年广西儿童发展规划统计监测报告［EB/OL］.http://www.gxzf.gov.cn/gxsj/sjyw/20180906-713237.shtml.

② 广西壮族自治区 3 年投入 40 亿元发展学前教育［EB/OL］. http://www.gov.cn/xinwen/2014-04/02/content_2651675.htm.

③ 过去三年广西学前教育投入 38.7 亿元［EB/OL］.http://m.xinhuanet.com/2017-04/06/c_1120757727.htm.

的培训。目前,广西各级各类幼儿园基本实现了园长办园、幼儿教师任教的目标。三是研究制定幼儿园教职工编制标准。2012年12月,自治区编办颁布《广西壮族自治区幼儿园编制标准暂行办法》,对管理人员、教师、卫生保健人员、保育员、炊事员、安全协管员等各类人员的配置都进行了规定。

6.启动县域农村学前教育发展机制改革试点

广西南宁、柳州两个市城区和武鸣县、鹿寨县、灵川县、岑溪市、灵山县、陆川县、德保县、大化瑶族自治县、忻城县、扶绥县、龙胜各族自治县和凭祥市12个县(市)被纳入国家县域农村学前教育发展机制改革试点。2010年广西启动农村学前教育改革试点,试点地区力争两年时间出经验、出模式、出标准、出制度,在全区推广。

(三)广西农村学前教育存在的问题与未来发展趋势

1.学前教育教师数量不足且受教育程度不高

2016年,广西学前教育阶段总体生师比为28.67,相比2015年,全区各级学前教育生师比都有所降低。2016年广西城区园生师比为18.11;镇区园生师比为27.65;乡村园生师比为48.92。2016年广西农村幼儿园总体生师比为34.21。总体而言,广西学前教育生师比仍然较高,农村幼儿园生师比更高,特别是乡村园平均1个专任教师需要面对将近50个在园幼儿。

此外,广西幼儿教师队伍面临身份不明确、社会地位和工资待遇低、流动性大等问题,严重削弱了广大幼儿教师的工作积极性和专业热情,制约了学前教育的健康发展。尽管广西学前教育三年行动计划将"加强配置,充实队伍"作为重要目标,但是如何具体贯彻落实,仍需明确政府职责,有效落实政策措施。对此,当务之急是政府应加大财政投入,通过加强保障幼儿教师地位、待遇的政策支撑,积极、稳妥地解决幼儿教师的资格准入、编制核定、待遇落实以及诸如职称评定、评优评奖等方面的问题。只有建设一支合格的、高素质的专业幼儿教师队伍,才能保证学前教育硬件条件真正发挥作用,才能真正有效地促进幼儿的全面、和谐发展。

2.学前教育发展缺乏科学引导与规范管理

学前教育管理体制在我国的学前教育事业发展中起着领导、组织、协调、保障、监控等重要作用,是保障政府切实履行发展学前教育职责的重要条件和促进学前教育事业健康、有序、可持续发展的关键因素。笔者通过实地调研和访谈发现,广西基层学前教育行政管理价值理念不明确,学前教育发展缺乏科学引导;学前教育管理机构设置和管理人员的配备不健全,缺乏科学的规范与管理。学前教育行政管理人员过少,对民办幼儿园的管理存在真空地带,从而影响办园质量。

3.入园率增长过快背后存在学前教育质量隐忧

优质的学前教育服务是我国学前教育事业健康、可持续发展的根本前提,也是广西在推行学前教育三年行动计划过程中的核心关注点。但由于现实发展条件的限制,广西学前教育的发展现状不容乐观。学前教育质量问题是最令人担心的问题。广西学前教育从总体上看,经过学前教育三年行动计划的推进,学前教育的普及率已超过国家规定的标准,但学前教育质量不高,保教不规范,学前教育"小学化"现象突出,条件质量、过程质量和评价质量得不到保障。目前,广西试行学前教育集团化办园试点工作。以"政府主导"为基本前提,以"集团化办园"为基本模式,以科学保教为宗旨,由龙头幼儿园作为总园,带动一批潜力园作为分园,形成"资源共享,优势互补,以强带弱,共同发展"的集团化发展格局,逐步提升幼儿园办园整体水平。

4.农村学前教育发展滞后于整体发展水平

广西学前教育三年行动计划中,总体上注重硬件建设而忽视软件建设的现象很明显的。目前,学前教育三年行动计划提升了入园率,实现了广覆盖,一定程度上缓解了学前儿童"有园上"的教育机会问题,同时,启动乡镇中心幼儿园建设年,按"一镇一园"要求建设,但"保基本、有质量"的基本原则仍有待深入贯彻。长期以来,由于城乡二元结构的存在,与城市的幼儿园相比,农村幼儿园的发展面临很大的问题,主要表现在基础设施落后、资金短缺、师资力量不足等方面。同时,由于农村幼儿园教师在福利待遇和编制上与城市幼儿教师相比存在巨大的差距,使得大多数优秀的幼儿教师不愿到农村就职,从而造成农村学前教育整体质量落后。

二、广西农村普惠性幼儿园的建设与发展

(一)广西普惠性幼儿园的基本政策

普惠性幼儿园是指符合各地幼儿园布局规划,由社会组织、国有企业、优质公办园、个人等多方力量按国家和自治区办园标准举办的,接受政府补助,实行政府指导价,参照同类同等级公办幼儿园教育费、保育费标准收费,提供公益性、普惠性服务的非营利学前教育机构。

2015年12月11日,自治区高校工委、教育厅召开2016年工作务虚会,谋划部

署 2016 年重点工作。时任教育厅厅长秦斌在 2016 年的重点工作中提出,在基础教育方面要聚焦"普惠、均衡、普及"六个字,以深化多元普惠办园体制改革为重点,扩大学前教育资源。

2016 年 1 月,在自治区十二届人大五次会议上,时任教育厅副厅长白志繁介绍,"十三五"期间,广西将继续着力推进义务教育均衡发展、发展普惠学前教育,确保实现基本普及 15 年教育的目标。通过建设公办幼儿园、发展多元普惠幼儿园和推进集团化办园,加快学前教育改革发展。

2016 年 2 月,时任教育厅厅长秦斌在全区教育工作会议报告中指出,在学前教育方面,要以实施二期学前教育三年行动计划为抓手,加快推进学前教育发展。2016 年继续实施学前教育发展工程,新建公办幼儿园 125 所,改扩建一批幼儿园,进一步扩大学前教育资源。新认定 1 000 所多元普惠幼儿园。从 2016 年起,设立幼儿园建设贷款贴息项目,支持多元普惠幼儿园加大改善办园条件力度,开展多元普惠幼儿园升级评估工作。深化学前教育集团化办园改革,进一步提升学前教育保教质量。

2016 年 2 月,自治区高校工委办公室 自治区教育厅办公室关于印发《中共广西壮族自治区高等学校工作委员会 广西壮族自治区教育厅 2016 年工作要点》的通知指出,要加快推进学前教育发展。继续实施学前教育发展工程和学前教育第二期三年行动计划,编制 2017 年学前教育第三期行动计划。坚持"建设、提升、管理"主线,突出抓好优化教育资源配置、完善管理体制机制、加强教师队伍建设、提高保教质量四方面重点工作。加快城乡公办幼儿园建设,新建公办幼儿园 125 所,改扩建一批幼儿园,大力发展多元普惠幼儿园,继续认定和奖补 1 000 所多元普惠幼儿园。加强自治区示范幼儿园建设,深入推进学前教育集团化办园改革。

2016 年 4 月,2016 年全区基础教育工作会议暨义务教育学区制管理改革推进现场会在梧州市召开。① 会议指出,实施学前教育发展工程,投入学前教育建设资金 12.4 亿元,扩大学前教育资源,大力加强公办幼儿园建设,深化多元办学体制改革,推动多元普惠幼儿园增量提质。

2017 年 2 月,广西壮族自治区人民政府印发了《广西教育事业发展"十三五"规划》。该规划提出广西将制定普惠性民办幼儿园认定管理办法,完善普惠性幼儿园

---

① 全区基础教育工作会议暨义务教育学区制管理改革推进现场会召开[EB/OL].http://jyt.gxzf.gov.cn/Item/12854.aspx.

奖补等政策,鼓励社会力量办园,重点增加城区和城乡接合部普惠性幼儿园数量。逐年提高普惠性幼儿园占比,将普惠性幼儿园占比作为全区各地建设公益普惠的学前教育公共服务网络的考核指标。通过提供合理用地、减免租金等方式,支持农村普惠性民办幼儿园建设。通过派驻公办教师、纳入巡回支教范围、支持教师培训、开展教研指导等方式,提升农村普惠性民办幼儿园办园水平和保教质量。采取政府购买服务等措施,对收费合理、管理规范的普惠性民办幼儿园进行扶持。

2017 年 9 月,广西壮族自治区教育厅发布《关于进一步优化中小学幼儿园布局的通知》(桂教规范〔2017〕13 号),在幼儿园布局方面,提出"多元普惠幼儿园原则上在普惠性资源空白点布局,确保多元普惠幼儿园覆盖到每个乡镇(街道)、社区"。①

经过几年的探索和发展,关于普惠性幼儿园的扶持和资助的政策逐渐建立起与其职能相对应的体系,对普惠幼儿园认定、扶持、财政、监管、奖励、补助等都做出了具体规定,为广西各个县普惠性幼儿园的发展提供了指导和依据。广西各个县根据政策、文件精神,纷纷结合当地的实际情况,召开会议,展开调研等工作,制定、出台相应的政策、文件,开展普惠性幼儿园工作,切实解决学前教育发展的困境。

(二)广西建设和发展普惠性幼儿园的主要措施

2014—2017 年,全区规划发展 4 000 所多元普惠幼儿园,将学前教育办园体制机制改革作为重点突破工作予以部署。全区创新普惠性幼儿园办学模式,通过盘活资源、政府补贴、购买服务、减免租金、派驻公办教师、培训教师等方式,鼓励和支持一批多元普惠幼儿园建设,主要措施如下:

一是出台政策,提供保障。出台《广西壮族自治区多元普惠幼儿园办园基本条件》《广西壮族自治区多元普惠幼儿园评估细则》《广西壮族自治区多元普惠幼儿园认定及管理办法》等系列规范普惠性幼儿园配套政策,为发展多元普惠幼儿园提供政策保障。

二是多元化、多渠道办学。鼓励有办学实力的社会办学主体按规划布局、建设标准发展集团连锁普惠性幼儿园,支持村级幼儿园,按国有民办、民办公助等模式发展普惠性幼儿园,鼓励优质公办幼儿园合作举办普惠性幼儿园。

---

① 广西壮族自治区教育厅官网.关于进一步优化中小学幼儿园布局的通知[EB/OL].http://jyt.gxzf.gov.cn/Item/17191.aspx.

三是建立补助机制。建立生均补助经费和集团化办园补助机制。对达到自治区一星级以上的多元普惠幼儿园，从 2014 年秋季开始按照在园幼儿数给予生均每学年 200 元的补助，补助经费用于教职工社会保险、园舍租金、补充保教和生活设施设备、校舍维修改造等；对经自治区教育行政部门认定开展集团化办园的示范幼儿园，自治区每年对每所集团化办园的龙头示范幼儿园补助 10 万元，用作龙头示范幼儿园园长和骨干教师指导集团内幼儿园办园的工作和补助经费。如自治区、南宁市、西乡塘区多元普惠幼儿园生均补助经费 292.35 万元；其他专项奖补资金 25 万元，集团化办学奖补资金 15 万元。①

四是实行升级奖励政策。对经自治区教育行政部门评估认定，达到自治区示范幼儿园标准、自治区星级幼儿园标准的多元普惠幼儿园予以一次性奖励。分别给予自治区示范幼儿园、自治区三星级标准多元普惠幼儿园、自治区二星级标准多元普惠幼儿园、自治区一星级标准多元普惠幼儿园一次性奖励 50 万元、20 万元、5 万元、3 万元。如南宁市西乡塘区南棉幼儿园根据自治区对多元普惠幼儿园认定的办法，被评为自治区示范幼儿园，从 2014 年秋季至 2017 年春季学期，短短两年半时间里，幼儿园先后获得自治区教育厅划拨的普惠幼儿园自治区示范园一次性奖励 50 万元。

五是落实建设用地优惠政策。颁布落实《广西壮族自治区人民政府关于进一步保障教育用地的意见》(桂政发〔2014〕9 号)、《广西壮族自治区人民政府办公厅关于城镇规划建设中小学幼儿园的意见》(桂政办发〔2014〕6 号)，做好教育用地专项规划，优先配置学前教育用地，用于建设公办幼儿园、多元普惠幼儿园。多元普惠幼儿园属于非营利性幼儿园，享受公办学校同等的用地优惠政策。

六是落实税收优惠政策。经认定的多元普惠幼儿园，在规定收费标准范围内收取的保育费、教育费收入，免征营业税。多元普惠幼儿园建设涉及的城市建设配套费等行政性、服务性收费及供电、供水、供气等方面收费，均与公办幼儿园享有同等待遇。

七是建立师资扶持机制。建立公办、民办幼儿园结对帮扶制度，实行辖区内公办幼儿园派驻师资对多元普惠幼儿园进行帮扶。由公办幼儿园选派 1 名经验丰富的管理人员到结对帮扶的多元普惠幼儿园挂职 1—2 年，选派 1—2 名教学骨干到结

---

① 禹跃昆,张圣华,宋潇潇,等.广西:唱响多元普惠"新民歌"[N].中国教育报,2017-07-18(001).

对幼儿园任教1—2年,帮助多元普惠幼儿园规范管理,改善办园条件,提高幼儿园的整体管理水平和保教质量。此外,还制定幼儿教师进行在职学历提升和参加培训的政策。

八是建立多元普惠幼儿园规范和体现优质优价的收费制度。多元普惠幼儿园的保育教育费收费标准实行政府指导价管理。对办园水平较高、办园具有特色的多元普惠幼儿园,其最高收费标准可适当高于公办幼儿园收费标准,达到自治区示范幼儿园及自治区三星级、自治区二星级标准的多元普惠幼儿园,其保育教育费最高收费标准可视办园成本比同辖区同等级的公办幼儿园收费标准分别上浮适当比例,最高收费标准可由当地有关部门以合同约定等方式确定,具体收费标准由幼儿园在最高标准范围内制定,报当地物价、教育、财政部门备案并公示后执行。

(三)广西普惠性幼儿园的主要成效

2014年,广西全区共有幼儿园9 734所,其中民办幼儿园8 458所。全区认真贯彻落实文件精神,结合自身发展情况,积极探索发展多元普惠幼儿园新思路,通过创新多元办园机制,盘活资源、政府补贴、购买服务、减免租金、派驻公办教师、加强教师培训等方式,完善扶持政策,鼓励和支持多元普惠幼儿园发展,扎实推进学前教育改革发展,改革成效显著。

2014年,全区新建多元普惠幼儿园293所,认定多元普惠幼儿园1 000所,落实奖补资金5 676.92万元,受益幼儿约23万人。[①] 2015年,全区认定多元普惠幼儿园1 998所,占全区幼儿园总数的19%,多元普惠幼儿园在园幼儿约42万人,占全区幼儿总数的20%。2016年,全区认定多元普惠幼儿园3 042所,占全区幼儿园总数的28%,多元普惠幼儿园在园幼儿约62万人,占全区幼儿总数的30%。2017年,全区认定多元普惠幼儿园4 270所,占全区幼儿园总数的39%,多元普惠幼儿园在园幼儿约78万人,占全区幼儿总数的36%,全区普惠性学前教育资源覆盖率达60%,比2013年提升约50个百分点。(表5-20)

---

① 广西壮族自治区教育厅.我区"多条腿走路"缓解幼儿园"入园难"118个学前教育集团可提供16万个入园学位[EB/OL].http://jyt.gxzf.gov.cn/Item/2888.aspx.

表 5-20　广西多元普惠幼儿园发展情况

年度	普惠幼儿园数量/所	全区幼儿园总数/所	占全区幼儿园总数的百分比/%	普惠幼儿园在园幼儿人数/万人	全区在园幼儿总数/人	占全区幼儿总数的百分比/%
2014 年	1 000	9 734	10	23	1 973 352	—
2015 年	1 998	10 397	19	42	2 069 015	20
2016 年	3 042	11 013	28	62	2 096 356	30
2017 年	4 270	—	39	78	2 154 337	36

此外,截至 2017 年,自治区已拨付多元普惠幼儿园一次性奖补资金和生均补助资金累计达 5.5 亿元,派驻公办园教师共有 550 名。

2014 年,广西组织了 1 000 名首批多元普惠幼儿园园长,分批到自治区示范幼儿园跟岗研修。2015 年,建立了多元普惠幼儿园园长定期到自治区示范幼儿园跟岗学习制度,遴选 50 所自治区示范幼儿园作为多元普惠幼儿园跟岗研修基地。2014—2016 年,自治区重点对 3 000 名多元普惠幼儿园园长和 10 000 名骨干教师进行免费培训。[1]

2014 年至 2017 年,各地市、县(市、区)也结合本地集团化办园情况,设立相应补助经费,不断推动集团化办园健康发展,自治区共支持 200 所市级以上示范幼儿园组建若干个学前教育集团开展试点,已认定 191 个集团,集团已覆盖 14 个地级市和 73%的县(市、区),带动 600 所以上薄弱幼儿园全面发展。[2]

三、广西农村幼儿园建设与发展的路径选择

(一)健全学前教育机制,引导和规范农村学前教育发展

1.建立健全农村幼儿园发展规划机制

要把农村幼儿园的建设纳入新农村建设整体规划之中。以科学发展观为指导,搞好幼儿园的建设规划。此外,各级教育主管部门应对幼儿园建设规划起到宏观指导作用,规划不能完全照搬城市幼儿园的模式,还要体现新农村的现代风貌,要体现

---

①　欧金昌.破解"入园难""入园贵"——我区发展多元普惠幼儿园纪实[J].广西教育,2017(32):5-8.
②　禹跃昆,张圣华,宋潇潇,等.广西:唱响多元普惠"新民歌"[N].中国教育报,2017-07-18(001).

地域特色,要具有乡村特点。

2.建立健全农村幼儿园办园体制

一是要让农村幼儿园公办体制回归,中心镇幼儿园及重点建设幼儿园应保持其公办体制,确立其在乡镇幼儿园中的引领与指导地位。二是要建立健全幼儿园(班)准入制度。政府职能部门应根据相关政策法规,对现有农村幼儿园予以资质认定,取消不符合办园条件幼儿园的办园资格,对新申报办园个人及单位设定准入制度,确保办园的质量。三是对民办幼儿园实行制度化管理,逐步引导现有民办幼儿园接受级类评定,使之纳入级类管理的规范化轨道,真正发挥社会力量办园的社会效益。

3.建立学前教育管理体制

各级政府农村学前教育三年行动计划领导小组统筹农村幼儿园建设与发展的工作。县级政府负责全县学前教育的规划、布局调整,落实学前教育经费,统筹管理各类学前教育机构,各部门成员负责执行县政府的工作,组织实施相应工作事项。各乡镇政府则承担起发展本乡镇学前教育的责任,如负责建设并办好区域内公办幼儿园,扩大婴幼儿教育资源,积极筹措办园经费,努力改善办园条件;加强幼儿园周边环境治理,规范辖区内各类幼儿园;提供场所设施,推进多种形式的学前教育服务等。

4.建立学前教育联席会议制度

各县要建立并逐步完善学前教育联席会议制度,统筹协调学前教育发展。各县政府定期或不定期召开学前教育联席会议,协调解决学前教育事业发展中的热点、难点问题,统筹全县学前教育事业发展工作,落实县、乡镇政府和相关部门的职责,做到专人负责、分工到位、定期检查、限期完成。

(二)创新农村学前教育机制,为农村学前教育事业开辟道路

1.坚持多元化办园模式

坚持政府主导、社会参与、公办民办并举的办园体制。切实履行政府发展学前教育的责任,在统筹规划、政策引导、制度建设、标准制定、投入保障、评估督导、日常监管等方面,充分发挥政府主导作用,鼓励多元化办园,扶持并规范民办幼儿园发展,形成公办民办协调发展的良好格局。

2.创新幼儿园管理机制

一是明确政府是发展学前教育的责任主体。实行县、镇两级共管,县教育部门

主管,有关部门分工协作的管理体制。二是建立健全县、乡(镇)、村三级幼儿教育管理网络。县、乡(镇)、村要配备专门的干部人员负责农村学前教育发展与建设工作。三是要创新幼儿园园舍建设融资渠道。努力争取上级学前教育奖补资金支持,加大县财政的投入,推动自筹资金,争取社会力量资源投入,实行"以奖代补"的办园激励机制。四是要创新幼儿园园舍运营机制。五是要创新幼儿园经费筹措机制。县政府将学前教育经费列入年度财政预算,县财政建立多元普惠幼儿园补助机制,县财政设立专项农村幼儿教师培训经费,建立入园贫困幼儿资助制度和积极落实公办幼儿园生均财政拨款。六是要建立健全学前教育质量监管机制。完善幼儿园监管机制,加强治理无证幼儿园,抓好批管合一机制创新,高度重视幼儿园安全工作。

(三)扩大农村优质学前教育资源,提升农村学前教育保教质量

一是要加强示范性幼儿园建设。不断加强示范性幼儿园的建设,扩大优质学前教育资源,最大限度地满足广大人民群众对优质学前教育资源的需求。二是要注重发挥示范性幼儿园的辐射带动作用。积极开展示范性幼儿园传、帮、带活动,努力提高保教质量。三是要积极推进优质幼儿园集团化发展,发挥龙头园的作用。通过引入市场机制,盘活园所资产、整合管理力量、拓展服务层次等,扶持市级以上示范幼儿园,组建学前教育集团,并通过承办新园、托管薄弱园、举办分园、合作办园等形式扩大优质学前教育资源;通过"名园加新园""名园加弱园""名园加农园""名园加民园"等办园模式,促进城乡学前教育共同发展;通过城乡幼儿园结对帮扶制度,引导城乡之间、不同园所之间建立发展共同体,推进学前教育均衡发展。

(四)加强农村学前教育师资培训,优化师资,增强优质的人力资源保障

一是要加强幼儿教师、保育员编制管理。各级教育部门要严格执行自治区机构编制委员会《关于印发〈广西壮族自治区幼儿园编制标准暂行办法〉的通知》(桂编发〔2012〕6号)要求,建立健全保育教育人员岗位管理制度和聘用制度,规范保育教育人员岗位管理,并通过政府购买服务方式解决事业单位编制总量不足的问题,以确保幼儿园工作正常运转。二是要实行幼儿教师资格准入制度。严格执行幼儿教师资格认定制度,幼儿园园长、专任教师、保育员、保健人员等均应取得岗位任职资格,实行持证上岗。如现尚不具备相关任职资格的在岗人员,要在三年内取得任职资格,逾期仍未获得任职资格的不得上岗。三是要加强幼儿教师继续教育的培训。

把农村幼儿教师培训纳入县中小学教师继续教育体系,统一组织培训。

第四节　广西农村学前教育的制度化建设

一、广西 2010 年以来农村学前教育的重大制度建设

（一）广西壮族自治区中长期教育改革和发展规划纲要（2010—2020 年）

根据党的十七大提出的"优先发展教育,建设人力资源强国",为促进广西教育事业的科学发展,自治区政府出台了《广西壮族自治区中长期教育改革和发展规划纲要（2010—2020 年）》（以下简称《教育发展纲要》）,提出了广西学前教育发展的目标和发展的要求。《教育发展纲要》明确提出,到 2012 年,广西城乡学前教育体系初步形成,学前一年毛入园率达到 78%,学前三年毛入园率达到 57%。到 2015 年,初步普及学前一年教育,学前一年毛入园率达到 85%,学前三年毛入园率达到 60%,优质幼儿园逐步增加。到 2020 年,全区基本普及学前教育,学前一年毛入园率达到 95%,学前三年毛入园率达到 70%。为实现广西学前教育发展的目标,《教育发展纲要》从建立学前教育服务体系、规范学前教育管理、提高学前教育质量三个方面对广西学前教育的发展提出了具体的要求与建议。

（二）广西壮族自治区人民政府办公厅关于创新体制机制加快学前教育发展的若干意见

为进一步加快广西学前教育改革发展,全面提升保教质量,着力解决"入园难"问题,2014 年 4 月 25 日广西印发了《广西壮族自治区人民政府办公厅关于创新体制机制加快学前教育发展的若干意见》（桂政办发〔2014〕34 号）（以下简称《若干意见》）,明确提出:要大力发展多元普惠幼儿园,到 2014 年秋季学期,学前教育办学新机制初步建立,公共管理政策体系进一步完善,规范、公平的学前教育发展环境初步形成,学前教育资源明显扩大,"入园难"问题初步缓解,学前教育质量有新提高。《若干意见》从"创新办园机制,扩大学前教育资源""建立学前教育发展激励机制""建立和完善学前教育机构监管机制""创新教师队伍建设机制"四大方面对广西学

前教育的发展作出了指示。《若干意见》明确提出,扩大学前教育资源主要有以下三条途径:一是必须办好公办园。二是大力发展多元普惠幼儿园。三是鼓励支持示范幼儿园和教育集团扩大优质学前教育资源。对于解决"入园贵"问题,《若干意见》提出了三大新举措:一是加大投入,大幅增加公益性、普惠性幼儿园园位,满足更多的幼儿进入平价的公益普惠幼儿园的需要。二是建立多元普惠幼儿园奖补政策。三是建立完善学前教育机构管理机制。就提高幼儿园保育教育质量方面,《若干意见》提出了三大新举措:一是建立和完善学前教育机构准入制度。二是加强对学前教育机构的日常监管。三是通过集团化办学方式扩大优质教育资源。此外,就加强幼儿园监管方面,《若干意见》也提出了三大举措:一是落实学前教育机构安全保障措施。二是加强对学前教育机构的日常监管,建立健全学前教育机构资质公示制度。三是建立学前教育机构黑名单制度,对存在严重安全隐患、保教质量差等问题的学前教育机构实施重点监管,开展无证幼儿园、幼儿看护点治理整顿工作。

(三)广西教育事业发展"十三五"规划

为阐明"十三五"时期广西教育事业发展的总体思路、发展目标、主要任务和重大政策措施,根据《国家教育事业发展"十三五"规划》和《广西壮族自治区国民经济和社会发展第十三个五年规划纲要》《广西壮族自治区中长期教育改革和发展规划纲要(2010—2020年)》编制了《广西教育事业发展"十三五"规划》(桂政发〔2017〕13号)(以下简称《"十三五"规划》)。《"十三五"规划》从幼儿园规划布局、幼儿园建设资源、普惠性幼儿园发展、幼儿园保育教育质量四个方面对广西学前教育的发展进行了总体规划。在发展广西农村学前教育方面,《"十三五"规划》提出:按照城镇服务人口1万人、农村服务人口3 000—6 000人设置1所幼儿园的原则,合理规划城乡公办幼儿园、普惠性民办幼儿园布局。继续因地制宜加强乡村公办幼儿园建设,重点支持54个贫困县乡村幼儿园建设。支持居住分散的村、屯建设学前教育巡回支教点。合理利用村小学校校舍资源,发展村小学附设幼儿园。鼓励社会力量办园,重点增加城区和城乡接合部普惠性幼儿园数量。通过提供合理用地、减免租金等方式,支持农村普惠性民办幼儿园建设。

（四）关于进一步优化中小学幼儿园布局的通知

为贯彻落实《国务院关于统筹推进县域内城乡义务教育一体化改革发展的若干意见》（国发〔2016〕40 号）和《中共广西壮族自治区委员会 广西壮族自治区人民政府关于加快改革创新全面振兴教育的决定》（桂发〔2014〕2 号）精神，进一步优化广西中小学、幼儿园布局，提高办学效益和质量，广西于 2017 年 9 月 25 日颁布了《关于进一步优化中小学幼儿园布局的通知》（桂教规范〔2017〕13 号）（以下简称《布局通知》）。《布局通知》对广西中小学、幼儿园的布局作出了详细规定。在幼儿园布局方面，《布局通知》明确提出，幼儿园布局要按照公办、民办并举，学前三年入园率 90% 和普惠性幼儿园覆盖率达 80% 的目标要求，合理规划城乡公办幼儿园和多元普惠幼儿园，促进学前教育普惠发展，解决"入园难""入园贵"问题，促进学前教育普及和提高保教质量。此外，《布局通知》对广西农村幼儿园的布局也作出了规定：每个乡镇设置 1 所以上公办中心幼儿园。乡村按照"服务半径 1.5 公里，服务人口3 000—6 000 人"原则布局，采取人口大村独办、小村联办的形式建设村级幼儿园。优先利用义务教育学校闲置校舍等富余资源举办村级幼儿园。

（五）广西教育提升三年行动计划（2018—2020 年）

为进一步提升广西教育整体发展水平，加快教育现代化，办好人民满意的教育，广西壮族自治区人民政府制定了《广西教育提升三年行动计划（2018—2020 年）》（桂政发〔2018〕5 号）（以下简称《教育三年计划》）。《教育三年计划》提出，广西2018—2020 年农村学前教育的发展目标：要创建 1 000 所示范幼儿园，学前教育三年毛入园率达 90%。此外，还提出要实施学前教育普及普惠工程，并从扩大公办学前教育资源、扩大多元普惠学前教育资源、扩大优质学前教育资源和深化学前教育保教改革四个方面对广西学前教育发展提出了要求。在广西农村学前教育方面，《教育三年计划》明确提出：实现乡镇公办中心幼儿园全覆盖，重点支持人口大镇新建 1—2 所公办幼儿园，贫困县1 500 人以上大村建设一批村级公办性质幼儿园。继续实施公办幼儿园建设奖补政策，根据建设规模和新增学位以及地方投入情况，给予每所乡镇、村级公办幼儿园 200 万—400 万元补助。完善优质公办幼儿园对口帮扶多元普惠幼儿园机制。

二、《中共中央 国务院关于学前教育深化改革规范发展的若干意见》的理解

(一)《中共中央 国务院关于学前教育深化改革规范发展的若干意见》的概述

为贯彻落实党的十九大、全国教育工作会议和党提出的教育方针,积极发展学前教育,着力解决"入园难"和"入园贵"等问题,进一步完善学前教育公共服务体系,切实办好新时代学前教育,更好地实现幼有所育,中共中央、国务院于2018年11月15日正式发布了《中共中央 国务院关于学前教育深化改革规范发展的若干意见》,对新时代学前教育深化改革规范发展作出重大决策部署,进一步明确了学前教育改革发展的前进方向和重大举措,引起社会各界的广泛关注。

1.《中共中央 国务院关于学前教育深化改革规范发展的若干意见》颁布的背景

一是政府对学前教育的重视程度不断提高。各级政府尤其是中央政府对学前教育的重视程度不断提高,是该意见得以出台的重要原因。习近平总书记在党的十九大报告中强调要"办好学前教育",把实现"幼有所育"作为"七有"民生问题之首,并做出重要批示要求加强学前教育系统谋划。李克强总理主持国务院常务会议听取了学前教育工作的汇报,强调要多渠道增加学前教育资源供给。二是"入园难""入园贵""监管弱"的问题成为社会关注的焦点。据国家统计局统计数据显示,2017年全国幼儿园共有25.5万所,在园幼儿4 600万人,学前三年毛入学率达到79.6%。按照《国家中长期教育改革和发展规划纲要(2010—2020)》的要求,2020年学前一年毛入园率要达到95%。党的十八大以来,我国学前教育事业快速发展,资源迅速扩大,普及水平大幅提高,管理制度不断完善,"入园难"问题得到有效缓解。同时要看到,由于底子薄、欠账多,目前学前教育仍是整个教育体系的短板,发展不平衡、不充分问题十分突出,"入园难""入园贵"依然是困扰老百姓的烦心事。三是学前教育是各级各类教育中比较薄弱的环节。改革开放以来,我国学前教育事业得到了很大的发展,普及程度逐步提高。但总体上看,学前教育仍是各级各类教育中比较薄弱的环节。学前教育资源尤其是普惠性资源不足、高收费民办园四处可见、公立园"学位难求"、政策保障体系不完善、教师队伍建设滞后、监管体制机制不健全、保教质量有待提高、幼儿教育"小学化"等是目前学前教育存在的客观问题。

2.《中共中央 国务院关于学前教育深化改革规范发展的若干意见》的意义

发展学前教育事业事关亿万儿童的健康成长,事关千家万户的切身利益,事关国家和民族的未来,是促进人终身发展的奠基工程,保障和改善民生的重要举措,建设人力资源强国的必然要求。《中共中央 国务院关于学前教育深化改革规范发展的若干意见》在我国学前教育事业发展面临巨大困难与严峻挑战的关键时刻及时出台,与时俱进,高瞻远瞩,这也是新中国成立以来,第一个以中共中央、国务院名义印发的关于学前教育工作的文件,也是全国教育大会召开之后教育工作的一个重磅政策性文件,在我国学前教育事业发展的历史上具有里程碑式的意义。《中共中央 国务院关于学前教育深化改革规范发展的若干意见》立足当前,兼顾长远,是积极发展学前教育,着力破解"入园难""入园贵""监管弱"的动员令,对全社会提高学前教育重要性的认识,促进亿万儿童的健康成长,保障和改善民生,发挥着极为重要的推动作用,开创了学前教育事业科学发展的新局面。

(二)《中共中央 国务院关于学前教育深化改革规范发展的若干意见》的解读

《中共中央 国务院关于学前教育深化改革规范发展的若干意见》提出了当前学前教育发展的 35 条意见,可以从 9 个方面来理解:学前教育发展的总体要求、学前教育的布局规划、学前教育的资源建设、学前教育的经费保障、学前教育的师资队伍建设、学前教育的监管、规范学前教育管理、提高学前教育质量、加强组织领导。以下主要对这 35 条意见的内容进行解读。

1.学前教育发展的目标

《中共中央 国务院关于学前教育深化改革规范发展的若干意见》提出了学前教育发展的三大目标:学前教育的普及目标、学前教育的师资队伍建设目标和学前教育发展的总体目标。

(1)学前教育的普及目标。意见明确提出了学前教育的普及目标,提出到2020年,学前三年毛入园率达到85%、普惠性幼儿园入园率达到80%,也就是说公办园和普惠性民办园的占比达到80%,基本建成广覆盖、保基本、有质量的学前教育公共服务体系。学前教育资源尤其是普惠性资源不足,是目前学前教育面临的客观问题。这一目标的提出实际上就是让绝大多数的孩子能够享受普惠性的学前教育,有效破解"入园难""入园贵"的问题。

（2）学前教育的师资队伍建设目标。师资队伍建设是当前学前教育发展最薄弱的环节，意见单列了学前教育师资队伍建设要达到的目标，足以看出党中央提高学前教育师资队伍建设质量的决心。

（3）学前教育发展的总体目标。该意见提出，到2035年，全面普及学前三年教育，建成覆盖城乡、布局合理的学前教育公共服务体系，为幼儿提供更加充裕、更加普惠、更加优质的学前教育。这是一个对我国学前教育发展的总体要求。

2.优化布局与办园结构

规划是根据本地区人口、地域和社会发展状况，对幼儿园建设数量和规模的预设，主要回答要建多少所幼儿园的问题。布局是对区域内幼儿园建设布点的宏观考虑，主要回答在哪里建幼儿园的问题。《中共中央 国务院关于学前教育深化改革规范发展的若干意见》主要从三个方面对幼儿园的布局规划与结构提出了意见：一是对普惠性幼儿园的布局规划和结构提出了意见。高收费民办园四处可见，公办园"学位难求"是目前各地普遍存在的情况。该意见提出，以县为单位制定幼儿园布局规划，切实把普惠性幼儿园建设纳入城乡公共管理和公共服务设施统一规划，列入本地区控制性详细规划和土地招拍挂建设项目成本，选定具体位置，明确服务范围，确定建设规模，确保优先建设。各地要把发展普惠性学前教育作为重点任务，结合本地实际，着力构建以普惠性资源为主体的办园体系，坚决扭转高收费民办园占比偏高的局面。二是对公办园的布局规划和结构提出了意见。该意见提出，大力发展公办园，充分发挥公办园保基本、兜底线、引领方向、平抑收费的主渠道作用。按照实现普惠目标的要求，公办园在园幼儿占比偏低的省份，逐步提高公办园在园幼儿占比，到2020年全国原则上公办园在园幼儿占比达到50%，各地可从实际出发确定具体发展目标。三是对农村幼儿园的布局规划提出了意见。该意见提出，大力发展农村学前教育，每个乡镇原则上至少办好一所公办中心园，大村独立建园或设分园，小村联合办园，人口分散地区根据实际情况可举办流动幼儿园、季节班等，配备专职巡回指导教师，完善县、乡、村三级学前教育公共服务网络。

3.拓宽途径扩大资源供给

供需矛盾是当前我国学前教育的主要矛盾，现有的学前教育资源，尤其是优质的学前教育资源还远远未能满足人民群众的需求。面对这一矛盾，《中共中央 国务院关于学前教育深化改革规范发展的若干意见》大致描述了我国未来学前教育公共服务体系的基本格局，并指出要通过以下途径有效扩大学前教育资源：一是实施学前教育专项。国家继续实施学前教育行动计划,逐年安排建设一批普惠性幼儿园,重点扩大农村地区、脱贫攻坚地区、新增人口集中地区普惠性资源。二是积极挖潜扩大增量,充分利用闲置资源办园。充分利用腾退搬迁的空置厂房、乡村公共服务设施、农村中小学闲置校舍等资源,以租赁、租借、划转等形式举办公办园。三是规范小区配套幼儿园建设使用。不少小区入住多年,承诺中的配套幼儿园却迟迟不见踪影。该意见规定,2019年6月底前,各省(区、市)要制定小区配套幼儿园建设管理办法。配套幼儿园由当地政府统筹安排,办成公办园或委托办成普惠性民办园,不得办成营利性幼儿园。对存在配套幼儿园缓建、缩建、停建、不建和建而不交等问题的,在整改到位之前,不得办理竣工验收。四是鼓励社会力量办园。政府加大扶持力度,引导社会力量更多举办普惠性幼儿园。政府通过购买服务、综合奖补、减免租金、派驻公办教师、培训教师、提供教研指导等方式,支持普惠性民办园发展,并将提供普惠性学位数量和办园质量作为奖补和支持的重要依据。

4.健全经费投入长效机制

投入不足一直是困扰和制约我国学前教育发展的重要因素之一。学前教育虽然是我国国民教育体系的重要组成部分,但在财政投入上却处于边缘地位,从政府和社会获得的资源少。《中共中央 国务院关于学前教育深化改革规范发展的若干意见》一是对学前教育的经费投入结构作出了规定:国家进一步加大学前教育投入,逐步提高学前教育财政投入和支持水平;中央财政继续安排支持学前教育发展资金,支持地方多种形式扩大普惠性资源,深化体制机制改革,健全幼儿资助制度,重点向中西部农村地区和贫困地区倾斜;地方各级政府要健全学前教育经费投入机制,规范使用管理,强化绩效评价,提高使用效益。二是对公办园和民办园的成本和收费作出了规定:合理确定公办园收费标准,加强对民办园收费价格监管。该意见提出,根据办园成本、经济发展水平和群众承受能力等因素,合理确定公办园收费标准并建立定期动态调整机制。民办园收费项目和标准根据办园成本、市场需求等因素合理确定,向社会公示,并接受有关主管部门的监督。地方政府依法加强对民办园收费的价格监管,坚决抑制过高收费。

5.大力加强幼儿园教师队伍建设

幼儿教师队伍是基础教育教师队伍中最薄弱的部分,主要表现在:幼儿教师数量严重不足、生师比不合理,教师学历层次和整体素质偏低,地位低、待遇低、社会保障没落实等。为加强幼儿园教师队伍建设,《中共中央 国务院关于学前教育深化改革规范发展的若干意见》提出了以下几个方面的建议：一是严格依据标准配备教职工。各地要及时补充公办园教职工，严禁"有编不补"、长期使用代课教师。民办园按照配备标准配足配齐教职工。各类幼儿园按照国家相关规定配备卫生保健人员。二是要依法保障幼儿教师的地位和待遇。各地要认真落实公办园教师工资待遇保障政策，统筹工资收入政策、经费支出渠道，确保教师工资及时足额发放、同工同酬。各类幼儿园依法依规足额足项为教职工缴纳社会保险和住房公积金。各地要根据学前教育特点和幼儿教师专业标准，完善幼儿教师职称评聘标准，畅通职称评聘通道，提高高级职称比例。三是要完善教师培养体系。为培养更多优秀的幼儿教师，该意见提出，扩大本专科层次培养规模及学前教育专业公费师范生招生规模。大力培养初中毕业起点的五年制专科学历的幼儿教师。四是要健全教师培训制度。出台幼儿教师培训课程指导标准，实行幼儿园园长、教师定期培训和全员轮训制度。五是要严格教师队伍管理。认真落实教师资格准入与定期注册制度，严格执行幼儿园园长、教师专业标准，坚持公开招聘制度，全面落实幼儿教师持证上岗，切实把好幼儿园园长、教师入口关。此外，对于备受关注的师德师风建设，意见也作出严格规定，要求通过加强师德教育、完善考评制度、加大监察监督、建立信用记录、完善诚信承诺和失信惩戒机制等措施，提高教师职业素养，培养教师热爱幼教、热爱幼儿的职业情怀。对违反职业行为规范、影响恶劣的教师实行"一票否决"，终身不得从教。

6.完善监管体系

"监管弱"是近年来学前教育发展面临的突出问题之一。为解决这一问题，《中共中央 国务院关于学前教育深化改革规范发展的若干意见》作出了以下几个方面的规定：一是要落实监管责任。强化各级党委和政府及各有关部门的监管责任，建立健全教育部门主管、各有关部门分工负责的监管机制。二是要加强源头监管。严格幼儿园准入管理，各地依据国家基本标准调整完善幼儿园设置标准，严格掌握审批条件，加强对教职工资质与配备标准、办园条件等方面的审核。三是要完善过程监管。各地建立幼儿园基本信息备案及公示制度，充分利用互联网等信息化手段向社会及时公布并更新幼儿园教职工配备、收费标准、质量评估等方面信息，主动接受社会监督。健全家长志愿者驻园值守制度，充分发挥幼儿园家长委员会作用，推动家长有效参与幼儿园重大事项决策和日常管理。四是要强化安全监管。幼儿园必须把保护幼儿生命安全和健康放在首位，落实园长安全主体责任，健全各项安全管理制度和安全责任制，强化法治教育和安全教育，提高家长安全防范意识和能力，并通过符合幼儿身心特点的方式提高幼儿感知、体悟、躲避危险和伤害的能力。严格依法监管。五是要加强办园行为督导,实行幼儿园责任督学挂牌督导制度。幼儿园提供虚假或误导家长信息的,纳入诚信记录。对存在伤害儿童、违规收费等行为的幼儿园,及时进行整改、追究责任;造成恶劣影响的,依法吊销办园许可证,有关责任人终身不得办学和执教;构成犯罪的,依法追究其刑事责任。

7.规范发展民办园

民办园是我国学前教育的重要组成部分,但其内部的规范化管理还存在很大不足。为此,《中共中央 国务院关于学前教育深化改革规范发展的若干意见》提出,现有民办园根据举办者申请,限期归口进行非营利性民办园或营利性民办园分类登记。民办园应依法建立财务、会计和资产管理制度,按照国家有关规定设置会计账簿,收取的费用应主要用于幼儿保教活动、改善办园条件和保障教职工待遇,每年依规向当地教育、民政或市场监管部门提交经审计的财务报告。各地要将无证园全部纳入监管范围,建立工作台账,稳妥做好排查、分类、扶持和治理工作。

8.提高幼儿园保教质量

学前教育的普及,对遵循学前教育规律、不断提高保教质量提出了更高的要求。而现在许多幼儿园保教工作不规范,"小学化"倾向严重,教育内容和教育方法明显不符合幼儿身心发展特点,幼儿园保教质量低。为此,《中共中央 国务院关于学前教育深化改革规范发展的若干意见》提出,国家制定幼儿园玩教具和图书配备指南,广泛征集遴选符合幼儿身心特点的优质游戏活动资源和体现中国优秀传统文化、现代生活特色的绘本。坚持以游戏为基本活动,珍视幼儿游戏活动的独特价值,保护幼儿的好奇心和学习兴趣,尊重个体差异,鼓励支持幼儿通过亲近自然、直接感知、实际操作、亲身体验等方式学习探索,促进幼儿健康快乐成长。开展幼儿园"小学化"专项治理行动,坚决克服和纠正"小学化"倾向,小学起始年级必须按国家课程标准坚持零起点教学。国家制定幼儿园保教质量评估指南,各省(区、市)完善幼儿园质量评估标准,健全分级分类评估体系。

9.加强组织领导

《中共中央 国务院关于学前教育深化改革规范发展的若干意见》提出,要充分发挥幼儿园党组织作用,保障正确办园方向,认真做好教职工思想政治工作,厚植立德树人基础。认真落实国务院领导、省市统筹、以县为主的学前教育管理体制。积极推动各地理顺机关、企事业单位办幼儿园的办园体制,实行属地化管理。国家完善相关法规制度,制定学前教育发展规划,推进普及学前教育,构建覆盖城乡的学前教育公共服务体系。将学前教育普及普惠目标和相关政策措施落实情况作为对省级政府履行教育职责督导评估的重要内容,作为地方各级党委和政府督查工作的重点任务,纳入督导评估和目标考核体系。加大对违法违规办园行为的惩治力度,推动学前教育走上依法办园、依法治教的轨道,保障幼儿身心健康成长。另外,还分别提出了各个部门的责任和任务。

三、广西农村学前教育发展制度设计与路径选择

学前教育是教育的起点,而农村学前教育又是一块短板。办好农村学前教育,关涉千家万户的切身利益,关涉国家和民族的未来。没有农村学前教育的高质量,就不会实现党的十九大提出的办好学前教育的目标。近年来,广西扎实推进学前教育第一期、第二期三年行动计划,学前教育取得了长足发展。但是,由于底子薄、投入不足、发展机制不灵活、改革动力不足,广西农村学前教育依然存在资源短缺、师资匮乏、质量不高、"入园难"等突出问题。为进一步创新体制机制,加快广西农村学前教育改革发展,全面提升广西农村学前教育保教质量,着力解决广西农村学前教育存在问题,应从以下几个方面努力:

(一)做好农村学前教育发展政策的顶层设计

学前教育的性质和功能决定了政府是发展农村学前教育的责任主体。因此,广西各级政府应该把促进农村学前教育发展、保障农村幼儿享受高质量的学前教育作为当前改善民生、推动教育改革发展和振兴乡村教育的重要任务来抓。

1.提高对农村学前教育重要性的认识

思想是行动的先导,有什么样的思想认识,就会有什么样的行动。我国著名教育家陶行知先生曾讲:"小学教育是建国之根本,幼稚教育尤为根本之根本。"这句话道出了学前教育在人的一生发展中的重要性。然而,目前广西各级政府、公众、教师和家长对农村学前教育的性质和功能的认识还存在一定的偏差,尚未充分认识到发展农村学前教育的重要性。因此需要:

(1)提高全社会对农村学前教育重要性的认识。这要求各级政府广泛宣传农村学前教育的地位和作用,宣传办好农村学前教育对于全面建成小康社会的重要意

义,宣传办好农村学前教育对于个人成长的意义。各级政府要充分认识农村教育的基础地位,将学前教育放在优先发展的战略地位。

(2)转变教师的教育观念。教师是农村学前教育的具体实施者,在办好农村学前教育过程中承担着重要作用。当前,广西农村学前教育的现状在很大程度上是由于教育观念落后造成的,大部分农村幼儿教师仍把传授知识作为教育活动的主要目标,使得农村学前教育存在严重的"小学化"问题。这就需要政府通过培训等各种形式的活动,转变农村幼儿教师的教育观念,使他们能够根据幼儿的年龄特征和身心发展规律进行教育,从而促进幼儿身心健康发展。

(3)转变家长的教育观念。家长是孩子的第一任教师,但农村幼儿家长大多比较繁忙,知识水平、观念也比较落后,他们普遍认为孩子上了幼儿园,孩子的教育就是幼儿园的事,也有不少家长由于忙于农活,疏于对幼儿进行教育。此外,广西农村地区经济发展相对落后,使得农村中隔代教养的现象比较普遍。由于生活的压力,不少父母将幼儿托付给爷爷奶奶或是外公外婆抚养,自己外出务工挣钱,较少关注孩子的教育。另外,大部分农村家长认为教育就是读书、认字、算术,使得农村学前教育"小学化"问题进一步加剧。因此,各级政府和学校应通过各种宣传途径,转变家长的教育观念,让家长积极参与到孩子的教育中,积极进行家园合作。

2.进一步强化责任,切实加大投入

一是加强顶层设计,科学制定广西农村学前教育发展规划。二是尽快制定相关地方性法规,量化各级政府对学前教育的经费投入硬性标准,建立省市统筹、县级投入为主的经费投入机制。三是大力扩充公办幼儿园,确保每个乡镇至少有1—2所公办中心幼儿园,从人、财、物各方面落实其公办性质。四是下大力气补齐村级幼儿园这块短板,支持山区村级幼儿园建设,努力做到"保基本、全覆盖",让每个偏远山区的孩子都能在家门口接受基本的学前教育。五是进一步建立健全建档立卡贫困户儿童入园资助体系,逐步提高补助标准。

(二)完善农村学前教育经费体制

必要的经费是发展各项教育事业的基础,对农村学前教育的经费投入是农村学前教育事业发展的必要前提,也是教育质量提高的物质保障。然而,目前经费投入严重匮乏却是制约广西农村学前教育发展的重要原因。

1.优化经费投入结构

各级政府应进一步加大农村学前教育投入,逐步提高农村学前教育财政投入和支持水平,主要用于扩大普惠性资源、补充配备教师、提高教师待遇、改善办园条件。自治区财政应继续安排支持学前教育发展资金,支持地方多种形式扩大普惠性资源,深化体制机制改革,健全幼儿资助制度,重点向广西偏远农村地区和贫困地区倾斜。地方各级政府要健全农村学前教育经费投入机制,规范使用管理,强化绩效评价,提高经费使用效益。

2.健全农村学前教育成本分担机制

建立健全"国务院领导、省地(市)统筹,以县为主"的学前教育管理体制,进一步完善政府投入、社会举办者投入、家庭合理分担的学前教育成本分担机制。各县(市、区)政府要将学前教育经费列入同级财政预算,财政性学前教育经费在同级财政性教育经费中要占合理比例。到2020年,各市、县(市、区)制定并落实公办园生均财政拨款标准或生均公用经费标准,合理确定并动态调整拨款水平;因地制宜制定企事业单位、部队、街道、村集体办幼儿园财政补助政策;根据办园成本、经济发展水平和群众承受能力等因素,合理确定公办园收费标准并建立定期动态调整机制。民办园收费项目和标准根据办园成本、市场需求等因素合理确定,向社会公开,并接受有关主管部门的监督。非营利性民办园(包括普惠性民办园)收费具体办法由省级政府制定。营利性民办园收费标准实行市场调节,由幼儿园自主决定。地方政府依法加强对民办园收费的价格监管,坚决抑制过高收费。

3.建立多元普惠幼儿园补助机制

一是继续设立多元普惠幼儿园生均补助经费。对达到自治区一星级以上的多元普惠幼儿园,继续按照在园幼儿数给予生均每学年200元的补助。补助经费可用于支付教职工社会保险、园舍租金、补充保教和生活设施设备、校舍维修改造等。二是设立集团化办园补助经费。建立集团化办园工作激励机制,扩大优质学前教育资源。对经自治区教育行政部门认定开展集团化办园的示范幼儿园,自治区每年对每所集团化办园的龙头示范幼儿园补助10万元,用作龙头示范幼儿园园长和骨干教师指导集团内幼儿园办园的工作和补助经费。各市、县(市、区)也要结合当地集团办园情况,设立相应的集团化办园补助经费,推动集团化办园健康发展。三是继续落实多元普惠幼儿园税收优惠政策。各地税务部门要认真落实税收优惠政策,经认定的多元普惠幼儿园,在规定收费标准范围内收取的保育费、教育费收入,免征营业税。多元普惠幼儿园建设涉及的城市建设配套费等行政性、服务性收费及供电、供水、供气等方面收费,均与公办幼儿园享有同等待遇。

4.完善学前教育资助制度

各地要认真落实幼儿资助政策,确保接受普惠性学前教育的家庭经济困难儿童(含建档立卡家庭儿童、低保家庭儿童、特困救助供养儿童等)、孤儿和残疾儿童得到资助。

(三)创新办园体制机制,实现办园模式多样化和多元化

针对广西农村学前教育资源供给不足问题,完善农村幼儿园办园体制机制至关重要,其是有效拓展有质量的农村学前教育资源的前提和基础。《国家中长期教育改革和发展规划纲要(2010—2020年)》明确规定,要建立政府主导、社会参与、公办民办并举的办园体制。《广西壮族自治区第三期学前教育行动计划(2017—2020年)》明确表示地方政府应落实发展和监管学前教育的责任,建立健全确保学前教育可持续发展的体制机制。

1.建设好乡镇公办中心幼儿园,提高农村学前教育水平

坚持和完善以公办幼儿园为主体的办园体制是学前教育事业尤其是农村学前教育发展的根本保障。在县级政府的主导下,应以乡镇中心园建设为重点,不断扩大普惠性农村学前教育资源。重点加大乡镇中心园建设,并发挥其示范、辐射、带动作用,是扩大普惠性农村学前教育资源、保障农村学前教育普及的重要举措。随着广西第一期、第二期学前教育三年行动计划的顺利完成以及第三期学前教育行动计划的启动,广西每个乡镇基本上都能够建立起或正在建设一所标准化的公办幼儿园。然而发展农村学前教育不只是建设幼儿园的事情,建成幼儿园只是发展学前教育的第一步,更为重要和关键的任务在于幼儿园内部设施的配套、师资队伍的配置、办学理念的确立以及办园质量等内涵发展目标的实现,这些问题恰好是目前制约广西农村学前教育发展的关键问题。因此,在乡(镇)公办中心幼儿园园舍任务基本完成的同时,应适时地实现乡(镇)公办中心幼儿园建设的内涵式发展。

2.改革农村幼儿园办园体制,激发多方农村办园积极性

进行农村幼儿园办园体制改革,依靠社会力量多渠道多形式发展学前教育,激发各方力量办园的积极性。各乡镇人民政府要扶持和发展农村及老少边穷地区的幼儿教育事业,财政预算要安排发展幼儿教育的经费,办好乡(镇)中心幼儿园,发挥

其对乡（镇）幼儿园的指导作用、榜样作用、标杆作用。激发各个办园主体的积极能动性。农村学前教育的发展除了依靠教育管理部门、政府的扶持和管理,农村幼儿园自身积极能动性的发挥也具有重要意义。教育主管部门要对农村各种形式的幼儿教育办园主体一视同仁,除了办好乡（镇）中心幼儿园,更要对农村学前班、村民自办幼儿园进行扶持,大力推进农村民办幼儿园建设。民办幼儿园是广西农村学前教育最重要的组成部分,其数量庞大,有力缓解了广西农村幼儿"入园难"的问题。此外,农村民办幼儿园建设事关广西农村学前教育质量的提升,因此,一方面要大力推进农村民办幼儿园的发展,另一方面要加强民办幼儿园的管理和监督,完善民办幼儿园内部管理体制,切实加强民办幼儿园师资队伍建设。

第六章

广西农村职业教育发展战略

第一节　广西农村职业教育现状与问题分析

党的十六大提出全面建设小康社会的奋斗目标及其教育发展目标,重点和难点都在农村。党的十九大提出实施乡村振兴战略。农业、农村、农民问题是关系国计民生的根本性问题,必须始终把解决好"三农"问题作为全党工作重中之重。对广西而言,发展职业教育,是解决"三农"问题的有效路径,也是实现富裕广西、文化广西、生态广西、平安广西的重要方式。

农村职业教育是指县及县以下的学校职业教育和面向农村、为农民服务的各类职业技术教育和职业技能培训。农村职业教育承担着县及县以下的广大地区的人群的职业技术教育任务,包括高等职业教育、中等职业教育和职业技能培训,但主要是中等职业教育和职业技能培训。《中华人民共和国职业教育法》第三条规定:职业教育是国家教育事业的重要组成部分,是促进经济、社会发展和劳动就业的重要途径;国家发展职业教育,推进职业教育改革,提高职业教育质量,建立、健全适应社会主义市场经济和社会进步需要的职业教育制度。因此,农村职业教育的重要作用是通过对县及县以下的专业技术人才的培养,推动县域经济的发展。

一、广西农村职业教育现状分析

(一)政府重视农村职业教育,推动广西农村职业教育的发展

国务院在《国家职业教育改革实施方案》中指出,2035 中长期目标和 2050 远景目标对职业教育提出了新的更高的要求。加快发展现代职业教育,既有利于缓解当前就业压力,也是解决高技能人才短缺的战略之举。广西"十三五"基本公共服务均等化规划指出,加快建设民族地区职业教育综合改革试验区,建构产教融合、校企合作、中高职衔接、职教普教沟通的现代职业教育体系,培养一支数量充足、结构合理、素质过硬的技术人才队伍。广西壮族自治区人民政府指出,建设市、县级职业教育中心,围绕服务新农村建设,通过政府主导、整合资源、创新机制、保障投入等方式,建立健全农村人力资源开发网,全面承担民族地区农村劳动力转移培训、农村实用技术培训和扶贫开发服务。

国家和广西对农村职业教育的重视,为农村职业教育学校发展提供保障,有利于推动广西农村职业教育的发展。

(二)全面建设小康社会,赋予广西农村职业教育改善民生的使命

实现全面建成小康社会的宏伟目标,最繁重、最艰巨的任务在农村,没有农民的小康就没有全国人民的小康,没有农村的现代化就没有国家的现代化。加快全面建设小康的步伐,就要提高城乡居民的收入,普遍提高人民的富裕程度,极大改善生活质量,极大丰富文化生活,使基本公共服务体系更加健全,促进人的全面发展,增强人民群众的幸福感。国家"十二五"规划纲要指出,要坚持把保障和改善民生作为加快转变经济发展方式的出发点和落脚点,把就业放在经济社会发展优先位置。就业就是最大的民生,更是民生改善的基础,只有民众充分就业,民生才能不断改善。职业教育是促进社会就业和民生改善的基础性工作,通过不断发展职业教育,不断提高劳动人口的就业能力。广西壮族自治区人民政府指出,加快建立教育培训、规范管理和政策扶持"三位一体"的新型职业农民培育体系。建立公益性农民培训制度,深入实施新型职业农民培育工程和农民继续教育工程,即赋予广西农村职业教育改善民生的使命。目前,应该立足农民和农村的实际情况,以提高农民的收入和生活水平,加强农民的职业教育,提高农民的职业素质,增强农民的技能。

（三）跨国人才需求增多，促使广西职业教育发展有了新的增长点

广西地处南疆边陲，资源丰富，同时享有少数民族地区自治的政策、西部大开发政策、沿海地区开放政策、边境地区开放政策等。随着西部大开发战略实施和中国—东盟贸易区的进一步发展，以及"一带一路"的建设，广西与东南亚地区交流日益频繁，急需大量跨国人才。特别是在2016年广西与教育部签署《开展"一带一路"教育行动国际合作备忘录》后，广西充分发挥区位优势和地方特色，紧密结合中央赋予广西在"一带一路"倡议中的三大定位（国际通道、战略支点、重要门户），依托中国—东盟博览会、中国—东盟职业教育联展暨论坛等战略平台，全面提升广西教育对外开放工作质量和水平，精心培养大批共建"一带一路"急需人才，形成面向东南亚的中外人文交流基地和教育国际合作交流高地，极大地促进了广西边境地区职业教育方面的对外交流发展，这些边境县市更是以其独特的地理位置，得天独厚的条件，在职业教育对外交流上有了很大的发展。

二、广西农村职业教育问题分析

（一）社会对农村职业教育认识不到位

一些地方的政府部门对农村职业教育在实现农业和农村现代化方面的作用认识不足，对农村职业教育的扶持力度不够，致使国家的一些政策没有有效落实，而是片面地追求学历教育，忽视了中青年农民的职业教育和培训。人们对农村职业教育存在偏见，社会认可度低。在人们的心中，只有走普通教育道路才是优秀的学生，而上职业学校的学生都是靠后的，常常被认为是没有出息的学生。社会轻视职业教育的观念根深蒂固，一个接受职业教育的毕业生和一个接受高等教育的毕业生，人们更倾向于选择后者，是因为对职业教育认识不清。农村职业学校很多是由薄弱的学校改制而来，虽然有些学校在硬件和软件有了长足的发展，但很多人把职业教育看作"次等教育"。农村信息闭塞，农民信息交流封闭，信息捕捉不灵敏，很多人对升学政策不是很了解。在家长和学生对升学要求高的情况下，普通高等教育是最佳的选择。

（二）教育质量不高

部分职业学校办学宗旨不明确，不同程度地出现脱离当地经济和社会实际的倾

向。教学内容不能反映最新科学技术的最新成果,实验实习基地的生产管理缺乏先进性和示范性,办学实力不强,自我展示能力弱。由于缺乏教育经费,基础设施跟不上,很多农村职业学校缺少必要的实践基地,农产品的开发、实验、示范、推广的教学活动难以开展,在教室里讲养猪、黑板上搞科研的案例比比皆是,导致职业教育质量不高,难以为农业、农村经济发展提供服务。

(三)职业教育师资力量不足

师资队伍总体水平不高,专业教师缺乏,大多数教师为一般高等院校毕业后直接到职业学校任教,专业基础不够扎实,缺少教学经验。一些老教师又无法适应新专业的教学要求,教学质量难以提高。教师教学主要集中在理论基础课,专业课、实践指导的教师较少,职业教育普教化现象严重,教出来的学生往往理论基础薄弱,又难以胜任实践工作。有的教师感到在普通中小学工作压力大,跳槽到职业学校,职业倦怠现象严重。在职业学校,教师待遇不高,教学工作缺少成就感,难以吸引优秀的教师进入职业教育教师队伍,职业教育师资不足。职业教育攻坚阶段,加强职业教育学校的师资力量是一个重要的环节,但是当下师资力量不足是普遍的现状,这个问题急需解决。

(四)农村职业学校缺乏吸引力

在农村贫困地区,经济水平不高,农业耕作和养殖业基本属于粗放型。因此,父母送子女上学就是让其脱离农村,实现农专非。但是,因为经济不发达,就业的机会少,再加上职业教育技术毕业制度改革,不包分配,农民失去了送子女上职业学校的动力。从受教育者的角度来看,农村学生一旦进入大中专院校无望,无需进行培训和学习,直接跟着自己的亲朋好友外出打工。尽管农村职业学校普遍成立了毕业就业专门机构,通过联合办学,与用人单位签署就业协议等,但是毕业生的就业率还是不理想。

(五)供给需求矛盾突出

现阶段农村职业学校不能满足农民的需求。一方面农民需要提高农业技术水平,外出务工农民需要提高职业技能,另一方面大多数农村职业教育学校难以招到学生。与现在80%的农民没有经过任何职业技术形成鲜明对比的是,80%以上的农村职业学校面临生存危机。外出务工农民接受职业培训,也没有完善的就业准入制度,使职业资格证书受到冲击,这也影响了职业院校的培训和生源,阻碍职业教育的发展,更严重的是职业从事人员的专业技术得不到提高。

第二节 广西农村职业教育的功能定位

一、当前广西农村职业教育的功能概述

职业教育是与社会发展紧密相关的一种教育。它在贯彻落实党的教育方针和政策、促进经济繁荣和发展、实现社会公平、构建和谐社会、推进科技进步、丰富文化内涵、促进人的发展等方面具有独特的作用。近年来,我国职业教育事业不断发展,职业教育已达到一定的规模,适应了经济社会发展对技术应用型人才的需求。农村职业教育在我国的职业教育体系中占据着重要地位,与之相应,农村职业教育的社会服务功能也日渐凸显。

(一)农村职业教育功能的内涵

《中华人民共和国高等教育法》规定,高等教育必须贯彻国家的教育方针,为社会主义现代化建设服务、为人民服务,与生产劳动和社会实践相结合,使受教育者成为德、智、体、美等方面全面发展的社会主义建设者和接班人。其任务是培养具有社会责任感、创新精神和实践能力的高级专门人才,发展科学技术文化,促进社会主义现代化建设。职业教育与高等教育密不可分,因此也必须坚持"以服务为宗旨",为社会主义现代化建设服务。

职业教育直接为就业服务,所以职业教育应把人才培养与就业紧密结合起来,利用先进的技术与教学资源,通过对学生进行技能培训和劳动实践,为社会培养技术应用型和高技能人才,为发展科学技术提供技术创新、推广和服务。

(二)农村职业教育功能的外延

农村职业教育既包括农村职业学校教育,又包括对全体从业人员的在职教育与培训。所以,农村职业教育的社会服务功能还包括为满足人民群众不断变化的就业、转岗和下岗再就业的需要,为提高劳动者的技能所进行的技术培训。此外,农村

职业教育的社会服务功能也包括以各种形式为社会发展所做的具体的服务性质的活动。

(三)农村职业教育功能的具体体现

农村职业教育以促进农村发展、培养新型农民、为农村社会发展服务为宗旨,它的功能体现在多方面。农村职业教育为社会培养了生产一线的高素质人才,推动了经济的发展,提升农民的基本素质,同时对于现代农业的发展和科学技术的创新也贡献了力量。

1.农村职业教育服务于社会对人才的需求

农村职业教育具有较强的技术性和针对性,主要针对一个行业或专业进行技能培训,为相关企业提供各种类型的技能型人才。此外,职业教育通过对学生、转岗和下岗人员、进城务工等人员进行技术教育和培训,增强劳动者的技能,提高人才培养质量,满足企业和社会对各种人才的需求。

2.农村职业教育服务于区域经济发展

目前,我国经济飞速发展,随着区域经济的发展,需要大批有技术的应用型人才通过创造科技成果来促进经济的发展。而农村职业教育就为农村区域经济发展培养了具有较高生产水平和技能的人才。农村职业教育培养的技能型应用人才,发挥其科技创造能力,不断创新,不断创造科技成果,有助于加快经济增长速度,转变区域经济增长方式,使经济由当前的高投入、低产出的粗放型增长方式向依靠科技进步和提高劳动者素质的集约型增长方式转变,促进农村区域经济的可持续发展。

3.农村职业教育服务于现代农业发展

《国务院关于大力发展职业技术教育的决定》中提出,大力发展职业教育,加快人力资源开发,是落实科教兴国战略和人才强国战略,推进我国走新型工业化道路、解决"三农"问题、促进就业再就业的重大举措;是全面提高国民素质,把我国巨大人口压力转化为人力资源优势,提升我国综合国力、构建和谐社会的重要途径;是贯彻党的教育方针,遵循教育规律,实现教育事业全面协调可持续发展的必然要求。显而易见,"三农"问题已经成为农村职业教育的重要任务。我国农村职业教育通过岗前培训、岗位培训及成人继续教育和城镇下岗失业人员再就业培训,采用校企合作、工学结合的培训模式,提升农民文化素质与技能水平,强化农村职业教育资源的统筹协调和综合利用,推进城乡、区域合作,增强服务"三农"能力。加强涉农专业建设,加大培养适应农业和农村发展需要的专业人才力度,为现代农业发展服务。

4.农村职业教育服务于科技创新

我国县域职业院校的教师不仅应当具有教育教学的能力,而且应具有专业的应用性知识,可以直接为企业提供各种信息及技术咨询服务。同时,教师也可以参与企业的项目研发工作,促进企业技术创新、提高生产效率。职业院校的教师所从事的科研工作具有实用性,他们的发明创造可以推动科技进步。职业教育培养出的人才也是技术应用型技能人才,通过校企合作,与企业合作组织科研技术的开发,为科技创新服务。

(四)农村职业教育的扶贫功能定位

1.扶智力——消除绝对贫困:农村职业教育最基本的扶贫功能

绝对贫困是一种生存性贫困。它是在一定的社会生产方式和生活方式下,个人或家庭依靠劳动所得或其他合法收入不能满足最基本的生存需要,即维持生存的最低物质条件得不到保障,生命的延续受到威胁的物质贫困状态。这种贫困与人的生理特征密切相关,泛指温饱没解决,简单再生产不能或难以维持,主要是因贫困者所处的恶劣环境,如自然环境差、交通信息闭塞、技术文化落后、政策制度缺失、重大疾病困扰、身体素质羸弱、社会保障不足等,导致丧失个人发展机会或者个人发展空间受阻所产生的基于物质匮乏形成的生活贫困,具有明显的阶段性特征,会危及社会的稳定。对于义务教育之后难以升入高一阶段学习的失学失业者,以及残疾人、下岗职工、低收入的个体劳动者等特殊困难群体,接受工作知识与工作技能方面的职业教育及培训,虽然不能解决贫困者因环境、疾病等原因所导致的贫困,但可以帮助贫困者提高职业能力,包括生活能力、就业能力、工作能力、职业转换能力及创业能力,使贫困者转变发展思路,增加个人就业发展机会,提升个人发展能力,拓展个人发展空间,提高个人收入水平,进而从根本上摆脱绝对贫困,打破贫困和排斥的恶性循环,减少贫困的自然增长和经济增长。据构建学习型社会和终身学习体系的研究课题组的调查,义务教育之后接受过职业教育和高中教育的人员,比没有接受过这两种类型教育的人员接受继续教育和培训的机会多11个百分点。从这个意义上来说,以面向广大普通社会群体为重点的职业教育,在消除绝对贫困方面的功能、作用,虽然与以培养社会精英为重点的普通高等教育有异曲同工之妙,即扶智力,但其覆盖面要广得多,可以说,它是一种普适性的教育扶贫开发策略。基于此,使扶智力成为农村职业教育扶贫开发功能的基点,是其他教育扶贫所不可替代的。

2.扶发展——缩小相对贫困:农村职业教育最重要的扶贫功能

相对贫困是一种发展性贫困。它是因收入、财富、健康、机会、知识、能力、权力、幸福感等生活元素方面的比较差异而产生的生活感受落差。具体而言,相对贫困包括两方面的含义:一方面是指随着社会经济发展,因收入贫困线不断提高、身体健康水平提升、社会生活质量改善、个人发展机会增加等原因而产生的生活心理贫困状态;另一方面则是指在同一时期,因不同国家、不同地区、不同社会阶层之间及各阶层内部不同成员之间的收入差别,处于生活底层人群组的生活质量状况。这种贫困不同于绝对贫困,它是一种比较意义上的贫困,包括物质生活和精神生活上的不满足,与人的心理特征密切相关。可以说,它是人类发展过程中永远存在、不能彻底消除的生活心理贫困,具有显著的长期性特征,会影响社会的和谐。这种贫困的存在,与贫困者所在国家和地区的经济发展水平、社会分配制度、行业发展程度、个人发展机遇,以及个体所从事的职业岗位类型及其技术水平差异密切相关,是基于特定的人群对象比较所产生的动态性贫困状态。基于此,要减少相对贫困,关键在于给相对贫困者提供公平的个人发展环境及个人发展机遇,增强个人发展的满足感。面向人人的农村职业教育,可以为农村贫困人口提供在家门口就近学习技能的机会,为社会弱势困难群体提供个性化的教育服务,进而使处于相对贫困状态的重点人群能够通过就近接受职业教育、职业培训和专业技术服务而提升自己的发展能力,拓展发展空间,既增强个人发展的成就感又可降低同等情况下与他人发展之间的比较差距,进而实现通过扶发展大力缩小相对贫困水平,促进社会和谐发展。为此,使扶发展成为职业教育扶贫的重点,是职业教育扶贫最重要的任务。

3.扶权利——消解能力贫困:农村职业教育最直接的扶贫功能

能力贫困是一种结构性的能力缺失。依据波士顿大学乌德亚·瓦格尔博士的贫困理论研究,能力贫困层次基于收入贫困(或消费贫困)层次和社会排斥层次之间,与早期的贫困研究不同,它把个人能力和社会公平纳入其中。具体而言,就是指因个人的能力缺失所产生的贫困状态,它是形成绝对贫困和相对贫困的重要原因。具体包括三种状况:一是基本生存能力贫困,如因智力缺陷、身体残疾等智力和体力缺陷所导致的个体自主生活能力缺失从而产生生存困难;二是自主发展能力贫困,如因就业竞争能力、创新思维能力、社会交往能力、职业转换能力等结构性能力缺失导致的个人发展障碍;三是个人权利能力贫困,即个人发展的基本权利和机会被剥夺而形成的个人发展瓶颈,如因缺乏受教育机会所产生的知识贫困、信息贫困等。正如阿马蒂亚·森所认为的,能力贫困意味着贫困人口缺少获取和享有正常生活的能力,是对人类基本能力和权利的剥夺。贫困的真正含义是贫困人口创造收入能力和机会的贫困,健康、教育和收入的差异性就是个人能力发展不平等的具体体现。为此,反贫困战略实施的重点在于保障个人发展的权利,特别是受教育的权利,提升个人的生存和发展能力,即扶权利。不难看出,能力贫困的显著特征是知识匮乏、技能丧失、权利被剥夺。而以能力为本位的面向人人的农村职业教育(包括县域中职教育和高职教育),恰好在这三个方面具有独特的功效,即通过为残疾人提供特殊职业教育,开展个性化的职业培训,帮助残疾人提高基本生存能力;通过为贫困人口发展提供与地方经济社会发展密切相关的,特别是以主导产业和支柱产业为依托的专业技术教育及培训服务,提升他们的综合职业能力,帮助他们解决发展中的结构性能力缺失问题,增强其自主发展能力;通过降低门槛,实现大众接受职业教育机会均等化,让义务教育之后的失业失学人员、没有机会进入普通高等学校学习的青年学生以及需要接受职业技能培训的广大农民、工人和个体工商业者,都有机会接受职业教育,帮助他们扫除知识性贫困,突破自我发展瓶颈。毋庸置疑,能力贫困是绝对贫困和相对贫困产生的直接根源,是职业教育扶贫开发的关键。

4.扶精神——消除文化贫困:农村职业教育扶贫的核心功能

文化贫困是一种精神性贫困,它是基于特定的贫困文化现象所形成的低水平、低层次的文化认知状态,主要表现在五个方面:一是文化认知观念落后,即贫困者因受到贫困文化的羁绊和束缚而形成的听天由命、重农轻商、奢侈浪费、懒散怠惰等落后的人生价值观念;二是文化知识占有量贫乏,即贫困者因受教育权的缺失所导致的知识占有量奇缺,也就是所谓的知识贫困;三是文化品位粗俗化,即贫困者因文化知识、审美价值的缺失或思想道德素质的堕落所形成的缺乏艺术涵养的低级文化品位;四是文化学术层次低,即贫困者因文化认知水平低、文化学术研究能力匮乏所形成的缺乏文化内涵的初级文化学术形态;五是文化生活态度消极,即贫困者因文化环境设施不足、生活方式贫困等因素所产生的空虚、颓废、悲观、埋怨等不良的文化生活情绪。显然,文化贫困与贫困文化密切相关,文化贫困是贫困文化的重要基本特征。消除文化贫困,关键在于加强教育扶贫,传播先进文化,改造贫困文化,提升文化素质,消除文化认知偏见,即扶精神。对此,职业教育具有特殊的功效,即通过保障贫困者接受中、高等教育的权利,让更多的贫困者接受先进的职业文化教育,包括知识创新文化、技术创新文化、职业道德文化、产业发展文化、产品质量文化、科学管理文化等,增加文化知识占有量,提升文化认知能力及学术水平,转变文化价值观念,增强文化自觉意识,消除庸俗低级文化的不良影响,摆脱贫困文化的束缚,进而转变发展的思维方式和行为习惯,追求健康的生活方式,促进自己的可持续发展。不难看出,文化贫困是绝对贫困和相对贫困产生的思想根源,是农村职业教育扶贫开发的核心。

(五)实现农村职业教育功能的途径

实现农村职业教育的社会服务功能是一项长期而艰巨的任务。农村职业教育要坚持培养高素质的应用型技能人才,大力增强社会服务功能,力争达到国家对农村职业教育提出的各项标准和要求。

1.产学研结合

产指产业,学指学校,研指科研机构。产学研结合即产业、学校、科研机构相互配合,发挥各自优势,形成强大的研究、开发、生产一体化的先进系统,并在运行过程中体现出综合优势。

产学研结合使企业作为技术创新主体、高校和科研机构作为技术创新源头的优势得到了充分发挥。产学研结合为技术创新创造了平台,是推动科技与经济结合的有效途径。产学研结合是我国职业教育发展的必由之路。教师可以深入到企业,帮助企业解决生产经营和管理中的一些难题,与企业共同研发新产品,共同钻研技术创新,发挥职业院校资源及人才优势,帮助企业解决问题;同时,企业也可给予教师一定的经费支持。教师通过深入企业研发项目,提升自我的技术应用水平,将从企业生产中获得的先进技术和成果融入教材及课程教学中,还可以开设讲座,与学生分享科研成果,探索产学研结合的新道路。这既提升了师资队伍的综合素质,又为企业提供科研成果,真正实现学校与企业优势互补、资源共享、共同发展。此外,企业还能参与办学,将专业设置与企业结构结合起来,充分利用企业设备齐全、生产经验丰富的优势,在企业建立合作实习基地,开展教学、生产、科研和应用技术推广的合作教育。

2.丰富职业教育的内涵,明确职业教育的定位

随着我国经济发展水平的提升,经济社会对技术性人才的需求进一步加大,农村职业教育在开发这种类型的人力资源上有不可比拟的优势,实现农村职业教育的

社会服务功能,就要丰富农村职业教育的内涵,农村职业教育是国家职业教育事业的重要组成部分,是一种专业技术教育,其目标是为社会生产、管理和服务培养技术应用型和高技能人才。

实现农村职业教育的社会服务功能,就要明确职业教育定位。职业教育要以就业为导向,以服务为宗旨,服务农村经济和社会发展,推行工学结合,突出实践能力培养,改革人才培养模式,通过校企合作,加强实训和建设实习基地,增强学生的职业能力。

3.完善农村职业教育体系,增强社会服务功能

《国家中长期教育改革和发展规划纲要(2010—2020年)》提出,职业教育要面向人人、面向社会,着力培养学生的职业道德、职业技能和就业创业能力。到2020年,形成适应经济发展方式转变和产业结构调整要求、体现终身教育理念、中等和高等职业教育协调发展的现代职业教育体系,满足人民群众接受职业教育的需求,满足经济社会对高素质劳动者和技能型人才的需要,建立健全职业教育课程衔接体系,鼓励毕业生在职继续学习,拓宽毕业生继续学习渠道,促使学生树立终身学习的理念。职业教育要向着这些目标努力,不断完善职业教育体系,增强社会服务功能。

(六)实现农村职业教育社会服务功能的保障

实现农村职业教育的社会服务功能,需要拥有良好的保障条件,构建农村职业教育社会服务机制,健全多渠道的投入机制,督促政府履行发展农村职业教育的职责,健全政府参与机制。

1.激励机制

构建农村职业教育社会服务机制,提高服务效益。注重建立激励机制,制定相关激励政策引导和鼓励教师在社会服务中多作贡献,为他们服务社会搭建平台。

建立社会服务的激励机制,调动教师的积极性,激发他们的潜力。一是职业院校领导要关心、尊重教师,及时了解和掌握教师的情况,帮助他们解决生活中的困难,激发他们的工作热情。二是要给教师和科研人员的项目研究提供充足的资金和完善的设施。三是要鼓励教师积极开展科研工作、撰写论文、出版专著、申请专利,将其作为社会服务的成果,作为教师和科研人员职称晋升和年度考核奖励的条件之一。四是鼓励支持教师到企业顶岗培训,为企业和社会提供全方位的服务。

2.政府参与机制

《国家教育事业发展第十二个五年规划》中提出,政府要切实履行发展职业教育的职责。把职业教育纳入经济社会发展和产业发展规划,促使职业教育规模、专业设置与经济社会发展需求相适应。统筹中等职业教育与高等职业教育协调发展。健全多渠道投入机制,加大职业教育投入。由此可见,政府的参与对于我国农村职业教育的发展尤为重要。我国的职业教育体系尤其需要国家的主导,需要政府在发展政策上的宏观调控保障。农村职业教育作为我国职业教育体系中的短板,首先必须进一步强化农村职业教育体系的经费保障。在分配原则上,政府应加大职业教育的经费投入。其次,政府应出台相关扶持政策,让尽可能多的企业、行业协会积极参与到农村职业教育中来,为学生提供更多的实践机会。

二、乡村振兴战略下广西农村职业教育的功能定位

职业教育的功能并非一成不变。它受社会经济、政治、文化、人口等多重因素的影响,因此,职业教育的发展规模、人才培养模式及专业课程设置都必须随着时代的发展而进行调整改变,以适应社会和受教育者的需求。在乡村振兴战略背景下,农村职业教育应该紧紧围绕乡村振兴这一主题,立足于农村发展,培养新型农民,为农村社会发展服务,其主要功能主要包括四个方面:一是提高职业教育受教育者的个人素质;二是培养农村地区发展所需要的各种专业人才;三是通过产教研融合推动农村地区产业发展;四是促进农村地区现代化建设。

(一)提高职业教育受教育者的个人素质

职业教育对受教育者的个人素质培养具有极其重要的作用,主要表现为传授受教育者基本文化科学知识、专业适用知识,培养其终身学习能力。基本文化科学知识的学习是受教育者学习专业技能的奠基石,学生必须具备较为扎实的文化科学知识,才能更好地学习和应用专业技能知识。在社会快速发展的今天,知识的更新速度要求学习者不断地汲取新的知识和获得新的技能,才能更好地适应社会的进步。因此,终身学习的能力是受教育者个人素质培养中很重要的一部分。

1.夯实基本文化科学知识基础

农村职业教育要把握好传授学生基本文化科学知识的方向和程度,培养目标应该区别于普通学校的培养目标:一方面职业教育需要教授文化课程以满足受教育者的发展需要和继续求学发展愿望,避免职业教育纯就业培训化倾向,但是相对于普通学校的培养要求应有一定程度的降低;另一方面职业教育必须培育受教育者的职业道德素养(涵盖基本的道德认知和法律知识),为将来职业发展做铺垫。

2.传授专业适用知识

专业适用知识是职业教育的核心要义所在,是其与普通教育培养目标的差异所在,也是学生接受的职业教育中最重要的方面,包括职业理论知识和实践技能。根据专业对学生进行理论知识的传授是培养学生实践技能的前提,专业的基本原理、方法有助于指导实践操作,理论与实践的结合能让学生更好地将专业知识内化于心,外化于行。对于职业教育而言,就业是学习的指南针,技能是学习的中心点,在进行职业教育时必须是专业理论知识的学习和实践技能的培养双管齐下。专业理论知识指导学生走得更快更远,高精尖技术离不开理论的支撑,在实践中创造性地应用正确的理论知识,才能让他们走上专业化发展道路。社会发展迫切需要的正是这样的专业技术人才,而不仅仅是普通技能型工作者。为了防止陷入纯理论性培养,职业教育必须给学生提供大量的实训指导和实践机会,使学生在学习中培养职业技能。

3.培养终身学习能力

职业教育能提供给受教育者的知识是有限的,要提高个人素质必须依靠其自身的学习,这需要职业教育学校培养学生终身学习的理念,并使其掌握良好的学习方法和能力,为他们的自我学习和自我教育打下基础。面对不断发展变化的社会,不断出现的新技术让终身学习能力成为学生就业的基础,个人学习能力直接影响其职业路途的前景。职业教育要着重培养他们不断获取新知的技能和方法,为个人做好职业准备与规划。

(二)培养农村地区发展所需要的各种专业人才

广西地处我国西南,农村地区覆盖面广,在乡村振兴大背景下,需要各行各业的专业技术人才去承担建设农村的重任,农村职业教育在其中具有着不可替代的作用。农村职业教育面向农村培养各类实用人才,包括现代农业技术人才、农业经营管理人才、农村医疗卫生人才、乡镇企业技术人才、农村干部队伍等。通过职业教育大幅度提升农村劳动人口的素质,力争把农村建设成为美丽、安居乐业的家园。

1.现代农业技术人才

农业是农村赖以生存和发展的根本,也是国家粮食安全的重要保障,关系到社会的健康稳定发展,是支持国家经济建设的基础产业。农村职业教育拥有得天独厚的地域资源,加上大多数学生都对农村较为熟悉,因此面向农村培养出懂技术的新型农民,应是新时代赋予农村职业教育的使命。各地区农村职业教育要根据当地实际设置专业与课程,旨在培养适合当地农业经济发展的人才。职业教育可以培育受教育者现代化农业思维,合理利用自然资源,利用新技术提高农产品产量和质量,保证粮食安全,实现农业健康可持续发展。这种现代农业技术人才同工业技术人才的培养等同重要,毕竟无论国家如何发展,农业始终是立国之本,而依靠传统的农业技术以更少的人力资源去支撑农业的发展是不切实际的。

2.农业经营管理人才

农业经营管理人才是目前最紧缺的人才。现代农业要走上高速发展之路,依靠传统的农业形态是远远不够的,新型农场、生态农庄、农业园等的兴起为农业发展注入了活力,但是在建设这些新型农业模式的过程中,农业从业人员出现了结构性短缺,农村职业教育立足于为农村培养这类人才。这类人才对农业生产的各环节进行专业指导,形成与新时期社会发展相适应的农业生产经营模式。这对于解决农业资源短缺和农村学生就业困境具有重要意义。

3.农村医疗卫生人才

医疗卫生保障对于农村居民的健康极为重要,农村地区医疗资源的匮乏在各地都已凸显。随着物质生活的极大丰富,人民对自身健康的关注度越来越高。良好的医疗卫生系统是农村居民的健康卫士。职业教育对医务人员的培养既有助于满足农村居民的健康需求,解决农村地区看病远、看病难等问题,又能为社会医疗卫生系统提供足够数量的后备人员,促进农村卫生事业的长足发展。

4.乡镇企业技术人才

乡镇企业的发展是新农村建设中的中流砥柱,依托乡镇企业发展,可以使农村居民走上技术脱贫致富之路。乡镇企业的发展同样需要大量的技术人才。从经营管理者到普通技术人员,都需要经过一定的培训才能胜任相应的岗位,农村职业教育应充分发挥其职业培训的功能,与乡镇企业进行校企合作,将受教育者培养成为适应乡镇企业发展需求的专业技术人才。一方面能让学生就近就业,防止人才的流失;另一方面与乡镇企业合作能提供大量的岗位技能实训,对于培养学生的职业能力具有极其重要的作用。

5.农村干部队伍

农村职业教育主要是为农村建设服务。农村社会各方面发展,离不开一支优秀的领导干部队伍。农村职业教育要立足于农村经济和基层组织建设的需要,有针对性地培养基层工作人员,提高其理论知识水平,使其结合农村社会发展的问题深入钻研学习,多参与乡村社会实践,深入人民群众中,熟悉乡村建设工作,为新农村建设培育一支有理想、有信念、扎得稳、留得住、有实干的青年干部队伍。

(三)通过产教研融合推动农村地区产业发展

所谓产教研融合,是指教育教学与生产实践、教育科研相结合的一种教学模式。农村职业教育通过这种教学模式,可以将源于课本的教学内容应用于实践中,经过项目和问题研究,突破教育教学中的重难点,激发学生的学习热情,克服传统教学模式理论脱离实践的弊端。农村职业教育必须以服务学生就业为导向,基于农村产业发展、企业发展所需要的技术和技能、未来产业发展走向来进行专业和课程设置研究。

1.优化农村地区产业链

农村职业教育的定位在于振兴乡村,培养新型职业农民,服务于农业产业,包括农业产业技术、农产品生产经营等。农村职业教育应该结合区域农业产业发展战略,通过企业、高校和科研机构的共同研究,为农村产业发展服务。如广西百色地区的芒果种植产业,当地农村职业教育可针对这一特色农产品进行产业技术人员培养,从芒果种植的自然条件研究、选种培育,到芒果种植技术、产品加工与销售,通过农村职业教育产学研结合,开发和推广优质芒果品种;通过引进新技术,提高芒果产品质量;生产多样化芒果加工产品;努力寻找芒果产品的新销售渠道和措施。农村职业教育应肩负把当地农产品发展成区域产业的任务,借此扩大职业教育的社会影响力,吸引更多的青年学生接受职业教育,使其服务家乡经济建设,把新的技术、新的想法转化为农业产业发展的动力,带动农村社会经济发展。

2.促进农业产业转型升级

农村职业教育除了带动农业产业发展,也可以促进农业产业转型升级,如生态农业。这是解决工业的农业化发展所带来的种种资源浪费及生态破坏问题的一种有效措施,也是响应建设资源节约型、环境友好型社会的有利途径。生态农业需要农村职业教育培养学生的生态意识、经济学原理、现代管理技术和手段,能更多地从可持续发展角度来发展农业。这对于农村地区的环境保护和农业资源的高效利用具有重要意义,也是新型职业农民从事农业生产的理想途径。如稻田渔业模式的开发,有效利用了动植物的相互结合,产生了更高的经济效益,这些都离不开技术的指导,而这正是农村职业教育产业研究所需解决的问题。此外,农村职业教育产教研融合与观光农业的发展相结合能极大推动农业产业转型升级,促进第一产业和第三产业融合。观光农业通过打造集生活、生产和生态于一体的农业区域,在为人们提供身心娱乐休闲场所的同时产生巨大的经济效益,为农村地区的经济发展做出贡献。

(四)促进农村地区现代化建设

推进农业现代化是农村地区现代化建设的主要任务。此外,还包括全面深化农村改革,大力发展农村公共事业,千方百计增加农民收入等。而这些任务的实现,离不开建设主体——人的文化素质、技术能力、经济知识、政治素质和思想道德水平。因此,农村地区的现代化建设的重点也包括人的现代化建设。

1.基于当地农村实际情况建设农村职业学校

农村职业教育的宗旨是培养现代化建设人才的技术技能。职业院校应建立与农村互动的机制,一是便于了解当地农村在现代化发展进程中遇到的阻碍,分析农村农业发展的困境,做好专业技术的指导与扶持,增强职业教育在社会大众眼中的影响力,增强农村对职业教育的信任。二是分析农村建设未来走向,了解农村农业发展的技术人才缺口,根据农村实际来建设农村职业教育学校和培训体系,切实为农村现代化建设服务并具有超前意识,引领农村新型技术人才的培养方向。

2.切实服务"三农"工作

农村现代化建设必须面向农业、农民、农村的发展,转变传统"三农"观念,努力应用现代科学技术服务"三农"工作,将农村建设成为具有时代特征的美丽家园。首先,农村职业教育要发挥带领作用,通过与本地域的多方合作将教育、科技和农业有效结合,突破传统农业框架,发展有地域特色的农业模式,推动当地农村经济的发展。其次,农村职业教育要发挥开发农村人力资源的作用,将潜在劳动力转化为实际生产力,培养大批服务于农村发展的各种技术人才,改变农村地区劳动力结构,让农村发展后劲充足。最后,农村职业教育要紧紧抓住服务于农村建设这一中心点,将受教育者培养成乐于服务农村、能够胜任新农村建设的专业人才。

第三节 广西农村职业教育人才培养模式

一、广西农村职业教育人才培养的基本内涵

(一)广西农村职业教育人才培养的指导思想

职业教育是与经济发展联系最为紧密的一种教育。区域经济的发展离不开职业教育的支持,职业教育要以服务区域经济发展为导向。广西地处我国西南,社会经济发展较东部地区而言比较滞后。为发展广西经济,促进新型城镇化,实现贫困地区的脱贫,促进乡村振兴,职业教育尤其是农村职业教育要发挥自身优势。职业院校,特别是临近农村的县域职业院校要立足当地农村的特点与优势、创新人才培养目标与模式、调整办学方向、重塑办学理念、突出当地特色,培养具有创新意识、工匠精神,有文化、懂技术、会经营的,能够服务农村经济发展的新型职业农民或农业专业人才。

(二)广西农村职业教育人才培养目标和规格

《国务院关于加快发展现代职业教育的决定》和《现代职业教育体系建设规划(2014—2020年)》中都提到,要大力发展现代农业职业教育,培养新型职业农民。在新型城镇化进程中,乡镇支柱型产业和龙头企业是推动和实施新型城镇化战略的关键。这些乡镇支柱型产业和龙头企业的发展离不开大量的掌握关键技术的劳动力。与此同时,农村青年自身发展的需要要求其学习并掌握技术技能,从而获得工作机会。因此,广西农村职业教育就要以产教研融合为发展理念,坚持以人为本,以人才培养和科学研究为核心基础,创新农学结合方式,紧紧围绕农村劳动力的就业需求和农村两个文明建设的现实需求,结合企业发展用人的现实要求,创新农村职业教育人才培养模式。① 职业学校通过校企合作、产教融合,与企业进行对接,根据

---

① 陈坤,李佳.新型城镇化进程中农村职业教育发展论析[J].继续教育研究,2017(1):38-40.

企业发展需求有针对性地开设专业课程,有效提高农村适龄劳动力的就业能力和生产技能,培养有文化、懂技术、会经营①的新型农民。

(三)广西农村职业教育人才教学评价

建立目标明确、方法得当、指标清晰的教育评价系统是促进农村职业教育良性发展的必要条件。目前,我们首先要解决的是架通企业与职业教育之间的桥梁,即完善农村职业教育毕业证书和职业资格证书制度,实现职业技能鉴定与学校教学质量评价的接轨,建立起农村职业教育毕业生质量评价与技能鉴定体系。②

二、广西农村职业教育人才培养模式

(一)校企合作背景下的人才培养模式

1."订单式"人才培养模式

"订单式"人才培养模式是校企合作、产学研结合的一种典型,是市场经济形势下产业的订单经济向教育界渗透的一种表现,是职业教育主动适应市场需求和改革趋势而发展的新型人才培养模式③。

所谓"订单式"培养,就是学校以企业用人协议(订单)为依据,根据企业的用人要求组织人才培养工作,实现产销连接,对口培养。进行"订单式"人才培养,学校可以根据企业的需求有针对性地进行,充分发挥企业物资资源和人力资源在教学过程中的作用,同时让企业参与制订人才规格、课程设置、评估考核标准,有针对性地培养学生的职业责任感和敬业精神,使学生感受企业文化,确保人才培养与企业需求同步。

"订单式"人才培养所签订的订单,不仅是关于人员、数量的就业订单,更是关于知识、技能的人才订单,涉及从培养目标、课程设置到教学方法、考核方法等在内的培养计划。在教学过程中,学校除了对学生进行知识、品德等常规教育,还应注重学校文化与企业文化的接轨,注重吸取优秀企业的文化内容,强化诸如诚心、守纪、敬

---

① 赵蒙蒙.产业转型升级下的农村职业教育人才培养的问题及对策研究[J].教育教学论坛,2018(21):233-234.

② 舒底清,周劲松.职业教育质量监测体系的系统构建[J].职教通讯,2012(25):49-51.

③ 张建梅.论农村职业教育中的"订单式"人才培养模式[J].临沂大学学报,2011(6):65-68.

业、团结等与企业文化密切关联的教育。学生通过了解企业文化加强对企业的认同感。学生可以根据将来从事的职业岗位知识与技能的特点培养自己的职业兴趣和工作爱好,提高在校学习的自觉性。

"订单式"人才培养模式的基本特征主要表现在以下几方面:第一,人才培养的针对性;第二,专业设置的市场性;第三,课程开发的职业性;第四,育人过程的合作性。

农村职业教育,是相对城市职业教育而言的,是针对农村的经济、地理环境、人文特征等区域特点而提出来的。它是以农业、农村和农民为主要服务对象,为农村培养各类型的技术人才、管理人才,大力普及和推广农业实用技术与成果,在县、市以下的区域开办的中等及初等职业教育。"订单式"人才培养模式对提高学生就业率发挥了巨大作用。广西农村职业教育采用"订单式"人才培养模式有利于实现乡村振兴、加快新型城镇化进程。

2."2+1"人才培养模式

校企合作、工学结合的"2+1"人才培养模式是指两年在校学习和1年企业实训相结合的人才培养模式。学生在学校学习生活的两年内要完成基本理论、基本知识的学习以及基本技能的训练,然后再用1年的时间在真实的生产和工作环境中,通过参加和完成真实的生产任务、工作任务,在专业导师、职业导师和企业导师的指导下,通过现场教学和远程教学等方式,进一步熟练、细化、加深已学的理论、知识和技能,进一步学习岗位所需知识,培养职业素养,成为高素质、高技能的应用型人才。[①]

3."3+1"人才培养模式

"3+1"校企合作的人才培养模式,是指学校和合作的企业针对社会和市场需求,共同制定出人才培养计划,签订合作协议,并在师资、技术、办学条件等方面进行合作,充分利用学校和企业的两种不同环境及教育资源,有计划地使校内课堂教学与校外实践有机结合的人才培养模式。[②] 这种模式改变了传统的人才培养方法,迎合了市场需求,有利于解决大学生就业难问题。

---

① 柳坤文,石蔚彬.关于校企合作、工学结合"2+1"人才培养模式课程体系改革的研究与实践[J].广东技术师范学院学报,2009(1):22-26.

② 王雪生,汤文颖,孙彦国.校企合作才能培养高素质技能型人才[J].石家庄铁路职业技术学院学报,2005(A1):112-115.

4."工学结合、半工半读"人才培养模式

"工学结合、半工半读"的人才培养模式是一种理论联系实践的人才培养方式。通过这种理论联系实践的方式,学生在学习理论知识后无缝对接企业的实际工作,通过在企业实践,在将理论应用于实践的同时可以及时认识到自身存在的理论知识的不足等问题。与此同时,通过在校对知识进行系统学习,能够更好地为企业实践提供理论支撑,让企业实践更具有操作性。县域中职学校实行"工学结合、半工半读"人才培养模式,不仅有助于学校与企业的双赢,而且有利于学生更好地理解和掌握所学理论知识和操作技能,为将来选择理想的职业奠定良好的基础,更有助于促进区域经济的发展,让农村青年拥有扎实的理论基础与实践技能,在实现自身发展的同时促进乡村经济与文化的振兴。但就目前情况来说,"工学结合、半工半读"的人才培养模式仍处于缺乏系统化、科学化管理的状态,实践环节容易与理论环节脱节。因此,"工学结合、半工半读"的人才培养模式要注重学校与企业的深入联系,让企业看到该模式下培养的学生的能力,从而获得企业的支持。[①]

5."弹性安排"人才培养模式

根据企业生产的季节性、周期性特点,灵活安排工学交替时间,有利于理论知识的生产转化。这一模式对于企业生产帮助更大,更受欢迎,如种植专业、养殖专业等,根据种植季节合理安排工学结合,一方面学生可以适时参加专业实践,另一方面,也解决企业用人问题。[②]

6."前校后厂"人才培养模式

"前校后厂"也称"前校后店""前校后场"模式,该模式是一种新产生的校企合作模式。学校与企业建立合作关系,将生产线搬进校园,在校园(或周边)搭建实训基地、生产车间,为学生提供一个优良的实习平台和就业去处。学校将毕业生推荐给企业,学校与企业深度对接实现产学研互通,学校、企业、学生三方共赢。[③]

目前,"前校后厂"校企合作模式存在以下困境:一是企业被动参与的根本性质没有改变;二是学校办学能力、学研能力达不到企业期望的效果;三是缺乏政府、行业等第三方的有效支持和监督。

---

① 吕志梅.浅谈市场经济下高职院校"工学结合、半工半读"人才培养模式[J].教育与职业,2016(3):41-43.
② 魏硕,来景辉.农村职业教育校企合作、工学结合人才培养模式的研究与实践[J].宿州教育学院学报,2015,18(1):47,49.
③ 徐亚纯,郭毓东,彭穗."前校后厂"校企合作存在的问题及对策[J].企业家天地(下半月刊),2014(4):84-85.

（二）现代学徒制人才培养模式

学徒制是以师带徒的方式培训专门职业劳动者的教育模式。传统学徒制起源于奴隶社会,盛行于封建社会。传统学徒制以师傅带徒弟、手把手传授为主要方式。师傅与徒弟之间的关系更像雇佣或"父子"关系。随着工业革命的兴起,传统的学徒制已经不能满足社会发展需要,由此,职业学校教育产生。职业学校通过对学生进行集中高效的理论讲解与技能传授,培养社会所需的专业人才。

现代学徒制是在机器化大生产背景下产生的。在现代学徒制中,学校和企业进行深入合作,学校承担思想教育和基础知识的传授,企业承担技术技能的训练,学校教师与企业师傅联合传授,培养新型技术技能型人才。

教育部于2014年提出现代学徒制,旨在深化产教融合、校企合作,进一步完善校企合作育人机制,创新技术技能人才培养模式。

现代学徒制是通过学校、企业深度合作,教师、师傅联合传授,对学生进行技能培养为主的现代人才培养模式。与普通大专班和以往的"订单式"、冠名班的人才培养模式不同,现代学徒制更加注重技能的传承,由校企共同主导人才培养,设立规范化的企业课程标准、考核方案等,体现了校企合作的深度融合。现代学徒制有利于促进行业、企业参与职业教育人才培养全过程,实现专业设置与产业需求对接,课程内容与职业标准对接,教学过程与生产过程对接,毕业证书与职业资格证书对接,职业教育与终身学习对接,提高人才培养质量和针对性。

（三）"送教下乡"人才培养模式

"送教下乡"的核心是"送",关键是打破固有的招生限制,把在农村务农的农民作为培养对象,使"教"与"学"有效对接,让农民不离家即可系统学习中职课程。"送教下乡"既满足了农民对现代农业、生产经营技术的强烈需求,又能够有效解决因环境或个人问题而造成的中职学校对现代农民或适龄农村青年吸引力较弱的问题。"送教下乡"改变了农村职业教育办学模式和人才培养模式。

三、广西农村职业教育人才培养模式的适切性

(一)人才培养模式的比对

1.现代学徒制人才培养模式的优势

现代学徒制人才培养模式以"招生即招工、入校即入厂、校企双'主体'育人"为主要内容,在招生方式上采取招生招工一体化,即学生在入学时就与企业签署三方协议,成为企业准员工;在学徒身份上,学生既是学校的学生又是企业的准员工,要同时接受学校和企业双方的管理;在育人机制上,实行校企协同育人,责任共担;在就业渠道上,通过与企业签署的协议,学生只要在毕业时达到协议要求,就能实现毕业即就业的愿景,实现毕业就业"零距离"。

在新型城镇化和乡村振兴背景下,现代学徒制在职业教育人才培养上有着巨大的优势。首先,现代学徒制能够较好地实现学校、学生、企业的三方共赢。一方面,学校能够根据企业需要培养契合企业现实发展的技术技能人才,学徒能够在学习的过程中就感受并亲身实践,有效增强了学徒的岗位适应力。同时从企业的角度来讲,现代学徒制通过学校与企业的协同育人,学徒受学校与企业双方管理,在学习知识和技能的同时,提前了解、熟悉企业文化,为毕业后尽快适应企业环境打下了良好基础,也缩短了企业对新员工的入职培训时间。另一方面,现代学徒制很好地契合了院校可持续发展的需求,学校在与企业合作过程中引入企业的新理念、新技术、新工艺,保证了专业技术的先进性,能够有效避免出现专业设置与市场脱轨、专业知识更新缓慢不符合市场需求等阻碍学校自身发展的问题。

2.其他人才培养模式的不足

"订单式"人才培养模式也是根据企业的要求培养人才,但与现代学徒制不同的是,"订单式"模式缺少企业对学生的直接管理,学生也缺少直接进入企业进行实际训练的机会,容易造成在教学过程中学校教学与企业实际需要之间的错位或脱节。

"前校后厂"人才培养模式为学生提供了真实的实训环境,但对学校和企业的资金及一些硬件条件要求较高。就广西农村职业教育来说,实行"前校后厂"的人才培养模式,对条件不太好的县域职业学校来说比较困难。

"送教下乡"人才培养模式更加适合农民再培训或在职人员培训,不太适合培养大量的、能够直接对接广西农业或农产品工厂需求的高级技能型人才。

(二)现代学徒制人才培养模式契合广西农村职业教育的发展

1.市场供需

为深入贯彻落实中央和自治区关于实施乡村振兴战略的部署要求,加快推进广西现代特色农业高质量发展,助推脱贫攻坚和乡村振兴,广西发布了《广西壮族自治区人民政府关于加快推进广西现代特色农业高质量发展的指导意见》(以下简称《指导意见》)。

《指导意见》提出了推动广西现代特色农业高质量发展的目标。到2020年,广西现代特色农业高质量发展取得显著成效,初步构建形成现代特色农业产业体系、生产体系、经营体系。在主要任务部分,《指导意见》提出九大行动,共计44条专项任务,以农业供给侧结构性改革为主线,着力强龙头、补链条、聚集群做大做强农业规模和总量,着力提品质、创品牌、拓市场提升农业质量效益和竞争力,加快转变发展方式,推动现代特色农业技术升级、改革升级、产业升级。

为实现这一目标既需要政府的支持,企业的努力,更需要农村职业教育提供大量的专业技术技能人才。因此,在广西农村职业教育实施现代学徒制有利于学校与企业实现良好对接。学校系统、完善的培养方式,结合企业现实的生产发展需要,实现企业、学校、学生三方协同共同发展。

2.资金实力

广西壮族自治区财政厅在2019年3月下发《广西壮族自治区财政厅关于追加2019年现代职业教育质量提升计划中央资金的函》以保障现代职业教育质量提升计划的顺利实施。其中提出,经费主要用于支持自治区提高高职院校生均定额拨款、中等职业学校办学条件达标建设项目和中等职业教育示范特色专业及实训基地建设项目。

3.师资力量

广西已实现一县一中职的目标,因此,广西农村职业教育实施现代学徒制在学校方面能够得到较好的保证,县域中职学校能够为培养新型农民乃至高级技术技能型人才提供师资上的支持,满足职业学校学生学习专业知识的需求。同时学校可以与企业签订协议,由企业派出专业人员对学生进行指导,实现知识与技能并重,企业与学校共同发展的良好局面。

4.政府号召

为贯彻落实国务院办公厅《关于支持返乡下乡人员创业创新促进农村一二三产

业融合发展的意见》精神,进一步鼓励和支持农民工、中高等院校毕业生、退役士兵、科技人员、留学回国人员、工商企业主和农村能人等返乡下乡人员到农村创业创新,促进农村一二三产业融合发展,为乡村振兴提供新动能、注入新活力、促进新发展,广西颁布了《广西壮族自治区人民政府办公厅关于进一步支持返乡下乡人员创业创新促进农村一二三产业融合发展的实施意见》。该意见指出,突出重点领域、丰富创业创新方式、推进农村产业融合是今后发展的重点领域与方向。政府会通过降低市场准入、改善金融服务、加大财税政策支持等措施帮助实现意见目标。因此,广西农村职业教育实施现代学徒制有较好的资金支持、坚实的政策保证。

第四节　广西农村职业教育统筹发展规划

广西是一个农业大省,农村职业教育对培养新型农民、提升就业质量、促进经济发展具有重要作用。而在实际发展过程中,广西农村职业教育的发展却并不乐观。受传统观念等一系列因素的影响,农村职业教育的社会地位较低,最终产生了相应的一系列问题,如招生困难、学生少、生源质量差等。

近年来,国家越来越关注农村教育的发展,颁布了相应的政策,为农村职业教育的发展提供了政策支持。总之,广西农村职业教育的发展既要抓住现有机遇,也要积极迎接挑战。

一、广西农村职业教育统筹发展的目标

在 20 世纪 20 年代,黄炎培提出了职业教育的终极目的是"使无业者有业,使有业者乐业"。国务院 2014 年发布的《国务院关于加快发展现代职业教育的决定》中指出,我国职业教育的目标任务应为:到 2020 年,形成适应发展需求、产教深度融合、中职高职衔接、职业教育与普通教育相互沟通,体现终身教育理念,具有中国特色、世界水平的现代职业教育体系。[1] 职业教育的目的是满足个人的就业需求和工作岗位的客观需要,进而推动社会生产力的发展,加快国家产业结构的调整与转型。

---

① 中华人民共和国中央人民政府.国务院关于加快发展现代职业教育的决定[EB/OL].http://www.gov.cn/zhengce/content/2014-06/22/content_8901.htm.

尽管各个时期职业教育的目的表述不同,但都蕴含着培养人的职业技能,更好地为社会服务这一观点。

结合国家的相关政策及广西的具体区情,广西农村职业教育统筹发展的目标为:培养新型农民,为乡村振兴服务。《中共中央 国务院关于实施乡村振兴战略的意见》(中发〔2018〕1号)强调,提高农村民生保障水平,实施乡村振兴战略,必须优先发展农村教育事业,必须把人力资本的开发放在首位。[①] 农村教育的发展再一次被置于国家理想与国家战略发展的优先位置。[②] 农村职业教育是农村教育的重要组成部分,也是培养懂技术、会经营、有文化的新型农民的重要途径。

二、广西农村职业教育统筹发展的机遇

《国家中长期教育改革和发展规划纲要(2010—2020年)》强调,大力发展职业教育。发展职业教育是推动经济发展、促进就业、改善民生、解决"三农"问题的重要途径,是缓解劳动力供求结构矛盾的关键环节,必须摆在更加突出的位置。[③] 虽然现在广西农村职业教育面临着种种问题,但是随着国家对职业教育的重视以及市场的实际需求等,广西农村职业教育的发展机遇是不言而喻的。

1.乡村振兴战略的实施

2017年10月,党的十九大报告指出,农业、农村、农民问题是关系国计民生的根本性问题,必须始终把解决好"三农"问题作为全党工作的重中之重,实施乡村振兴战略。《中共中央 国务院关于实施乡村振兴战略的意见》中详细叙述了新时代实施乡村振兴战略的重大意义及总体部署,其中格外重视农村教育在乡村振兴中的作用,特别重视农村职业教育能够为乡村振兴培养新型农民的作用。

为贯彻落实《中共中央 国务院关于实施乡村振兴战略的意见》精神,广西结合区内实际,2018年4月16日,在中国共产党广西壮族自治区第十一届委员会第四次全体会议中通过了《中共广西壮族自治区委员会关于实施乡村振兴战略的决定》。

---

① 中华人民共和国中央人民政府.中共中央 国务院关于实施乡村振兴战略的意见[EB/OL].http://www.gov.cn/zhengce/2018-02/04/content_5263807.htm.

② 朱成晨,闫广芬,朱德全.乡村建设与乡村教育:职业教育精准扶贫融合模式与乡村振兴战略[J].华东师范大学学报(教育科学版),2019,37(2):127-135.

③ 中华人民共和国教育部.国家中长期教育改革和发展规划纲要(2010—2020年)[EB/OL].http://www.moe.gov.cn/jyb_xwfb/s6052/moe_838/201008/t20100802_93704.html.

该决定表示要优先发展农村教育事业。加大教育资源向农村配置力度，改善农村办学条件，提高农村教育质量。加快现代职业教育发展。①

乡村振兴战略的提出，不仅表明了国家对乡村振兴的重视，随之而来的还有各种政策支持与资源倾斜。办好农村教育，是乡村振兴战略的一个重要环节。新型农民是促进乡村经济发展的重要人才，而农村职业教育又是培养新型农民的重要途径。这意味着农村职业教育将会在乡村振兴战略中发挥重要作用，而现在农村职业教育的发展机遇已经来临了。除了有国家为农村教育提供一系列政策支持和财政支持，还有越来越多的教育学者将目光聚焦于农村教育，特别是农村职业教育的发展。

2.农村人才的新需求

建设社会主义新农村，农民是主体，人才是关键。传统农业对农民的素质要求较低。但随着新农村建设进程的加快和农业经济的发展，农村对人才的素质要求越来越高，懂技术、会经营、有文化的新型农民才是现代农村需要的劳动力。《中共中央 国务院关于实施乡村振兴战略的意见》中也表示要大力培育新型职业农民。而新型职业农民的培育自然离不开学校教育的支持，特别是农村职业教育。

农村职业教育承担着对农村人口进行职业教育和培训的重要任务，对于提高农村居民的职业素质，促进农村社会发展具有重要作用。② 农村职业教育对培养新型农民的作用是不可忽视的，这同样也预示着农村职业教育的机遇。因为只有办好农村职业教育，才能培养出真正的新型农民，从而为农村经济的发展做出贡献。

3.职业高中的发展

职业高中是高中的一部分，简称职高，是在改革教育结构的基础上发展起来的中等职业学校，大部分由普通中学改建而成，一般招收初中毕业生，学制 3 年，学生毕业后可参加高考，继续升学。职高要求知识性和技术性并重，普高则重视文化性。随着对职业高中的政策扶持的增加以及其自身特有的吸引力，如可参加高考，继续升学，与普通高中无异，从而吸引了一部分学生和家长的目光，使得更多的学生愿意就读职业高中，从而为农村职业教育扩大了生源。

职业高中是农村职业教育的一部分，职业高中的发展为农村职业教育带来了机

---

① 中共广西壮族自治区委员会.中共广西壮族自治区委员会关于实施乡村振兴战略的决定[EB/OL].
http://news.gxnews.com.cn/staticpages/20180517/newgx5afcb498-17314844.shtml
② 邱丽华.农村职业教育办学模式探索[J].中国成人教育,2016(01):158-160.

遇。职业高中培养符合中国社会主义现代化建设要求,德、智、体、美全面发展,具有综合职业能力,在生产、服务一线工作的高素质劳动者和技能型人才。① 如果职业高中的毕业生不直接升学,而是选择工作,或者选择在农村创业等,那么这批人就可以为农村经济的发展做出贡献。

三、广西农村职业教育统筹发展的挑战

任何事物都具有两面性。现在农村职业教育既有机遇,也面临着挑战。这些挑战来自现实条件。为了获得更好的发展,农村职业教育既要抓住机遇,也要积极迎接挑战。做好这两方面,农村职业教育会上一个新的台阶,从而为国家的发展做出更大的贡献。

1.供给主体错位,无法满足需求

广西农村职业教育培养出来的人才无法为当地农村服务,正是目前广西农村职业教育面临的一大挑战。职业教育供给侧改革是经济供给侧结构改革的重要组成部分。供给侧和需求侧错位失衡,是职业教育供给侧改革需要解决的主要问题。② 农村职业教育的目标是培养新型农民,为乡村振兴服务。虽然农村职业教育能培养出一批为乡村建设做贡献的劳动者,但社会上职业尊卑观尚未消除,轻农、去农、离农现象严重。据了解,农村职业教育培养出来的学生大多是前往县城或东部沿海地区寻找工作,即便专业不对口,也不愿意留在农村,从而造成农村留不住人才,大量人才外流至城市的现象。因农村职业教育培养出来的人才大量外流,从而造成广西农业青壮年劳动力的缺失,即缺少新型农民,从而无法满足现代农业发展的需求,直接导致乡村振兴难以实现。

2.发展农村职业教育的基础薄弱

广西农村职业教育的发展正面临着生源、师资、教学资源等一系列要素的挑战。广西由于受历史和自身条件的限制,特别是地处偏远的少数民族地区,农村经济发展水平远远落后于发达地区,财政较为紧缺。③ 而农村职业教育的发展离不开经费

① 唐庆生.职业高中的地位、作用、性质、任务、培养目标和课程设置[J].职业技术教育,2000,24(4):13-15.
② 刘鹏程,虞华燕.区域职业教育供给侧问题分析及改革路径与对策研究——以黄石职业教育发展为例[J].中国职业技术教育,2017(20):64-69.
③ 赵芝华.精准扶贫背景下农村职业教育的困境及破解策略[J].当代职业教育,2018(4):49-53.

的支撑。缺少经费造成师资外流,留不住优秀青年教师;也造成教学资源的短缺,特别是实训设备等资源。农村职业教育自身的优势不明显,使得其招生困难,难以得到质量较好的生源。

缺少经济支撑是发展农村职业教育的薄弱点。人们的观念也影响着农村职业教育的发展。受"学而优则仕""劳心者治人,劳力者治于人"等传统观念影响,农村职业教育被贴上"次等教育""二三流教育"等各种标签,农民认为读职校"不正规"。因此,他们宁愿花钱送孩子去普通高中上学,也不愿意让孩子报考农村职业教育学校,即便孩子更适合在农村职业教育学校发展。从而导致农村职业教育学校招生困难,在广西的某些地区甚至还出现了"县里送生"等畸形招生现象。

师资也是农村职业教育较为薄弱的一个环节。师资队伍水平是新时代职业教育建设和发展的关键。[1] 缺少引导城乡人才双向流动的保障机制,优秀教师大量流向城市,使得农村职业教育质量难以得到保证。[2]

3.农村职业教育的供给内容结构失衡

学校教育的良性发展离不开专业的合理设置。农村职业教育的目的是培养新型农民,为乡村振兴服务。而当前农村职业教育所面临的一个挑战就是供给内容结构失衡,所设专业不能满足市场需求,专业人才培养模式也不够合理。

专业设置不合理,不能满足市场需求。从职业教育供需关系来分析,我国公办职业教育的供给主体包括政府和学校。但政府作为社会公平和市场秩序的维护者,并不是市场的主导者和主体,对瞬息万变的市场缺乏触觉的灵敏性、变革的主动性和执行的效率性,因此,由政府举办职业教育很容易与市场需求脱节。[3]

广西农村职业教育目前的专业人才培养模式也同样面临着挑战。广西农村职业教育的目标就是培养一批懂技术、会经营、有文化的新型农民,为乡村振兴服务。实践教学开展得如何,对提高农村职业教育质量具有决定性的作用。[4] 而当前广西区内农村职业教育的实践教学开展情况并不乐观。一是实践教学的条件未能满足办学需求,这也是农村职业教育基础薄弱的一部分原因。二是实践学习与理论学习配合程度不高,实践教学未能真正落实。由于缺乏具有一定实践指导能力的师资力

---

① 唐晓凤.新时代我国职业教育发展研究[J].广东职业技术教育与研究,2019(3):43-46.

② 高俊梅,李峰.乡村振兴战略下农村职业教育发展的机遇与挑战[J].当代职业教育,2018(4):22-25.

③ 刘鹏程,虞华燕.区域职业教育供给侧问题分析及改革路径与对策研究——以黄石职业教育发展为例[J].中国职业技术教育,2017(20):64-69.

④ 熊顺聪.农村职业教育人才培养模式创新探讨[J].职教论坛,2010(4):80-82.

量,以及校外实践教学基地与学校合作不紧密,从而导致学生真正实践的机会较少,实践学习与理论学习难以很好地结合起来。

四、广西农村职业教育统筹发展的任务

1.提高对农村职业教育的认识

随着城镇化和城市现代工业的不断发展,大量的农村剩余劳动力脱离了农业劳动,成为城市产业的劳动者。正如毛泽东强调的"把农业放在第一位""以农业为基础,以工业为主导",农业作为基础产业可以为工业的发展提供基本的保障。因此,在我国经济进步与发展的过程中,重视农业的发展成为不可或缺的一部分。但是,农业要发展,就要提高农民的思想道德和科学文化素养,从而增强吸收科学知识和技术的能力。农村职业教育的发展给农民带来知识与技能,为农村的建设培养高素质劳动者和技术型、创新型人才,这是我国由人口大国变为人力资源强国的关键途径。[①] 因为农村职业教育在我国经济社会布局中扮演着重要的角色,所以要积极拓宽农村职业教育的服务对象和办学方式,不断为农村建设、发展注入新鲜血液。虽然国家不断提倡、宣传职业教育,鼓励农村学生选择农村职业教育,给选择农村职业教育的学生优惠政策,但是由于农村子女的家长都比较重视普通教育而忽视职业教育,许多家长都不愿意送自己的孩子到职业学校就读,尤其是农村职业教育学校。一是家长不愿意自己的孩子以后回到农村就业,希望孩子能够到更好的城市去发展;二是人们看到职业教育的办学质量、办学能力与期望存在差距。因此,要发展农村职业教育,首要问题是改变人们对农村职业教育的认识。可以通过农村职业教育讲座、视频宣传播放、广告栏等各种途径,让人们意识到农村职业教育的重要性;还可以让人们到职业学校了解农村职业教育的成果与培养的人才质量,让人们对农村职业教育有更深刻的认识。

2.统、分结合推动农村职业教育发展

《国家中长期教育改革和发展规划纲要(2010—2020年)》强调"加快发展面向农村的职业教育",这无疑给农村教育的发展提供了支撑。但是由于中国幅员辽阔,人口众多,不同地区的经济发展水平和产业结构不同。国家印发的职业教育文件作

---

① 唐智彬,石伟平,匡瑛.改革开放40年我国农村职业教育发展回顾与展望[J].职业技术教育,2018,39(19):55-61.

为总体布局,但是全国不能都按照一个标准进行改革,各地区要根据自身的产业发展与人口的布局特征,因地制宜地选择适合本地区发展的农村职业教育发展模式。就广西地区经济和社会发展而言,需要在国家制定的基本方针和指导思想的指导下,确定广西农村职业教育发展的总布局。广西各市根据本市的区域特征、产业布局与人口结构等,将农村职业教育发展纳入本市经济社会发展的总体规划,尤其是要将农村职业教育发展与乡村振兴同步规划,融合发展,不断形成和完善政策,支持农村职业教育的发展。广西各市政府需要把握本市的区域情况,由相关部门负责制定适合本地区农村职业教育发展的规划、政策和思路。在各市的规划下,集中财力、物力和人力办好至少一所高水平的职业院校。从国家到省级再到市县的规划逐级细化,紧密结合,体现出我国社会经济发展的多样化和地区的特殊化。

3.构建符合现实需要的农村职业教育布局

研究表明,随着社会的进步、经济的发展,我国的产业结构不断调整和升级,农村劳动力从业人员在第一产业的比重逐步下降,在第二、第三产业的比重明显上升,三大产业的经济发展模式逐渐从传统向现代转变,经济增长方式逐渐从简单粗放型走向依靠科技进步提高要素生产率的集约型。[①] 农村产业结构的调整与升级必然对农村劳动者有新的要求。鼓励各级职业学校积极挖掘各自的优势,发挥各自学科的作用,进而更有针对性地培养社会需要的人才,满足农民的需求,培养更多有文化、懂技术、会经营、善管理的新型职业农民。鉴于广西农村职业学校布局现状:许多农村职业教育学校(机构)一般集中设在县城,如成人教育中心、职业中学,只有一部分农业技术推广站设在乡镇,规模和能力有限;农民一般居住分布较为分散,一年中大部分时间仍要在田间进行劳作,很难集中接受新型职业农民的培育。[②] 广西农村职业教育有分散性、区域性等特点。因此,根据广西农村职业教育的特点可以调整农村职业教育的办学思路,可以协同原有的农村职业教育学校,构建"学校+园区+农民"办学模式,建立中高职学历融合模式,与有关高校沟通、合作,联合开办大中专复式教育。

4.建设创新的农村职业教育专业

农村职业教育需要根据社会的需求和未来发展方向开展人才的培养,培养符合

---

① 凡勇昆,邬志辉.农村产业结构的变迁特征、调整思路及其对教育布局调整的影响研究[J].教育理论与实践,2015,35(7):21-25.

② 范先佐.农村学校布局调整与新型职业农民培育问题研究[J].中国农业教育,2018(1):9-14,92.

社会实际需要的高素质、高技能人才。因此,农村职业教育专业需要根据社会实际需求进行调整与开设。但是,就目前情况而言,由于大多数农村职业院校领导层对于现代职业教育的发展理念并没有透彻的了解与判断,在培养职业技能人才时盲目供给,导致供给的人才与实际的社会需求脱节。[①] 因此,农村职业院校需要根据自己的实际情况合理开设专业,建设一批能够满足产业现实与未来发展需要的专业,及时为农业发展输送具有高科学文化素养和新技能的专业人才。首先,根据地区的特点与需求,设置富有地区特色、满足当地需求的专业。可以充分发挥农村职业教育中心以及少量的高职院校、社区教育中心的优势来培养高层次的农村技术人才。除此之外,在专业的设置方面,还要考虑到农村外出务工人员返乡、农业劳动力富余等情况,结合实际条件,设置能够符合农民需要及企业用工需求的专业科目,并推进农村实用技能人才培训中心的建立,以使农村富余劳动力得以就近接受技能培训,实现富余劳动力的转移,同时要开展一些与农民生活、文化相关的培训服务。

5.实施城乡职业教育联合战略

城乡资源分配不均成为当前制约城乡职业教育一体化的最大障碍,而城乡职业教育共享发展将是重要的突破点。首先,要树立城乡职业教育共享理念。正确的、适当超前的城乡职业教育共享理念可以指导顶层设计、制度的建构。其次,农村民众要与城镇民众平等地享受职业教育权利,共同分享优质职业教育资源与成果,要从制度上得到体现和保障。政府作为推动城乡职业教育共享发展的主导力量,应通过建构有效的制度,使城乡职业教育共享发展理念得以落地生根,惠及民众。再次,结合信息技术保证城乡教育共享发展水平。随着时代的发展,信息技术成为城乡职业教育共享发展的重要途径。把信息技术与优质的教育资源结合起来,不仅可以促进优质教育资源的开发与利用,扩大教育资源的共享覆盖面,促进城乡职业教育机会共享,而且可以通过对信息技术的改进和运用,灵活变革学生的学习方式和教师的教学方式,不断提高学生信息技术的素养,让"数学校园"、互联网等信息技术真正成为城乡学生学习与成就的利器,让大数据分析成为教师教学质量与效果的好帮手,以此提高城乡职业教育服务质量的共享水平。

6.加强农村职业教育师资队伍的建设

正所谓"百年大计,教育为本;教育大计,教师为本",要提高农村职业教育教学

---

① 张翊.基于精准扶贫背景下农村职业教育问题审视及改革路径[J].农业经济,2019(6):117-119.

质量,教师是关键。长期以来,我国农村职业学校在师资队伍建设上一直面临着数量不足、质量不高、结构不合理的问题。[1] 为了办好农村职业教育,需要建立一支稳定的农村职业教育教师队伍,特别是培养专业性较强的"双师型"教师。[2] 在教师队伍建设中,为了确保"双师型"教师进得来、用得上、干得好、数量足、素质高、结构合理,可以通过以下多种途径加强和稳定教师队伍的建设。第一,稳定农村职业学校教师队伍。省、市、县、镇政府和教育管理部门要高度重视农村职业学校教师队伍的建设工作,可以通过政策倾斜等方式,吸引各类优秀人才以及高校的毕业生加入农村职业学校教师队伍。例如,重新核定各级职业学校教师编制,并允许学校在编制内自主录用教师;对各级职业学校招聘特殊专业、急需专业特别是涉农专业教师,取消开考条件限制;申请调入的专业技术人员,如果既符合学历要求又具有高级技术等级证书,思想品德、教学能力和实践能力兼备,应予优先办理相关手续;等等。[3] 除此之外,可以通过外聘、企业技术骨干兼职等途径充实农村职业教育教师队伍。第二,强化农村职业教育教师在职本土化培训。政府、教育部门、农村职业学校之间要建立健全农村职业教育教师培训制度,加强对农村职业教育教师的继续教育工作,同时鼓励农村职业学校专业课教师脱产参加国家和省、市组织的及高等院校、研究院组织的培训活动,鼓励农村职业学校专业课教师到企业、村寨进行挂职实践锻炼,促进农村职业学校教师理论与实践的同步提升。

7.发挥农业企业在农村职业教育中的作用

正如劳动歌所唱:"人有两件宝,双手和大脑。双手会做工,大脑会思考。用手不用脑,事情做不好。用脑不用手,啥也办不到。用手又用脑,才能有创造。"因此,不管是职业教育还是普通教育,都需要动手实践,把所学的理论知识灵活地运用到生活、生产的实际中解决问题,创造成果,只不过农村职业教育动手相对比较多,更侧重在生产实践环节习得实践技能、提高动手能力。譬如,师徒制、工学结合、校企合作的职业教育模式已得到理论认可和实践证实,那么农村职业教育也可以借鉴其经验,与农业企业的深度合作,充分发挥农业企业在新型职业农民培育中的带动作用。可以使农业生产的产业链逐渐形成,从土地到餐桌的一条龙服务催生了农业企业。由于农业企业需要劳动力和管理者,因此,可以在农业企业组织下,建立农民实

① 孙莉.乡村振兴战略下农村职业教育的改革与创新发展[J].教育与职业,2018(13):5-11.
② 黄智科.新时代农村职业教育发展研究[J].职业技术教育,2018(21):22-25.
③ 张志增.基于乡村振兴战略的农村职业教育改革创新策略[J].中国职业技术教育,2019(7):38-44.

训基地与农民田间学校,供农民就地学习、教学观摩、实际操作,培育当地产业发展所需新型职业农民,也可以根据农业生产的不同阶段所需要的不同知识和不同技术,在农民培训基地采用理实一体化方式实施教学,广泛运用项目教学、案例教学、情境教学等形式,使用农民语言,融理论知识于实际操作之中。

8.形成政府主导、多元参与的农村职业教育办学主体

经济基础决定上层建筑,充足的经济投入是农村职业教育发展的基本条件。整体看,我国现阶段农村职业教育的经费主要还是来自各级政府公共财政的投入。[①]但是,政府对农村职业教育的投入,只能解决部分经费短缺的问题,未能从根本上解决农村职业教育经费不足的问题。就广西而言,广西属于西部大开发地区,经济发展比较落后,而农村职业教育的发展仅仅依靠政府的资金投入是远远不够的,为促进农村职业教育健康、可持续发展,国家给予相应的政策倾斜,如给农村职业教育的学生减免学费或给予一些生活补助,资助家庭经济困难学生等优惠政策。除此之外,还需要社会多元主体参与农村职业教育的办学,为农村职业教育的发展提供基本保障,增强农村职业教育的发展力量,逐渐由单一主体办学向多元主体办学转变,坚持政府主导,多元参与的办学理念。一是在原有农业教育体系上,拓展教育功能,提升教育水平。例如,利用农业广播电视学校的骨干作用把新型职业农民培育与农业新技术示范推广密切结合,为现代农业职业教育发展奠定基础。[②] 二是发挥各类农业合作社的独特作用。农业合作社是由同类农产品生产经营者自发、自愿联合和组织起来的互助性经济组织,这类组织不仅具备较强的经济性,而且有较强的社会性。应通过农业合作社引导农民参与农村职业教育的技术培训与人才培养,培养新型农民,推动农村职业教育发展面向产业、融入产业、服务产业。[③] 三是吸引社会资金的投入。可以通过民营办学、股份制、公私合营等多样形式进行办学。譬如,民间资本的参与、各类金融机构的投资、农村职业教育的自营收入支持等,不断给农村职业教育的办学增添活力,弥补农村职业教育发展经费的不足。

---

① 卢峰.城镇化进程中农村职业教育的新定位及其实施策略[J].中国职业技术教育,2018(21):52-58.

② 李延平,王雷.农业供给侧结构性改革背景下农村职业教育的使命及变革[J].教育研究,2017,38(11):70-74.

③ 唐智彬,石伟平,匡瑛.改革开放40年我国农村职业教育发展回顾与展望[J].职业技术教育,2018,39(19):55-61.

第七章

广西乡村教育发展未来思考

回顾广西乡村教育研究过程,意在从宏观上整体把握其发展态势,从中观的纵向发展和横向主题明晰其研究现状,从微观上具体描述其面临的现实问题及其解决现状。归根结底是为当下广西乡村教育发展把脉和寻求未来发展之方向。

第一节　广西乡村教育研究现状：顶天有余而立地不足

通过对文献的阅读、分析与反思,笔者认为,经过努力,广西乡村教育实践取得长足进步,成绩斐然,发展迅速。第一,明晰了乡村教育的基本内涵,梳理了民国乡村教育的有效经验,辨析和审思了乡村教育变迁的基本轨迹,为后续研究提供了理论基础;第二,对我国乡村教育的根本问题有了深刻认识,明晰了乡村文化危机的教育责任,乡村教师缺乏的根底问题,乡村教育的乡村疏离之弊病,并提出了相应的对策;第三,对乡村教育的基本价值取向进行了长期的探讨,形成了"乡村教育为乡村""城乡教育一体化发展""乡村教育的根本任务是培养人"等立场鲜明的观点;第四,促使乡村教育与乡村社会的关系逐渐清晰化,肯定了乡村教育对乡村建设的基础性作用,承认了乡村社会发展之于乡村教育的基本要求;第五,认识到乡村教师之于乡村教育的关键意义,乡村课程与教学之于乡村教育变革的基本功用,教育经费投入之于乡村教育的生命线保障作用。

但又不得不清楚地认识到,广西乡村教育研究,虽成果丰硕,然问题尚存。笔者认为问题可以归结为以下四个方面:一是广西乡村教育研究的理论多于实践。当前的乡村教育理论研究较多而乡村教育实践研究较少,难以见到深耕乡村的教育研究成果,多是"应该怎么样"的应然推测,而少有关心"实际上应该怎么做"的实践研究。二是广西乡村教育研究的"回顾"多于"创造"。这里的"回顾"指的是乡村教育研究较为"怀念民国"的教育运动,多是关于陶行知、晏阳初、梁漱溟、陈鹤琴等的乡村教育实验的文本研究和经验提取。毫无疑问,这些研究是有意义的,但研究者并未在过去的经验基础上有更大的理论创新和实践作为。三是广西乡村教育研究的"离农"僭于"为农"。关于乡村教育的价值取向探讨是一个长期的话题,至今尚未形成定论,以至于关于这一悖论的讨论本身也异变为疏离乡村的研究,即出现乡村教育研究上"离农"的话语实践弊端。四是广西乡村教育研究的"教育研究"长于"乡村研究"。这里凸显出来的问题是乡村教育研究弊于"教育"的狭隘视角,且不说其与乡村社会的关系尚未讨论清楚,更未能跳出"教育"而审视乡村和教育,形成了"教育—乡村"单向度的规定性范式,从而出现对乡村的"教育"关注有余而对"乡村"本身关注不够。当然,以上四大不足或许只是暂时性问题,而实际上这样的研究现实也给乡村教育研究者以必要警示,实质上在促成更丰富和精深的乡村教育研究成果的诞生。

第二节　广西乡村教育振兴：未来乡村教育研究的可能路向

乡村教育振兴是乡村振兴的基础工程。优先发展乡村教育更有利于乡村振兴战略的实施。在国家实施乡村振兴战略背景下,广西乡村教育研究应当做出积极探索和必要努力。基于前文综述,笔者认为,当前乡村教育研究存在以下几种可能的努力方向。

一是积极开展人文与自然共生的乡村教育价值选择研究。乡村教育的价值选择应当跳出"城"与"乡"的二元悖论,站在人文与自然这一个包含"城"与"乡"的更广阔的空间来思考乡村教育发展问题,如此便不存在"离开"乡村的境遇。人文与自然共生的乡村教育发展不仅能够解决城乡教育二元对立的问题,而且能够同时为城市教育和乡村教育寻找到共同、共通和共融的前行路径。这也是为走出当前乡村教育价值选择困境的可能努力方向。

二是开展互联网+乡村教育振兴的发展策略研究。乡村振兴主要解决民生问题,推动乡村生活方式的改变。互联网的发展拉近了城市与乡村的距离,为城乡一体化发展提供了可能的新路径。乡村教育作为基础工程,更应当充分借助现代信息技术,提速增值,换轨超车,实现快速发展。而就目前情况来看,乡村教育对互联网的运用不充分、不彻底,没有很好地利用既有的硬件设备和技术成就,对互联网资源有搁置和浪费之嫌,故而从策略层面加强互联网+乡村教育研究前景可期。

三是新时代乡村教育实验与实践研究。广西经济的快速发展和改革的延续推动着乡村的巨大变化。在新时代的历史节点上,广西乡村呈现出与过去任何时代都不同的异样与复杂。如何通过教育实现乡村文化振兴是当前需要紧迫解决的问题,而这一目标的达成又远远不是几篇研究论文能够解决的。笔者认为,当前迫切地需要一大批具有乡村教育情怀的有志青年投身乡村教育实践,基于理论通过实践来探索乡村教育的前行之路。

四是探索城乡教育一体化的未来模式。加快城镇化进程,统筹城乡发展是乡村振兴的重要内容,其中城乡教育一体化发展则是这一内容的具体实现路径之一。当前对城乡义务教育一体化发展的研究非常丰富,形成了良好的研究氛围,取得了一定的研究成果。但针对乡村振兴的大背景,在预估乡村未来发展模式的情况下,未雨绸缪,提前谋划和设计城乡教育一体化的未来模式显得很有必要。

五是探索新时代乡村教师培养体系。乡村教师研究一直是乡村教育研究的重要内容,近年来关于乡村教师发展的政策和培养计划也不断出台。例如,"特岗教师计划""全科教师培养计划""乡村教师培养计划"等,然而这些专项计划的出台虽然在一定程度上缓解了乡村教师欠缺的难题,但是并未形成完善的教师培养体系,"在农村工作看不到希望"的窘境仍然存在。因此,完善的乡村教师培养体系设计显得非常重要。

六是实施广西乡村课程改革与乡村教学改革。虽然当前对乡村课程建设有些许研究,但是课程与教学研究,特别是教学研究还是当前乡村教育领域的盲区。21世纪初开展的基础教育课程改革对乡村的变化可谓仅仅推动了其课程表的变化,实质上对乡村并未形成根本性影响。在教育经费"永远不足"、乡村教师"一直缺乏"的境遇下,乡村教育如何向前发展,笔者以为进行乡村教育课程专项改革显得很有必要,这也是改变当前乡村教育现状的可能路径。

七是乡村教育与乡村社会发展研究。加强乡村社会与乡村教育的融合发展研究也是当前乡村教育研究的重要任务。之所以存在"离农"的乡村教育,疏离乡土的乡村教师,其根本原因在于未清晰认识乡村社会与乡村教育的关系,把乡村教育"悬置"于乡村场域之中,从而使乡村教育失去乡村文化的生存土壤,乡村教育发展艰难与此有关。故而继续开展乡村教育与乡村社会发展研究,寻找促进乡村教育发展继而促进乡村振兴的道路势在必行。

广西乡村教育研究既有丰富的成果,也存在新的问题,回顾这一历程旨在为广西乡村教育未来研究提供必要的知识图谱。站在新的历史节点上,如何把握时代脉搏,准确预判乡村教育未来,还有很多研究工作要做。发展不平衡、不充分是当前乡村教育的基本矛盾,促成乡村教育均衡和充分发展,办农民满意的乡村教育,实现乡村教育振兴是我们共同的美好愿望。

参考文献

[1]贺祖斌,等.广西农村教育发展报告 2016[M].南宁:广西人民出版社,2016.

[2]贺祖斌.乡村教师培养:理念与行动[M].南宁:广西人民出版社,2016.

[3]贺祖斌.民族地区乡村教师"五位一体"培养模式的研究与实践[J].玉林师范学院学报,2017,38(1).

[4]刘冠生.城市、城镇、农村、乡村概念的理解与使用问题[J].山东理工大学学报(社会科学版),2005,21(1):54-57.

[5]夏征农,陈至立.辞海(第六版)[M].上海:上海辞书出版社,2009.

[6]马飞.城镇化背景下乡村教育变迁研究的回溯、反思与展望[J].继续教育研究,2018(7):34-41.

[7]魏峰.改革开放 40 年我国农村教育发展:成就、动力与政策演进特征[J].基础教育,2018,15(6):15-21,84.

[8]张乐天.重新解读农村教育[J].教育发展研究,2003(11):19-22.

[9]陈敬朴.中国农村教育观的变革[J].东北师大学报(哲学社会科学版),2001(4):99-105.

[10]周逸先,宋恩荣.试论梁漱溟乡村教育理论的形成与发展[J].教育探索,2002(1):102-104.

[11]邬志辉,任永泽.精神培育:新农村建设背景下农村教育的使命[J].东北师大学报(哲学社会科学版),2008(1):13-17.

[12]汤美娟.走出现代性:乡村教育的重新定向[J].教育理论与实践,2015,35(34):8-11.

[13]张彬,李更生.中国农村教育改革的先声——对20世纪20年代至30年代乡村教育运动的再认识[J].浙江大学学报(人文社会科学版),2002,32(5):124-131.

[14]周晔.城镇化背景下的农村教育新探[J].河北师范大学学报(教育科学版),2013,15(7):17-21.

[15]熊春文."文字上移":20世纪90年代末以来中国乡村教育的新趋向[J].社会学研究,2009(5):110-140,244-245.

[16]高书国.重估乡村教育价值,走出中国特色现代乡村教育之路[J].人民教育,2018(17):33-37.

[17]邬志辉,马青.中国农村教育现代化的价值取向与道路选择[J].中国地质大学学报(社会科学版),2008,8(6):58-62.

[18]张乐天.中国乡村教育的百年[J].江苏教育,2011(11):7-10.

[19]熊春文,折曦.乡村学校的演进及其社会文化价值探析[J].广西民族大学学报(哲学社会科学版),2014,36(5):18-24.

[20]王如才,李德恩.乡村教育运动的历史回顾与前瞻[J].当代教育科学,1997(4):72-74.

[21]陈敬朴.农村教育概念的探讨[J].教育理论与实践,1999,19(11):39-43,57.

[22]李森,汪建华.我国乡村教育发展的历史脉络与现代启示[J].西南大学学报(社会科学版),2017,43(1):61-69.

[23]廖其发.多元一体:中国农村教育的价值取向[J].中国农业大学学报(社会科学版),2015,32(1):106-118.

[24]周晔.村学的社会文化功能及退出影响[J].社会科学战线,2017(2):245-252.

[25]康传凯,田宗友.论乡村学校与乡村文化传承[J].现代中小学教育,2018,34(2):77-80.

[26]王勇.社会转型期乡村学校教育的文化困境与出路[J].教育探索,2012(9):29-30.

[27]王乐.村落文化的传承与乡村学校的使命[J].湖南师范大学教育科学学报,2016,15(6):26-32.

[28]王玉国.百年乡村教育价值取向及对未来的启示[J].教育学术月刊,2009(11):12-14.

[29]曲铁华,王丽娟.由依附到整合——近30年农村教育价值观的历史变迁与现实审思[J].东北师大学报(哲学社会科学版),2012(5):201-204.

[30]苏刚,曲铁华.现代化进程中我国农村教育价值取向的嬗变及重构[J].教育发展研究,2014(1):12-16.

[31]王天平.社会转型时期乡村教育的价值取向[J].西南大学学报(社会科学版),2017,43(1):79-86.

[32]欧阳修俊.新中国成立70年乡村教育研究回顾与思考[J].现代远程教育研究,2019(2):11-22.

[33]袁顶国,代丽玲.论区县级职业教育中心的功能定位与结构转换[J].职教论坛,2012(9):33-36.

[34]李训贵,郑玉清,刘楚佳.现代职业教育视阈下高职教育的功能定位及发展路径[J].广州城市职业学院学报,2015,9(1):1-6.

[35]马爱林.新时期中等农业职业教育的基本特征与功能定位[J].职教论坛,2011(9):35-37.

[36]曹晔.新形势下我国中等职业教育功能定位与推进策略[J].教育发展研究,2016(13):106-112.

[37]韩东,魏思雨.新型城镇化中职业教育经济功能定位与实现策略[J].新课程研究(中旬),2016(7):101-102.

[38]丁继安.我国地市高等职业教育面向农村现代化的功能定位与实现策略[J].黑龙江高教研究,2013(12):101-105.

[39]迟俊,刘晓倩.创新驱动战略下我国高等职业教育的功能定位[J].河北企业,2016(3):100-101.

[40]毛伟霞.农村职业教育杂谈之九农村职业教育功能定位的历史回顾与反思[J].职教论坛,2015(25):63-67.

[41]杨海华.从学生及家长的价值取向思考职业教育功能[J].职教论坛,2016(4):32-38.

[42]马建富,郭耿玉.乡村振兴战略背景下农村职业教育培训的功能定位及支持策略[J].职教论坛,2018(10):18-24.

[43]王丹,王坤."用工荒"与职业教育功能定位新思考[J].职教论坛,2011(19):83-85.

[44]余志刚.职业教育公共实训基地:功能定位、类型模式及优化策略[J].中国职业技术教育,2018(23):12-17.

[45]袁华,郑晓鸿.职业教育学[M].上海:华东师范大学出版社,2010.

[46]张晓山,李小云,Peter Ho,等.转型中的农村发展:城乡协调发展的新战略——第四届中国农业现代化比较国际研讨会暨第八届欧洲中国农业农村发展大会论文集[M].北京:社会科学文献出版社,2009.

[47]王伟光.中国城乡一体化:理论研究与规划建设调研报告[M].北京:社会科学文献出版社,2010.

[48]阿马蒂亚·森.贫困与饥荒——论权利与剥夺[M].王宇,王文玉,译.北京:商务印书馆,2001.

[49]蔡荣鑫.国外贫困理论发展述评[J].经济学家,2000(2):85-90.

[50]胡鞍钢.全球化挑战中国[M].北京:北京大学出版社,2002.

[51]郝克明.终身教育国际论坛报告集萃[C].北京:高等教育出版社,2006.

[52]许飞琼.中国贫困问题研究[J].经济评论,2000(1):105-110.

[53]谢君君.教育扶贫研究述评[J].复旦教育论坛,2012,10(3):66-71.

[54]许良.技术哲学[M].上海:复旦大学出版社,2004.

[55]熊丽英.贫困文化和文化贫困[J].求索,2004(2):133-135.

[56]余祖光.终身教育背景下职业教育的扶贫助困功能[J].北京大学教育评论,2007,5(3):23-27.

后　记

在学校党委和行政部门的大力支持下,在学校社科处、科技处以及各单位领导和老师的大力支持和共同努力下,历经近两年的时间,《广西乡村振兴战略与实践》即将正式出版。《广西乡村振兴战略与实践》由六卷组成,包括教育卷、文化卷、政治卷、经济卷、社会卷、生态卷,由贺祖斌、林春逸、肖富群、汤志华、张海丰、马姜明著。

《广西乡村振兴战略与实践·教育卷》聚焦广西农村教育整体发展现实,在厘清农村教育基本概念和基本理论基础上,对广西农村教育的发展历程进行逻辑化梳理,明确广西农村教育发展的历史事实和有效经验。以此为基础,分别对广西农村教育的义务教育、学前教育、职业教育等不同层级农村教育的现状、问题和经验进行深度解析,并进一步提出相应的发展策略。最后,提出了广西农村教育未来发展的几点建议。本卷对农村教育研究的特殊价值和针对性,有利于填补农村教育实证研究的区域空白,具有一定的社会效益。

教育卷的撰写和出版得到了学校和各单位领导、老师的关心和支持,在此表示衷心的感谢,同时也对关心、帮助和支持本卷撰写和出版的人员表示诚挚的谢意。广西人文社会科学发展研究中心为本卷的撰写提供了基础设施和研究人员支持,广西师范大学出版社也为本卷的出版提供了大量的人力和物力支持,在此表示特别感谢。

教育卷是广西师范大学珠江—西江经济带发展研究院的研究成果,由广西师范大学校长贺祖斌教授负责总体设计和全面统筹,各章节具体分工如下:贺祖斌、欧阳修俊负责绪论、第五章和第六章的撰写工作,徐乐乐、钟佳容负责第一章的撰写工作,曾柏森负责第二章的撰写工作,杨振芳负责第三章和第四章的撰写工作。此外,梁君、陈庆文、黄令、熊兴华、刘莹、蒲智勇等老师对本卷的撰写给予了大力支持和帮助,在此一并表示感谢。

由于作者的水平有限,书中难免存在不足或疏漏之处,恳请专家、同行、读者提出宝贵的意见和建议,以便我们进一步改进和提高。

作者

2019 年 9 月